体育文化多维度研究

袁 宏 著

吉林出版集团股份有限公司

版权所有侵权必究
图书在版编目（CIP）数据

体育文化多维度研究 / 袁宏著.—长春：吉林出版集团股份有限公司，2022.11（2023.6重印）
ISBN 978-7-5731-2596-5

Ⅰ.①体… Ⅱ.①袁… Ⅲ.①体育文化－文化研究－中国 Ⅳ.①G80-054

中国版本图书馆CIP数据核字（2022）第201998号

体育文化多维度研究
TIYU WENHUA DUO WEIDU YANJIU

著　　者：	袁　宏
出版策划：	崔文辉
责任编辑：	刘　洋
封面设计：	文　一
出　　版：	吉林出版集团股份有限公司
	（长春市福祉大路5788号，邮政编码：130118）
发　　行：	吉林出版集团译文图书经营有限公司
	（http://shop 34896900.taobao.com）
电　　话：	总编办 0431-81629909　营销部 0431-81629880/81629900
印　　刷：	三河市金兆印刷装订有限公司
开　　本：	710mm×1000mm　1/16
字　　数：	245千字
印　　张：	12.5
版　　次：	2022年11月第1版
印　　次：	2023年6月第2次印刷
书　　号：	ISBN 978-7-5731-2596-5
定　　价：	59.80元

如发现印装质量问题，影响阅读，请与印刷厂联系调换。电话：15901289808

前言

"文化是一个国家、一个民族的灵魂。文化兴国运兴，文化强民族强。"体育随着社会化、全球化的发展，其人文属性与社会价值得到更多的关注，体育文化逐渐进入人们的视野，大力发展体育文化成为体育强国建设的有力保障。体育文化研究不仅拓展了文化研究的领域，而且为体育理论研究提供了新路径。国内体育文化的研究始于20世纪80年代，经过40余年的研究，学界对体育文化的概念、功能、结构体系以及文化模式等体育文化基本理论都有了较为深入的认识。同时，体育文化研究领域不断拓展，形成了研究焦点多元分布的格局，如民族传统体育文化、民俗体育文化、地域体育文化、各历史阶段体育文化、各项目体育文化、体育赛事文化以及校园体育文化、乡村体育文化、社区体育文化、红色体育文化等，研究成果蔚为大观。

综观相关研究成果，体育文化研究仍然存在基本概念界定不统一、基本理论不够系统等问题，同时，体育文化研究与体育文化实践存在一定的距离，导致体育文化研究未能很好地服务于体育文化实践。鉴于此，本书结合体育文化实践，运用历史分析、比较分析等方法梳理体育文化发展历史，探寻体育文化发展趋势，研究体育文化基本问题，旨在为当今体育文化建设提供一定的借鉴。本书在借鉴相关研究成果的基础上，结合笔者多年体育文化课程教学实践和体育文化研究成果，从体育文化基本理论、体育项目文化、体育赛事文化、中西方体育文化比较、传统体育文化的传承与传播、当代体育文化的发展六个维度进行了系统的阐述，以期对体育文化形成较为全面的认识。

首先，结合体育文化实践，对体育文化基本理论问题进行了较为系统的分析。对于体育文化概念的理解，本书一方面梳理了学界的相关研究；另一方面，从中国体育发展历史的角度进行梳理，并与当今体育文化实践相结合，对体育文化的内涵进行了阐释。国内体育文化概念的提出是体育发展到特定阶段的内在需求，经历了从体育到体育文化的认识过程。针对当今"泛体育文化"现象，厘清在社会实践中"体育文化"的含义，有助于体育文化概念的阐释。在此基础上，本书从体育文化的类型、体育文化的结构、体育文化的功能三个方面构建了体育文化理论的基本框架。项目与赛事是体育活动的核心，项目文化、赛事文化是体育文化的重要内容，本书以专章对体育项目文化、体育赛事文化分别进行了历史的梳理和基本的理论概括，特别梳理了现代奥运会的发展历程以及中国参加奥运会的经历，并分析了现代奥林匹克文化。

其次，运用比较分析方法，分析了中西体育文化在身体观、运动形态以及体育礼仪文化上的差异。中西方文化的关系是近代以来文化研究的重要内容，在体育文化研究领域也不例外。中国传统体育文化与西方体育文化作为性质不同且富有代表性的两种体育文化形态，两者的差异与融合成为体育文化研究的重要话题。身体观既是体育的出发点，也是体育的落脚点，不同的身体观直接影响着体育的发展。中西方文化的差异形成了不同的身体观，不同的身体观塑造了不同的体育运动形态，本书对中西方身体观与体育运动形态进行了较为系统的分析。中西方礼仪文化的差异造就了中西方体育礼仪文化的不同：宗法文化特征与宗教文化特征、重人伦亲情与重功利实效、内敛与张扬。本书从身体观、体育礼仪两个方面分析中西方体育文化的差异，进一步丰富了中西方体育文化比较研究的内容。

再次，运用历史分析方法，对我国传统体育文化的传承创新、对外传播以及当今体育文化的发展趋势进行了研究。孕育于传统文化土壤中的传统体育文化形成了项目种类多、价值取向多元、依附于主流思想等特征。伴随着社会转型，传统体育文化土壤的改变，传统体育文化的传承面临困境，通过民间民俗传承、学校教育传承、赛事传承、体育旅游传承、博物馆传承、作为非遗进行保护与传承等方式形成多渠道传承格局，增强创新意识，注重转型创新，从而有效促进传统体育文化的传承与发展。传统体育文化的对外传播不仅是传承发展的有效方式，也是提升体育文化软实力的重要途径。本书从传播学的角度概括了传统体育文化对外传播的方式，分析了对外传播的困境及内在原因，提出了传播困境突围的策略。在此基础上，本书分析了当代体育文化的全球化、产业化、跨界与融合的发展趋势，并以齐鲁秧歌为例阐明了传统体育文化在现代化进程中的时代变迁，为当代体育文化的现代化发展提供借鉴。

从整体来看，本书抓住体育文化研究的核心问题，论述了体育文化的概念、类型、结构、功能以及体育项目文化、体育赛事文化、中西方体育文化比较、传统体育文化的传承创新与对外传播、当代体育文化现代化发展等问题，贯穿了历史思维和比较的方法，基本涵盖了体育文化的历史形态与现代发展。当然，由于篇幅所限，本书对于体育文化诸多问题的研究尚需进一步深入，有待今后做进一步的补充与完善。

目 录

第一章 体育文化概述 ... 1
第一节 体育概念的演化历史 ... 1
第二节 体育文化概念的理解 ... 7
第三节 体育文化的类型、结构与功能 ... 19

第二章 体育项目文化 ... 27
第一节 体育项目文化概述 ... 27
第二节 体育项目的分类 ... 37
第三节 体育项目文化的演进历程和发展趋势 ... 44

第三章 体育赛事文化 ... 51
第一节 体育赛事概述 ... 51
第二节 体育赛事文化发展史 ... 56
第三节 现代奥运会 ... 66

第四章 中西方身体观与体育文化 ... 88
第一节 中西方体育观的形成 ... 88
第二节 中西方身体观比较 ... 96
第三节 中西方身体观与体育文化 ... 100

第五章 中西方体育礼仪文化比较 ... 105
第一节 中西方礼仪文化的内涵 ... 105
第二节 体育礼仪文化内涵及特征 ... 113
第三节 中西方体育礼仪文化比较 ... 118

第六章 中国传统体育文化的传承与创新 ········· **129**

第一节 中国传统体育文化的特征 ········· **129**
第二节 传统体育文化的传承方式 ········· **136**
第三节 传统体育文化的创新 ········· **144**

第七章 传统体育文化的对外传播 ········· **148**

第一节 传统体育文化对外传播方式 ········· **148**
第二节 传统体育文化对外传播的困境及反思 ········· **152**
第三节 传统体育文化传播困境的突围 ········· **156**

第八章 当代体育文化的现代化发展 ········· **162**

第一节 体育文化的全球化发展 ········· **162**
第二节 体育文化的产业化发展 ········· **165**
第三节 体育文化的跨界与融合 ········· **168**
第四节 现代化进程中传统体育文化的时代变迁——以齐鲁秧歌为例 ··· **173**

参考文献 ········· **179**

第一章 体育文化概述

体育文化作为文化的重要组成部分，具有系统性、整体性的特征。作为一个系统性的存在，体育文化有特定的整体框架与结构，含有与其他文化形态不同的要素与特质。阐发体育文化概念的内涵，探究体育文化系统的构成，分析体育文化的类型与功能，探寻体育文化的发展规律，是体育文化研究的重要内容。

第一节 体育概念的演化历史

纵观体育发展史，"体育"概念的出现及广泛使用是现代体育得以发展的基础。在探讨"体育"概念的过程中，虽然人们有着不同的阐释，但是对体育认知的共识还是逐渐凝聚起来，成为当今体育的社会化、全民化、全球化发展的理论依据。目前广泛使用的"体育"一词由英文"Physical Education"翻译过来。本文以"体育"（Physical Education）的出现为坐标，梳理体育概念的演变历史，将演变史分为三个阶段：前"体育"概念阶段；"体育"概念形成阶段；"体育"概念广泛使用的阶段。

一、前"体育"概念阶段

"体育"（Physical Education）一词，最早出现在18世纪60年代法国有关儿童教育的报刊上："Education Physique"（法语）。在这之前，不同的历史时期、不同的文化场域中，有关体育的词语有着不同的说法。

西方文化中有关体育的文字记载最早出现于古希腊《荷马史诗》，其中提到了"Athletics""Agon"。"Athletics"意为"竞争或对抗""多人参加，竞争性，对比性";"Agon"意为集市、体育赛事等聚会,荷马时代后是指竞赛或运动会①;古希腊时期还用到了词语"Gymnastics""Training",用来表达身体的操练、锻炼,以增强军事战斗技能。柏拉图曾经说道:"最好的体育是什么?一种简单而灵活的体育训练,尤其是专门为了备战而进行的训练。"②根据相关记载可以看出,古希腊时期对体育的认知以"竞技"为核心,这一观念既是古希腊时期频繁的城邦战争下的产物,也是崇尚"竞争""荣誉"的古希腊文化的体现。德国学者沃尔夫冈·贝林格从词源学的角度考证了作为体育运动的通用术语"Sport",认为"Sport"源自古法语"desport"(词意为"得到消遣"),而"desport"源自拉丁语"desportera"(词意为"玩耍")③,由此可见,古罗马对体育的认知已不同于古希腊时期,转变为娱乐、消遣、快乐。在中世纪体育经常用"sport and game"来表达,其中"Game"是指"比赛""做游戏",同时有"赌博"的意思,与"gambling"(赌博)同义,由此看来,体育与游戏、赌博与游手好闲相关联,在社会生活中被边缘化。"Athletics""Gymnastics""Sport""Game"是不同历史时期体育概念的内涵,是不同历史时期社会文化背景的反映,为后人理解体育概念提供了多元维度。

中国传统文化中与体育相对应的词语主要有"武""技击""导引""游艺"或"百戏"等。"武"最早见于商代甲骨文,由"止"与"戈"构成,"止",古代同"趾",意为脚趾;"戈"为古代的一种兵器。"止""戈"两合会意,本意是指打斗时要把脚站稳,下盘稳才能取胜,引申为行军征伐,运用武力解决问题。东汉许慎《说文解字》注释"武"字时引用了《左氏春秋·宣公十二年》中楚庄王对"武"的理解:"夫文,止戈为武。……夫武,禁暴、戢兵、保大、定功、安民、和众、丰财者也。"楚庄王借"武"字表达了"以战止战"的观点,虽然不符合"武"字原意,但这一思想被后人广为接受,成为武德的核心内容。"技击"一词最早出现在《荀子·议兵》中:"齐人隆技击。"《汉书刑法志》亦言:"齐愍以技击强。"说明了齐人尚武善战的民风。《词源》结合这两次出处,解释"技击"为"兵家之技巧者""以勇力击斩敌人也",并提出"今专称习拳法曰技击"。由此看来,"武"与"技击"都和古代的战争有关,含有对抗、搏击之意。相比较而言,"武"偏重表述具有对抗、搏击特质的一类文化现象或特定的民风特色,在后世的发展中形成了"尚武""武艺""武术"等词语;"技击"则偏重表述对抗、搏斗中的能力与技巧。

---

① 刘桂海."体育是什么":一个概念史的考察[J].体育与科学,2015,36(04):32-37,31.
② [古希腊]柏拉图.柏拉图全集[M].王晓朝,译.北京:人民出版社,2003.
③ [德]沃尔夫冈·贝林格.运动通史[M].丁娜,译.北京:北京大学出版社,2015.

"导引"是呼吸吐纳与肢体活动相配合以调身、调息、调心的养生方式。根据有关文字记载,"导引"在先秦时期就已经出现,《庄子·刻意》曰:"吹呴呼吸,吐故纳新,熊经鸟申,为寿而已矣,此导引之士,养形之人,彭祖寿考者之所好也。"后人注解"导引"为"导气令和,引体令柔"。"导",导气,使气通达;"引",引申身体,使身体柔软结实。"游艺"与"百戏"主要指具有游戏性质的娱乐活动。"游艺"一词源于《论语·述而》中的"游于艺",但"游于艺"不同于"游艺"。孔子所言的"艺"是指西周贵族子弟的教育内容"六艺":礼、乐、射、御、书、数。西周"六艺"注重伦理教化,"射"与"御"与身体运动有关,但与游艺无关。汉代游艺活动种类繁多,有"百戏"之称。"百戏"唐代称为"杂戏",元代称为"把戏",清代称为"杂耍"。杨荫深《中国游艺研究》将古代的游艺分为三类:杂技、弈棋、博戏,杂技包括蹴鞠打毬、角觝相扑、上杆走索、飞丸跳剑等。由此看来,"游艺"具有娱乐性、表演性,偏重技术与技巧,其中大量的项目与身体运动有关,并演化为现在的体育项目。

"武""技击""导引""游艺"等体现了中国传统体育文化的内涵,其中既有偏重对抗与技战术的竞技运动,也有偏重修身养性的养生方式,还有偏重娱乐休闲的游艺活动。

综观西方与中国古代对体育的认知与理解,可以看出,人类对体育的理解与所处的历史文化背景息息相关,不同的文化对体育的认知有着不同的逻辑,不同的历史阶段会形成不同的体育观念。同时,我们也应该看到中西方体育共同的认知逻辑,中西方体育虽然都没有形成统一的词语,但不同的词语都以身体活动为立足点,多个词语体现了从体育的社会功能到人自身价值的认知演进轨迹。体育使人的自身价值得到关注,为现代意义的体育概念的形成奠定了基础。

二、"体育"概念的形成阶段

"体育"概念最早出现在18世纪中期:"Physical Education",并逐渐出现在教育和体育的相关著述中[①]。"Physical Education"一词从身体与教育的角度认知体

---

① 对于"Physical Education"一词最早出现的时间,我国学界普遍认为是1760年法国的报刊或有关儿童教育的著述中:"Education Physique"(法语)。郭红卫《Physical Education 和 Education Physique 出现时间考》(体育学刊,2013)根据国外知名图书馆和出版商的英文和法文历史文献数据库及数字图书馆进行在线检索,提出了新的认识:法文文献中education physique出现时间应不晚于杜博斯《诗画论》法文原版问世之年,即1733年;英文文献中出现physical education的时间应不晚于18世纪杜博斯《诗画论》第5版英译本问世之年,即1748年。

育，体现了人们对于体育在人类自身发展的价值与功能的关注，这一概念的形成具有深远的历史文化背景。

从14世纪到18世纪，欧洲社会经历了巨大变革。从文艺复兴、宗教改革、启蒙运动等思潮的涌现，到各国政治斗争、工业革命、科学发展，在种种浪潮和变革的影响下，人们的思想观念、生活方式等发生了根本性的改变，为体育的发展提供了适宜的土壤。文艺复兴高举复兴古希腊、古罗马文化的旗帜，提出了以人为本的人文主义思想，人自身存在的价值得到重视，并将人的身体从宗教的禁欲主义观念中解救出来。宗教改革瓦解了天主教的政教体系，打破了天主教的精神束缚，新教教义宣扬民主思想，更关注人的个性及世俗生活，推动了人的自由发展。启蒙运动进一步解放了人们的思想，将"理性"作为引领人们走向光明的旗帜，对哲学进行了重新审视；恢复了人及人性在历史中的地位，重视对人性的内省，强调教育对于人性的培养和社会发展的影响。三大思潮为社会的转型奠定了理论基础，也为认知体育提供了新的视角。

"Physical Education"的出现不仅是人文主义思想影响下人们重新认识人性以及人自身身体的结果，而且与欧洲近代教育思想有着密切的关系。伴随着人文主义思潮对宗教神权的冲击，天赋人权的平等观念逐渐被接纳，贵族的教育特权被打破，平民逐渐享有了受教育的权利。欧洲各国思想家、教育家充分肯定了教育对于个体成长乃至国家发展的重要性，并提出了各种教育观念和教学思想，为近代教育的发展奠定了理论基础。17世纪英国教育家约翰·洛克高度重视教育在人的成长中的作用，认为教育对于个人幸福、视野、前途有着重大影响，提出了"白板论"，成为西方教育史上"外铄论"的宗师。18世纪法国思想家、教育家让·雅克·卢梭主张"天赋人权""人民主权"，认为教育要以人的自然天性为基础，是顺应儿童天性发展的自然历程，提出了自然教育理论。卢梭的自然主义教育论对后世教育思想产生了深远的影响。18世纪德国哲学家康德认为"人是唯一需要教育的动物"，费希特认为只有通过国民教育才能培养合格的国民。19世纪英国教育家赫伯特·斯宾塞认为教育的目的是为了"完备生活做准备"。欧洲近代社会对教育的重视为人们从教育的维度认知身体运动提供了契机。

欧洲近代教育思想逐渐认识到身体教育的重要性，将身体运动纳入教育系统中，形成了近代体育教育思想。16世纪高举宗教改革旗帜的马丁·路德号召基督徒保持身体健康，认为身体运动能改变人们尚浮华、不贞洁、好吃、放纵、赌博等恶习，并主张把体操作为德国教育的固定课程。17世纪捷克教育家夸美纽斯称学校为"造就人的工厂"，认为一个健全的人必须拥有健康的身体，并将体育作为教育计划的有机组成部分。18世纪英国哲学家洛克认为健康的身体是生活、工作的前提，提出了德智体全方位教育思想，并将体育置于第一位。自然教育理论的倡导者卢梭也将体育作为一切教育的前提，主张体育要遵循受教育者的年龄及身心特点实施，提出体育教育的任务是通过身体的养护和锻炼让受教育者的身体获得自然的发展。崇尚科学教育的斯宾塞将体育作为实施科学教育的重要内容，把能给人们带来健康生活的生理学、解剖学等科学知识与体格训练视为是最重要的，形成了功利主义体育观。欧洲近代"Physical Education"概念和系统的体育思想表明人们对体育教育价值的深刻认识，从而为人们认识自己、完善自己提供了新的途径。

在体育教育思想的指导下，欧洲教育家在学校教育领域编创了富有时代特征的体育教学内容。夸美纽斯首创体育班级授课制，提出了体育教学的具体内容和体育锻炼的具体要求。在传承古希腊赛跑、跳跃、攀登、平衡等身体运动的基础上，形成了包括跑、跳、投掷、角力、搬举重物等田径项目，创编了单杠、双杠、吊环、鞍马、举重、爬绳等教育体操。英国学校体育传承了绅士体育的精神，开展了板球、网球、足球、羽毛球、橄榄球、曲棍球、高尔夫球等球类运动以及射箭、钓鱼、登山、划船、游泳等户外运动。欧洲体操与英国户外运动逐渐传到世界各大洲，成为全球学校体育的主要内容。在这个阶段，学校开展的各种运动项目大多统称为体操，课程被称为体操课。伴随着体育概念的出现，"体操"的内涵也在不断地调整变化。"体操"由古希腊时期的身体运动操练项目的总称，逐渐演变为学校体操，在操练内容、形式、方法上与户外运动、游戏等区别开来，成为相对独立的一类运动项目。"体育"则逐渐取代"体操"，成为身体运动操练项目的总称。19世纪末20世纪初，"体育"与"体操"各自沿着这一轨迹发展，"体操"的外延逐渐缩小，到20世纪中期则专指竞技体操、基本体操，成为徒手或借助器械进行各种身体练习的一类体育项目；"体育"最终取代传统意义的体操，学校课程由体操课改为体育课，一直沿用至今。

三、国内"体育"概念广泛使用的阶段

国内"体育"概念的运用从学校教育走向社会其他领域，其内涵不断丰富，其外延不断扩展。在内涵上，"体育"不仅是体育课堂教学，而且是以身体运动为核心的所有现象。体育的功能不仅是身体的教育，通过身体运动强身健体，提高运动能力，而且增加了心理健康、锻炼意志、增进社交等多种功能。由此看来，"体育"的"体"不仅是身体，还包含了个体的心理与精神层面；"育"作为培养、

培育之意，不仅仅局限于校园，而且推及到社会各个领域，社会中每个个体都可以通过身体运动培养成全面发展的人。同时，体育概念使用范围不断扩展，体育的社会化程度不断提高，进而人们从社会的角度重新审视体育，将体育纳入社会文化活动的范围。"体育"内涵的丰富与外延的拓展，在国内基本得到认可，并逐渐得以广泛使用。"体育"这一概念的发展轨迹与使用现状可以表明，"Physical Education"相较于"Sport""Game""Athletics"等在国内具有更强的适应性和普遍性。

由于"体育"一词由西方传入，经由日本意译而来，学术界对于"体育"概念的使用颇有争议，并引发了有关体育"总概念"的大讨论。在两千多年历史积累的过程中，西方有关体育的词语主要有"Athletics""Sport""Game""Physical Education""Exercise""Movement"等，目前国内引进过来使用频率高、使用范围广的主要是"Physical Education"与"Sport"。"Physical Education"的形成源于学校教育，是育人的重要方式，是特定历史背景下的产物。"Sport"源于户外竞争性的身体活动，该词的含义抓住了体育的特质"身体运动"，也包含了竞技、赛事等内容。国内在两个概念的使用过程中，经常从英文表达的角度区分二者，但区分标准并不统一；在中文表达中，"体育"则是体现了一定的超越性和普适性，不仅有"群众体育""竞技体育""体育产业"等概念，而且对运动赛事、运动项目等表达中，也可以替换为体育赛事、体育项目。中英文表达的不对应与不均衡性，也给体育的交流与传播带来困难。学术界力图解决这一困境，确定一个既具有包容性又能体现体育特质的概念，然而经过几十年的争论，仍然没有一个统一的观点。

有关体育总概念的争论，学者系统梳理了两个词语在西方形成、发展及引入国内的历程，辨析了"Physical Education""Sport"二者的差异，也形成了不同的观点。一种观点认为"Sport"体现了体育的本质，认为"Sport"可以替换"Physical Education"成为大体育概念，而"Physical Education"未能体现体育运动的特质，应该让"Physical Education"仍然扮演学校体育的角色。目前国内体育职能部门的分工在一定程度上体现了这一观点。虽然竞技体育与学校体育都采用体育一词，但竞技体育赛事主要由体育职能部门负责，而学校体育则归属于教育部门。另一种观点认为，"Physical Education"一词经由日本来到中国，译为"体育"至今已一个多世纪，已经被广为接受。"体育"一词随着中国历史变迁，内涵也在不断地变化。"体育"已从打破学校体育的框架，延伸到社会的其他领域，成为社会活动的组织部分。结合体育发展的实际情况，赋予"体育"一词以新的含义，从而达成学界共识。同时，有的学者试图寻找一个容纳二者的上位概念，但仍然难以解决这一问题。

体育概念的困境主要来自两个方面的原因，一是语言的问题，二是体育本质的问题。从语言的角度来看，体育界所使用的"体育""运动""体操"等词语是西方词语意译过来，这些词语是西方文化特定历史阶段的产物，伴随着西方文化的发展而沿袭变化。词语翻译传入国内经历了一百多年的发展，同样也带有中国文化的烙印。问题的探究采用追根溯源的方式是必要的，但同时需要兼顾一百多年来中国文化的渗透与影响。由于中西方文化的碰撞与融合是一个世纪难题，体育概念也同样面临这一困境。从体育本质的角度来看，体育概念的困境归根结底是由体育本质不明确、有关体育理论的基本问题悬而未决造成的。体育以身体运动为特质，是兼主体与客体于一体、融感性与理性于一体的复杂现象，中西方体育现象以及对体育的理解有着很大的差异，从哲学的高度去探究体育的本质，同样也存在这样的问题：是运用西方哲学思想和思维方式去解决，还是运用中国哲学思想和思维方式去分析？

由此看来，在梳理西方体育发展历史的同时，深入考察中国一百多年来体育发展的历程，对体育做出属于这个时代的解答。对于"体育"概念的理解，本文认为应继续沿用"体育"一词。回望中国传统文化，"教育"有着更广泛的含义，不仅仅局限于学校，而是泛指社会各个领域的教育。孔子云："三人行，必有我师焉。""教育"不仅是一种行为，一种文化现象，还含有一种道德品格和精神指向。"体"与"育"的结合，一方面能够为身体运动提供了一个独立存在的空间，表明其与"德""智""艺""文"等不同；另一方面为身体运动提供了一个精神指向，两相结合带来了可以无限拓展的存在空间，从而融入中国文化，并为国人所接受。因此，在把握古今中外体育认知的基础上，赋予"体育"属于当代的解释。"体育"以身体运动为特质，发展的出发点和归宿都是为了人更好地存在，生命存在的底色是多彩的，不同的身体运动方式，都能为生命增光添彩，这应是体育存在的意义。

第二节　体育文化概念的理解

随着体育社会化、全球化程度的提高，体育的影响面越来越广泛，体育的文化价值也日益凸显，"体育文化"这一概念应运而生。梳理体育文化这一概念形成的历程，阐释其内涵，廓清其外延，辨析与其相关衍生文化形态的不同，有助于体育文化概念的理解，对于发挥其功能与价值亦大有裨益。

一、从体育到体育文化

文化，从广义来讲，就是"人化"。从广义的文化来看，体育活动自诞生之日起，就是文化的组成部分，体育文化的发展史与人类的发展史、体育的发展史同步进行。然而，人们自觉地探究体育文化则是在体育发展到一定阶段才出现的。伴随着体育社会化程度的提高，人们对体育文化属性有了越来越丰富的认识，从文化的角度认知体育也成为体育发展过程中需要面对的问题。

在西方，随着身体运动被纳入教育领域，体育概念逐渐被广为接受，体育实践经验不断积累，逐渐出现了对身体文化、体育文化、运动文化、竞技运动文化等的探究。"Body Culture"一般被解释为"身体文化"，这一概念侧重于人类身体的生物属性，是包含了与身体有关的各种文化现象的总称，其中也包含身体运动文化。"Physical Culture"，在被解释为"身体文化"时，不过更侧重表现人类身体的社会属性；这一概念多被解释为"通过练习实现的身体发展"的文化，此意与"Physical Education"一脉相承，并逐渐被用来表示"体育文化"。"Sport Culture"侧重身体运动的文化属性，多被译为"运动文化"。与"Sport Culture"相关，"Sports Culture"是指"竞技运动文化"，"Sporting Culture"则多指"运动精神文化"。以上诸多概念在形成与沿用的历史过程中，始终未能形成一个统一的可以涵盖体育文化全部内涵的概念，但各自也基本形成了相对稳定的内涵与使用的具体语境，从不同的角度共同阐发了体育文化的内涵。

对于体育与文化的关系，国内曾经存在着体育人"头脑简单四肢发达"、体育无文化的谬论。新中国成立后国内体育经过近四十年的发展后，群众体育、竞技体育的水平都有了很大程度的提升，人们逐渐感受到体育广泛而巨大的影响力，对体育的认识也发生了变化。体育与文化的隔阂逐渐消除，二者的关系得到进一步关注，对于体育具有的文化属性已经基本达成共识。在八十年代改革开放的热潮之下，如何抓住体育发展的新机遇，应对体育发展面临的新问题，这是体育工作者和体育研究者共同面临的新问题。

体育工作者从国家发展战略的高度，结合国内体育发展实际现状，将体育文化建设提上了工作日程。特别是2008北京奥运会成功举办之后，体育文化逐渐成为体育工作中的重要组成部分。2012年国家体育总局下发了《关于加强体育文化工作的通知》，《通知》指出：加强体育文化工作是"为贯彻落实党的十七大'推动社会主义文化大发展、大繁荣'的精神和十七届六中全会《中共中央关于深化文化体制改革推动社会主义文化大发展大繁荣若干重大问题的决定》，促进体育事业全面、协调、可持续发展，推动我国由体育大国向体育强国迈进"的社会所需、国家发展所需。《通知》从社会责任、民族素质、国家发展的高度确定了体育文化的重要性，指出"体育文化是我国社会主义文化工作的重要组成部分，是人类社会发展与文明进步的重要标志，是综合国力、文化软实力和社会文明程度的重要体现"，"肩负着塑造人的健康体魄，增强全民族身体素质，培养人的健全心理，促进人的全面发展的社会责任"；"加强体育文化工作是从体育大国迈向体育强国的必然要求"，"没有体育文化的引领，中国体育就不可能屹立于世界体育强国之林"[1]。在此基础上，《通知》进一步明确了加强体育文化工作的指导思想、目标，并对具体工作开展进行了部署。在"十一五"至"十四五"的发展规划中，体育文化建设都占据了越来越重要的位置。

学界对于体育观念的更新有着更敏锐的判断力。1986年12月国内体育学界、哲学社会科学学界的专家在成都体育学院召开了全国首届体育与文化学术研讨会。经过热烈、深入的研讨，学者们认为体育文化研究是突破传统的封闭的体育理论，建设体育强国的崭新途径；"将体育作为一种人类文化现象置入广阔的历史文化背景中加以深入研究"，要敢于创新、敢于挑战，更新体育观念，紧跟各门科学综合交叉的发展步伐，从广度与深度上加大体育文化研究，为充分发挥体育的价值与功能提供理论支撑[2]。学界敏锐地捕捉到这一变化，主动探究"体育文化"这一概念。虽然阐述了对于"体育""体育文化"相对应的英文概念的不同的理解，但在中文表述上基本确定了"体育""体育文化"概念运用的统一性。由此看来，国内体育学界对体育文化概念的探究，不仅仅是对西方体育文化理论的引入与借鉴，而且体现了对国内体育发展的深入思考，是对体育观念变革的应对与引导，是理论自觉的表现。之后对于体育与文化、体育文化的研究逐渐拓展开来，一方面是对于体育、体育文化等基本概念的进一步的梳理、分析，体育文化概念有了更为明确的解释；另一方面，从不同的领域研究体育文化现象、特征及发展规律，并逐渐形成体育文化研究焦点多元分布的格局，如民族传统体育文化、校园体育文化、乡村体育文化、社区体育文化、民俗体育文化、各少数民族体育文化、各地

---

[1] http://www.gov.cn/zwgk/2012-05/31/content_2149423.htm 中华人民共和国中央人民政府，2012年5月31日。

[2] 吴情.全国首届体育与文化学术研讨会综述[J].成都体育学院学报，1987（1）：39-41.

域体育文化、各省（市）体育文化、各项目体育文化、红色体育文化等，研究成果蔚为大观。

近十几年来，从体育事业发展到体育科学研究领域，"体育文化"逐渐成为高频词，并逐渐延伸到社会其他领域，形成了"泛体育文化"现象。究其原因，主要体现在以下两个方面：一方面是国内"文化热"波及体育领域的结果。八十年代改革开放不仅需要从物质文化、制度文化层面进行改革，而且需要从更深的思想文化层面进行反思、变革，国内因而掀起了"文化热"，研究中国文化的历史进程、中西方文化的异同来探究中国文化的价值判断、价值选择以及发展趋势，从而解决中国发展面临的文化问题。"文化热"思潮介入到体育科学领域，并为体育科学研究打开更为广阔的视野，提供了跨学科的研究方法，也促进了体育各个领域从文化层面进行探索与实践。另一方面，"体育文化"概念的广泛运用是体育观念更新的体现，是体育理论层面对于实践发展需求的回应。新中国成立后体育近四十年的发展，体育的社会化水平逐渐提高，其功能和价值呈现多元化发展趋势，体育发展的新格局势必要求人们更新体育观念，从文化的角度认知体育成为人们体育观念革新的重要途径。打破体育的学科壁垒，将体育置于整个文化背景中去探究体育与其他文化形态之间的关系，从体育价值观念、体育思想意识层面研究体育发展的内在动因，从而为推动体育的可持续发展提供理论基础。

二、体育文化概念的探讨

西方对于体育文化及相关概念在沿用历史过程中逐渐形成了相对固定的使用场景，具有了较为明确的内涵与外延。与西方不同，国内体育文化的概念是伴随着社会转型、体育社会化程度的提高而进入到人们的视野。自20世纪80年代体育文化进入到人们的视野，学界就开始了对体育文化概念的探讨，力图形成一个相对明确的界定，为体育实践中的运用与体育研究的深入开展提供理论基础。不过，回溯四十年的研究历程，专家学者从不同的维度进行了探索，"体育文化"概念依然未能形成相对统一的、有代表性的界定与阐释。

在体育文化概念的研究中，学者运用文化学、社会学、人类学、哲学、体育学等理论从不同的角度探究体育文化的内涵与外延，辨析其与其他概念的区别，提出了富有创新性的观点。但各种观点的表达呈散点状态，沿用了不同的逻辑，难以形成一个具有概括性、普适性的理论认识。由于没有概括性的统一认识，在开展体育文化的深入研究中难免出现理论逻辑不严谨的问题。在相关研究中，有的首先界定体育文化概念，在此基础上方能进行相关内容的阐释，但是由于篇幅有限，难以形成一个逻辑严谨的认识；有的则是直接引用某些专家学者的观点，而观点选择的标准则更多是根据研究内容的需要选择适宜的解释，不免有权宜之嫌，同时也进一步造成概念使用的混乱。

体育文化概念界定困难的原因主要有以下几个方面：首先，与体育文化相关的两个概念"文化""体育"都有着多种解释。"文化"概念广义理解为"人化"，外延无限大，内涵丰富多元。"体育"概念引入历史过程中具有多种理解。"文化""体育"概念的多种理解直接导致了"体育文化"概念界定困难。其次，体育文化概念自身的多维度理解也加大了界定的难度。从语言学的角度分析，"体育文化"可以理解为"体育与文化""体育的文化""文化中的体育"，三种理解直接影响着体育文化内涵的理解，也表明了"体育""文化"以及二者关系的理解存在着不同。其三，学术研究中的"体育文化"与体育实践运用的"体育文化"存在着错位现象。学界探讨"体育文化"力图从理论的层面进行逻辑的推演，与实际现象结合不够紧密，未能形成对实践的理论指导。实践中"体育文化"存在应用随意、概念不清的现象，造成了进一步的界定困难。学术研究与实践应用的脱节，削弱了"体育文化"概念界定的重要性和理论价值。

梳理学界近四十年来有关体育文化概念的探讨，可以看到界定或阐述体育文化概念的维度主要是文化学、体育学、人类学、社会学、哲学等。

首先是从文化学角度，抓住体育文化的文化特性，沿用文化学的基本理论和文化概念界定的基本方式及逻辑，形成体育文化概念的理解。此类理解引用频率较高、对体育文化研究有一定影响的几种观点是：

（1）国际体育名词术语委员会主席尼古阿莱克塞博士于1974年在罗马尼亚编撰出版了六种文字的《体育运动词汇》：体育文化是广义文化的一个组成部分，它综合各种利用身体锻炼来提高人的生物学和精神潜力的范畴、规律、制度和物质设施的总和。

（2）卢元镇指出："体育文化是人类体育运动的物质、制度、精神文化的总和。大体包括体育认识、体育情感、体育价值、体育理想、体育道德、体育制度和体育物质条件等。"①

（3）程志理认为："体育本身就是一个文化系统"，"当作文化形态来看的体育可称之为体育文化。它是指从社会、政治、经济、文化的大背景，研究体育与文化的关系，研究社会文化体系中的体育文化现象，特别是体育运动中体育的民族

---

① 卢元镇.中国体育社会学[M].北京：北京体育大学出版社，1998.

心理结构、思维方式和价值体系以及发展规律。"

（4）王岗认为："体育文化是一种特殊形式的文化，包括体育的物质文化、制度文化和精神文化三部分。"①

（5）唐炎认为："认识体育文化需要跳出'定义'的窠臼"，"从'社会身份'的角度理解体育文化，能够避免体育文化的发展实践因文化概念本身的不确定性而出现行动迷茫，使体育的主体性不会在社会文化发展中丢失。"②

其次，从体育学的角度，抓住体育文化的体育特性，侧重对体育文化的人文属性进行阐释，比较有代表性的观点有：

（1）熊晓正针对体育文化概念使用混乱、主观随意的现状，借鉴人们对"文化"理解的不同角度，辨析了体育文化与体育、体育（社会）科学概念的差异，认为"'体育文化'是以'体育意识'为其研究对象，以揭示价值观念为核心的文化选择趋向对体育演进的影响为其研究目的，介于文化学与体育学之间的交叉学科。"③

（2）周西宽、胡小明在分析文化、身体文化概念的基础上，认为体育文化是"综合全部体育活动的上位概念"④，其核心内容是体育活动中各类知识财富，创造体育知识的各种形式、传播体育知识的手段等都可以视为体育文化的范畴。⑤

（3）任莲香认为："体育文化是以身体活动为基本形式，以身体竞争为特殊手段，以身体完善为主要目标的体育活动过程中关于人的精神生活的那些方面。"⑥

（4）余近能认为："体育文化存在于人们的体育认同心理、体育价值观念和体育意识层面，主要表现为与市场经济相适应的体育观念文化、体育制度文化、体育形象文化等。"⑦

（5）郝勤认为"体育文化是体育在其他文化形态与样式中的延伸"，诸如"体育新闻、电视转播、体育电影、体育雕塑、体育建筑、体育标志、体育广告以及大型赛事的开闭幕式、啦啦操、发奖仪式等"。⑧

---

① 王岗，王铁新.民族传统体育发展的文化审视［M］.北京：北京体育大学出版社，2005.
② 唐炎.主体性与社会身份：关于体育文化认识取向的探讨［J］.上体学报，2012（2）.
③ 熊晓正.文化 体育 体育文化［J］.体育与科学，1987（1）：19-21.
④ 周西宽，胡小明.体育文化泛论［J］.成都体育学院学报，1987（2）：1-4.
⑤ 周西宽，胡小明.体育文化研究与体育观念的更新［J］.体育与科学，1987（1）：5-7.
⑥ 任莲香.体育文化论纲［J］.体育文化导刊，2003（3）：30-31.
⑦ 余近能.论社会转型期的体育文化建设［J］.解放军体育学院学报，2002（4）.
⑧ 郝勤.论体育与体育文化［J］.上海体育学院学报，2012（3）：3-6.

（6）刘玉珍认为："体育文化是指人们在体育运动特别是竞技运动、活动历程中所形成的精神性积淀，是属于精神文化大系统的一个分支，而它本身又是一个多元系统。"[1]

其三，从人类学的角度，抓住体育文化与个体的人、群体、人类的关系，阐释体育文化的内涵，主要有以下几种观点：

（1）陈美娜从人类学的角度提出体育是人的一种生存方式，认为"体育文化显然是一个很宽泛的范畴，它不局限于人们对健身运动技能的认知和掌握，而是一种体育思想论体系、制度体系和对人类体育文化发展可以发生作用的影响力，是一种在文化层面上对新的人的生存方式的理解和把握"。[2]

（2）张学忠认为："体育文化产生于人类的生活、劳动、锻炼、娱乐和竞技等，它与人的生存、发展、个性自由、健康、娱乐、劳动和生活质量水平息息相关。"[3]

（3）冯胜刚认为："体育文化就是人类在所有的体育现象及促进体育发展的活动中，在价值观念、精神状态、情感倾向等层面，在理论知识、方法手段、技能技术等层面表现出来的思维方式，与在有意识的实践活动中表现出来的行为方式的总和。"[4]

（4）于兴汉认为："体育文化是群体社会人们对体育运动普遍的心理和精神状态。体育文化主要包括体育观、体育价值观、体育行为准则、体育道德等社会意识形态及反映这一形态的体育方式、民族风俗、心理特征、审美情趣等。"[5]

（5）孙威认为："体育是为人类发展服务的，人的自由是体育的核心，体育最高的价值标准是自由"。[6]

（6）王强认为："体育文化作为人类身体活动的特定行为模式，应该承认它的灵魂是人文精神，是人文关怀，是人文价值观。"[7]

（7）高永强认为："体育文化实质是指人类通过体育运动创造出来的一种精神

---

[1] 刘玉珍.体育文化研究[J].哈尔滨体育学院学报，1998（3）.

[2] 陈美娜等.加强对体育文化的探讨[J].云南财贸学院学报，2002（6）.

[3] 张学忠.试论体育文化在人的全面发展中的价值[J].西北师范大学学报：自然科学版，2003（2）.

[4] 冯胜刚.对"文化"和"体育文化"定义的求索[J].贵州师范大学学报：社会科学版，2006（6）：70-74.

[5] 于兴汉.编辑与体育文化传播[J].山西师大学报，2004（3）.

[6] 孙威.从哲学的角度探讨运用自由建构体育文化[J].体育文化导刊，2004（8）.

[7] 王强.我国体育文化发展的战略思考[J].体育文化导刊，2012（9）.

文化，这种精神文化内在于体育的物质形态、知识、制度形态之中，其本质是人类的自我实现、自我完善、自我批判与自我超越的思想和精神。其功能是将体育运动及相关现象作为对象，对其进行反思、批判和创造，挖掘其深层的人文精神和人本价值。"[1]

综上所述，自20世纪80年代至今四十年来学界对于体育文化概念的探讨一直没有停歇，且还在进一步的探索过程中。体育文化概念的探讨依然是目前体育文化研究的重要问题之一，虽然还没形成统一的、具有较强适用性的理论认识，但可以看到体育文化的阐释及相关研究逐渐趋向"人文"方向，体育文化的观念基本被学界、业界及社会所接纳，并逐渐发挥其引领作用。针对体育文化概念界定的困难，有的学者提出改变思维路向，有的学者认为搁置该问题。尽管如此，体育文化概念的探讨仍将会继续，一方面体育文化的时代性决定了体育文化的理解会随着时代的发展而变化，体育文化研究也会因体育实践的发展做出应对和调整，找到一个放之四海而皆准的概念是不符合理论研究逻辑的，体育文化的认知将会是一个动态的过程；另一方面，改变思维路向或问题搁置的做法，也是探索体育文化内涵的一种途径，对于人们更深入地认识体育文化也有积极的借鉴作用。

三、体育文化概念的理解

"体育文化"概念的理解是体育文化研究的基础，而体育文化研究不仅仅是学术问题，更是对体育文化实践的总结，是对现实问题的回应。

回顾国内近四十年体育文化的研究，考察当下"体育文化"一词使用的场景，可以看到，"体育文化"概念的提出体现了改革开放时期体育发展的内在需求。在改革开放的社会环境下，随着体育社会化程度的提高，体育的价值与功能不仅仅有利于人类的身体健康，而且对于民族振兴、国家强盛、人类发展、社会进步等都有着广泛而深远的意义。现代奥运会的举办推动了体育运动全球化发展，体育已经成为全民族和全人类共同的事业。体育社会化程度的提高和全球化发展趋势的确立要求人们反思、审视体育发展的历程和固有的体育观念，进而改变传统观念和思维方式以适应体育发展的新格局和新趋势。"体育文化研究的意义不仅在于对传统体育的传承和发展，更重要的是对现代体育事业发展具有十分重要的促进作用。"[2]在几十年的体育发展过程中，从文化的角度去审视、思考，发现问题，

---

[1] 高永强.论体育文化与人的发展[J].北京体育大学学报，2015（3）：40-45.
[2] 吴情.全国首届体育与文化学生讨论会综述[J].成都体院学报，1987（1）.

解决问题，为体育发展提供人文关怀和价值引领，以推动体育的社会化、全球化发展，有效发挥体育促进人类健康发展的功能，这是时代为体育文化研究提出的重大课题。由此可见，体育文化研究需要结合体育发展实际，应对体育发展中存在的问题，充分发挥体育文化的引领作用。同时，体育文化研究只有与体育实践相结合，才能够真正获得实质性的突破和成就。鉴于此，基于体育文化的实践品格，其概念的界定也需要坚持从实践出发，结合体育文化一词的使用场景去构筑其外延边界，去凝练其内涵特质，能够避免概念界定时先入为主、望文生义的问题，也有助于应对"体育文化"概念界定混乱的现象。

同时，"体育文化"概念界定混乱与该词语的语义理解歧义也有一定的关系。如前文所述，从语言学的角度分析，"体育文化"有着三种理解：文化中的体育、体育中的文化、体育与文化。语义理解不同，体育文化研究的逻辑起点也就不同。"体育文化"之"文化中的体育"含义，一般阐释为体育就是文化，体育是文化的组成部分，文化是体育文化的上位概念。基于这一理解一般是运用文化学的理论研究体育，容易造成"体育文化"与"体育"难以区分、随意使用的现象。"体育文化"之"体育中的文化"含义，一般阐释为体育的人文内涵，即体育观念、体育意识、体育价值、体育精神等意识观念层面的内容。"体育文化"之"体育与文化"含义，此种理解中的"文化"是指文学、艺术等，"体育与文化"则研究体育与文学、艺术等的关系，更多关注的是以体育为题材的各类文学艺术等文化作品、品牌等体育的衍生文化。鉴于此，"体育文化"概念的理解与其语义的把握关系密切，明确语义是概念界定和深入研究的逻辑起点。

综上所述，体育文化概念的界定需要增加体育实践的维度，将"体育文化"作为一个整体概念，结合体育文化实践明确其外延、内涵，进而进行概念界定。

考察体育实践中"体育文化"被广泛关注的过程，可以看到"体育文化"是与全民健身、竞技体育、体育产业并列使用的，其含义是指从人文角度对体育的理解。梳理国家体育总局下发的近三届体育事业发展规划，可以看到在体育实践中体育文化的内涵。

《体育事业发展"十二五"规划》中体育文化建设的内容包括：

（五十二）全面推进体育文化建设。努力挖掘和发挥体育在建设社会主义先进文化，振奋民族精神，增强民族凝聚力，引领积极健康的社会价值观和大众人生观，建立科学文明的生活方式，提升生活质量过程中的作用。弘扬以爱国主义为核心的中华体育精神，积极倡导奥林匹克精神，全面推进体育文化建设。重视中华民族传统体育文化遗产的挖掘、整理、保护和利用，努力扩大中华体育文化的影响力。加强运动项目文化建设，推动有中国特色的体育项目走向世界。加强体育文物征集、保护和中国体育博物馆建设工作。做好将优秀民族民间传统体育项目纳入"非物质文化遗产"名录的工作。①

《体育发展"十三五"规划》中体育文化建设的内容包括：

（三十八）促进体育文化大发展、大繁荣

大力弘扬以爱国主义为核心的中华体育精神，培育和传播奥林匹克文化。加快推进运动项目文化建设，启动体育文化精品建设工程。充分挖掘体育的多元价值，精心培育体育公益、慈善和志愿文化。落实《中共中央关于繁荣发展社会主义文艺的意见》，扶持和引导体育文艺创作。结合国家文化发展战略，传承和推广优秀中华民族传统体育项目，保护和开发体育非物质文化遗产，以体育为载体阐释中国梦，推动中华体育文化走向世界。②

《"十四五"体育发展规划》中体育文化建设的内容包括：

七、强化体育领域思想引领，促进体育文化健康繁荣发展

32.加强体育领域思想引领。学深悟透习近平新时代中国特色社会主义思想，坚持用党的创新理论武装头脑、指导实践、推动工作。始终同以习近平同志为核心的党中央保持高度一致，把学习贯彻习近平总书记关于体育的重要论述以及重要指示批示精神作为研究重大事项、重要工作的规定议程，认真编撰习近平关于体育的重要论述摘编及学习读本。高度重视运动员、教练员等体育从业人员思想政治教育工作，严格落实党支部建在运动队上的要求，把好运动队建设的政治关。依托高等体育院校建立运动员思想政治教育研究与实践基地。组织编写《奥运冠军成长之路》系列读本。加强体育行业思想引领，充分发挥先进典型示范作用，汇聚起推动体育改革发展的强大力量。

33.落实意识形态工作责任制。加强党对意识形态工作的领导，强化体育领域涉政治安全风险和意识形态风险防范，发扬斗争精神，严格落实意识形态责任制。加强运动员、教练员等体育从业人员队伍建设，强化警示教育，严格思想道德行为规范。加强体育宣传工作，讲好体育健儿顽强拼搏、为国争光的感人故事，践行社会主义核心价值观。持续开展"祖国在我心中"主题活动，结合党史学习教育，赓续红色血脉，增强拥护中国共产党领导和走中国特色社会主义道路的政治

---

① https://www.sport.gov.cn/n4/n123/c212286/content.html 国家体育总局《体育事业发展"十二五"规划》

② http://www.gov.cn/xinwen/2016-05/05/content_5070514.htm《体育发展"十三五"规划》

自觉、思想自觉和行动自觉。

34.丰富中华体育精神时代内涵。深入挖掘中国体育文化内涵，推动新时代中华体育精神与社会主义核心价值观深度融合，充分发挥体育在铸牢中华民族共同体意识中的促进作用。大力弘扬"祖国至上、团结协作、顽强拼搏、永不言败"的新时代女排精神和体育健儿"使命在肩、奋斗有我"的奋斗精神。以东京2020年奥运会、北京2022年冬奥会、巴黎2024年奥运会等重大国际赛事为契机，加强奥林匹克精神与中华体育精神教育，充分发挥各类媒体和传播手段在弘扬体育精神中的推动作用。加强运动员和青少年体育道德教育，培育和发展体育公益和志愿服务文化。

35.推动运动项目文化建设。总结提炼运动项目的文化特征、组织文化和团队精神，形成各具特色的运动项目精神内核和文化标识。以"三大球"、乒乓球、羽毛球、游泳、马拉松等群众基础较好的运动项目为突破口，打造重点运动项目文化建设示范工程。培养和塑造具有良好社会形象、广泛社会影响的体育明星，发挥榜样作用。

36.加强体育文化创作及平台建设。鼓励开展体育文学、体育音乐、体育雕塑、体育摄影、体育影视、体育动漫、体育标识等创作。加强体育融媒体建设，推动建立以内容建设为根本、先进技术为支撑、创新管理为保障的体育全媒体传播体系。组建中国体育传媒集团公司。推动中国体育博物馆新馆建设，做好体育文物藏品征集和收藏管理保护工作。支持各地建设体育博物馆、体育名人堂和体育档案馆，鼓励建设线上体育博物馆、红色体育博物馆。打造体育文化品牌活动，推动体育文化展示平台建设，促进中国体育文化博览会创新发展。

37.加强优秀传统体育项目保护利用和传承。开展武术、围棋、象棋、龙舟等传统体育项目文化特质研究，加强中华传统体育项目的开发利用与活态传承，推动优秀传统体育文化创造性转化、创新性发展。以太极拳列入人类非物质文化遗产代表作名录为契机，加强体育非物质文化遗产档案、口述历史等资料的收集、整理、研究，出版系列图书。挖掘各地民族传统体育的节庆活动，大力开展具有民族特色的体育文化活动。[①]

"十二五"规划中体育文化建设的关键词是价值观念、生活方式、体育精神（中华体育精神、奥林匹克精神）、传统体育文化及遗产、运动项目文化等。

---

① http://www.gov.cn/zhengce/zhengceku/2021-10/26/content_5644891.htm体育总局关于印发《"十四五"体育发展规划》的通知

"十三五"规划体育文化建设的关键词在"十二五"规划的基础上增加了有关体育文化精品建设工程、体育公益慈善与志愿服务文化、体育文艺创作等关键词,并对体育文化精品建设工程进行了具体的说明。体育文化精品建设工程主要包括运动项目推广活动、体育文化博览会、中国体育博物馆、体育文艺创作以及配合运动会举办的营造体育文化氛围的各种活动。"十三五"规划中对体育文化建设的阐释已经从体育本身的文化延伸到与体育交叉融合的领域,体育文化的领域进一步扩大,其内涵和外延也有了新的理解。

"十二五""十三五"规划中体育文化建设均作为"体育文化、体育宣传与对外交往"中的一个内容,用了一小段文字进行表述。与"十二五""十三五"不同,"十四五"规划中将体育文化建设作为一项重要内容,用了6段文字进行了详细的说明。从整个发展规划来看,体育文化在体育发展中的地位有了很大程度的提高。"十四五"规划中指出体育文化建设的重点是体育领域的思想引领与意识形态工作,体育文化的价值观念层面得到了前所未有的重视。对于中华体育精神,特别时代内涵的融入,强调要与社会主义核心价值观深入融合,并列举了新时代女排精神、体育健儿奋斗精神,详细深入地阐明了当代体育精神的内涵。对于运动项目文化建设,突出了运动项目的精神内涵和文化标识。对于体育文化创作及平台建设也列举了体育文艺各个门类和平台类型。对于优秀传统体育项目的保护利用与传承,提到了项目文化特质、活态传承、口述历史等关键词。同时还提到了体育全媒体传播与体育公益、志愿服务文化、体育明星形象等。体育事业发展规划中体育文化建设内容为体育文化实践提供了指导性和操作性的做法,在一定程度上可以说明体育实践中体育文化的含义。

综上所述,结合对体育文化学术研究成果与体育文化实践,从外延、内涵两个方面阐释体育文化更有助于全面地把握这一概念。从外延来看,体育文化是以体育为核心的多种文化的集合。从这一角度来看,体育本身就是文化,是体育文化的组成部分,体育文化不仅包括体育,还包含了体育与人类、自然、社会各个层面相关联、交往的内容。从体育文化研究热点与历届体育事业发展规划来看,体育文化的外延逐渐呈扩大趋势,这一现象的出现与体育社会化、全球化程度的提高有着密切的关系。体育发展的社会化与全球化,一方面,使得体育成为人们生活中重要的组成部分,甚至成为人们的一种生活方式,渗透到人们日常生活中的方方面面,比如体育服饰、体育建筑、体育旅游、运动智能穿戴等;另一方面,体育与社会的各个领域逐渐走向融合,体育边缘化的状态已彻底改变,形成了全方位的新的交叉领域,比如体育教育、体育外交、体育产业、民族体育、民俗体育等，形成了体教融合、体医融合等融合格局。体育与其他各个领域相融合的态势在持续发展，这一发展格局在不断扩大。

从内涵来分析，体育文化是指体育实践活动中形成的规律性的认识以及人们的思维、意识、价值观念等，包括以身体运动为核心的体育自然科学知识，以体育社会化为核心的体育社会科学知识，以体育人文价值为核心的体育人文知识等。从体育发展历程来看，欧洲近代时期在三大文化思潮的影响下，体育从宗教祭祀、军事战争等领域中走出来，逐渐回归到人本身，出现了体育教育化与体育科学化，探索身体运动规律和体育教学规律。现代奥运会的复兴进一步提升了体育在人类和社会发展中的地位，体育自然科学、体育社会科学以及体育的人文价值都有了更为系统深入的认识。体育发展历程中积累的所有成果与认知都属于体育文化的内容。从当下体育学科建构来看，体育自然科学、体育社会科学都有了系统成熟的学科体系和相对清晰的边界。对于体育人文的认知，其一直伴随着体育的发展而发展，却仍未形成明确的边界，但在当前体育实践中，体育人文价值的认知与引领发挥着越来越重要的作用。结合历史的维度和当下的关照，体育文化的内涵适宜于从广义和狭义两个角度理解。从广义的角度来看，体育文化是体育自然科学、体育社会科学、体育人文科学的总和；从狭义角度来看，体育文化是体育人文内容以及运用人文主义思想认知、研究体育自然科学与社会科学的内容。人文学科的主干学科是文学、历史、哲学、艺术。体育文化的研究主要集中在体育史学、体育哲学、体育文学艺术以及运用人文主义方法研究各种体育现象等方面。

第三节　体育文化的类型、结构与功能

随着体育社会化、全球化程度的提高以及与各个领域的深入融合，体育文化呈现出多样的文化形态，探究体育文化形态的共性与个性有助于对体育文化形成更为全面、深入的认识。体育文化的类型是探究相对合理的定型标准以及具体的类型划分；体育文化的结构是对体育文化类型具有普遍性的构成要素的总结与概括；体育文化的功能则是从不同的层面分析体育文化的价值与效能。

一、体育文化的类型

人类文化是丰富的、多样的，人类不同的群体在特定的自然环境、社会环境下创造出不同的文化。每一种文化都是由一系列文化要素构成的文化体系，为了掌握不同文化体系的差异性，学者提出了文化类型理论。文化类型理论的核心是别类定型，通过梳理德国学者斯宾格勒、英国学者汤因比、中国学者梁漱溟与冯友兰有关文化类型理论的观点，结合当代学者的相关研究，文化类型的定型标准普遍认同冯友兰的"共相/社会性质说"，即文化类型是从具体的、特殊的文化形态中找寻"共相"进行别类定型，并从文化的发展角度提出了"类型转进说"。依据"共相"对文化类型进行别类定型，文化之间相互学习才有了基础，文化才可以转型发展。①

回溯几千年来体育文化的发展历程，综观当今高度社会化、全球化的体育文化发展现状，体育文化是丰富的、多样的。依据"共相/社会性质说"的定型标准，依据社会性质的不同，从不同的角度对体育文化进行别类定型，有助于不同体育文化类型之间的比较，探索体育文化发展的历史规律，为当今体育文化的发展提供借鉴。

纵观体育文化的发展史，可以从两个角度研究体育文化类型。

一是从体育文化起源的地域地理环境差异来看，体育文化的类型主要有大河流域农耕文明体育文化、草原游牧民族体育文化、半岛沿海体育文化等。地域不同的地理环境，产生了不同的生产生活方式，形成了不同的社会文化环境，也孕育了不同类型的体育文化。大河流域形成的农耕文明与自然和谐相处，自给自足，生活状态相对稳定、和谐，形成了以保健养生为主的体育文化，以古代中国、古代埃及、古代巴比伦、古代印度为代表。草原游牧民族逐水而居，游牧不定，马匹是游牧民族最有利的代步工具，赛马、套马、马上游戏是草原游牧民族体育文化的显著特点，以古代亚欧草原游牧民族为代表。半岛沿海地区以航海业、工商业为主，形成了崇尚竞争、敢于冒险的文化特质，运动竞技是沿海半岛体育文化的重要特征，以古希腊为代表。此外，高山地区、严寒地区因为地理环境恶劣，古代难以形成典型的体育文化形态，而随着现代科技的发展和生产力水平的提高，山地运动文化、冰雪运动文化形态也逐渐成熟。

---

① 杨海文《文化类型与文化模式简论》(中州学刊，1996（2）：133-138) 与叶志坚《文化类型探析》(中共福建省委党校学报，2001（3）) 均持有此观点。

二是从体育文化发展的历程来看，体育文化类型主要有古代体育文化、现代体育文化。古代体育文化是以经验体育为特质的体育文化形态。在几千年的历史发展过程中，人们逐渐认识到身体活动与身体变化的关系，形成了通过身体活动提升健康水平、运动能力的自觉意识，在实践中积累了丰富的健身养生、运动竞技等方面的经验。古代体育大多依附于宗教祭祀、礼乐教化、节庆习俗、宴饮娱乐等社会文化活动，尚未形成系统深入的身体活动的规律性认识，但已经具有了相对独立的体育行为方式和体育价值观念，为体育文化的现代化转型奠定了基础。现代体育文化是以科学化、社会化、全球化为特质的体育文化形态。十四世纪以来，欧洲的文艺复兴、宗教改革、启蒙运动三大思想解放运动推动了工业革命、科学革命、政治革命，西方社会逐渐完成了现代社会的转型。在社会转型的浪潮中，现代体育文化逐渐形成，由经验体育转型为科学体育、由相对封闭走向开放交流，由附属地位走向独立，并在现代社会中扮演着越来越重要的角色。

综观现代体育文化的发展格局，参与体育的群体大幅度增加，体育的硬件设施和软件建设都有了质的提升，体育文化形态呈现多向度、多空间、大幅度增加的格局。从不同角度对不同群体创造的体育文化形态进行别类定型，探究不同体育文化类型的"共相"，有助于从整体上把握现代体育文化的现状与发展态势。

依据体育在社会的功能以及社会群体参与的目的，体育文化类型包括群众体育文化、竞技体育文化、学校体育文化、体育产业文化。群众体育文化以健身修心、休闲娱乐为特质，参与群体广泛，运动形式多样，内容丰富多彩，参与组织方式灵活，和人们的日常生活紧密融为一体。竞技体育文化以竞技对抗、挑战超越、勇于胜利为特质，并衍生出赛场文化、看台文化。学校体育文化以体育教育、学生的全面成长为特质，包括课堂体育教学、校园体育文化等。体育产业文化是伴随着体育产业化水平的提高逐渐形成发展起来的，是集中体现体育产业的形象、理念、价值观的文化形态。

依据体育的组成要素，体育文化的类型包括体育项目文化、体育赛事文化、场地设施文化等。体育项目文化根据项目的不同可以分为篮球文化、足球文化等。体育赛事文化根据赛事文化特质可以分为传统赛事、现代赛事、职业赛事、业余赛事等。场地设施文化还可以分为场地场馆文化、体育器械文化等。

依据社会中相对弱势的群体创造的体育文化，主要有老年体育文化、特殊群体（残障人士）体育文化、妇女体育文化、幼儿体育文化等。相对弱势的群体创造的体育文化，在运动形式、参与方式等方面有着鲜明的特定人群的特征。随着社会的关注、扶持，其逐渐摆脱了弱势的标签，成为现代体育文化的重要组成部分。

根据体育地理学的基本理论，结合当今体育全球化发展的格局，从地域文化的角度探究体育文化类型。从地理文化圈由大到小来划分，可以依次依据各大洲、每个洲文化同源且临近方位分布、每个国家、每个国家的地域文化分布、每个省市、每个省市的地域文化分布等进行划分。地理文化圈由大到小的逐级细分，体现了体育作为人的一种生活方式逐渐被人们所接受，每一个地方、每一个角落都创造着不同的体育文化。同时，为了避免体育文化分类的泛化，还需要根据体育的核心要素对地理文化圈划分的体育文化类型进行整合，找到"共相"，达到别类定型的目的。

同时，随着体育文化与社会各领域的跨界融合，体育的衍生文化形态不断涌现，如体育服装文化、体育建筑文化、体育旅游文化、体育文学、体育舞蹈、体育美术、体育音乐、体育影视、体育集邮、体育文物等。

综上所述，每一种体育文化形态，都经历了萌芽、发展、成熟、变迁的历程，在创造出丰富成果的同时，体育文化形态的特质则逐渐凸显，也必然在体育文化的发展进程中留下浓墨重彩的一笔。随着体育社会化、全球化的发展，体育文化形态日趋丰富，对体育文化形态进行别类定型、梳理概括，有助于全面了解体育文化。

二、体育文化的结构

将体育文化作为一个整体来看，体育文化拥有显性与隐性两种不同的表现形态。为了系统深入地认知体育文化，借鉴文化分层理论，将体育文化进行分层认识，既有助于对体育文化进行整体把握，也有助于对体育文化进行深入研究。

运用文化分层理论研究体育文化结构，有的分为两个层次，有的分为三个层次，有的分为四个层次，也有的划分为五个层次。两个层次一般分为体育精神（观念）文化和体育物质文化，或者是体育软文化和体育硬文化。三个层次的划分出现频率较高，也有着不同的分法，有的分为表层的运动形态、中层的体育体制、深层的体育观念；有的分为外层的精神物化层、中层的精神外化层、内层的精神内涵；有的分为外层的物质形态、中层的制度规划、内层的观念形态等[1]。四个层次的划分主要是分为精神文化层、制度文化层、行为文化层、物质文化层。五个层次的划分是分为价值与观念系统、规范系统、技术系统、教育系统、物质文化

---

① 贾爱萍等.试论校园文化与体育文化[J].武汉体育学院学报，1996（2）：1-4.

系统，这五个系统最核心的是价值观念系统[①]。

　　以上对于体育文化层次的划分，不论哪一种层次划分，主要遵循了两种原则：一是运用文化层次划分逻辑来划分体育文化的层次结构，二是根据体育的组成结构来划分体育文化的层次。随着人们对体育系统深入而广泛的理解，体育文化的结构层次也呈现出细化的趋势。此类划分对于系统认识体育、体育文化具有极大的推动作用，也进一步丰富了体育文化的理论。同时也可以看到，此类划分也存在一定的弊端，由于体育、体育文化概念界定的困难，形成了体育与体育文化混用的现象，体育文化层次的划分也存在与体育内容划分混同的现象。

　　针对体育文化层次划分与体育内容划分混同的问题，可以结合当今体育文化实践活动探寻解决的路径。如前文所述，在体育文化实践过程中，体育文化概念的理解与运用更多地集中在价值观念、道德规范、精神风貌、审美意识、心理状态以及思维方式等方面。对于体育场地场馆、器材器械，从文化的角度去认识，更多关注其在历史流变过程中的发展变化，探究其源流发展及未来趋势与社会生产力以及政治、经济、技术等方面的内在关系，研究其蕴含的人类的价值观念、审美情趣等文化信息。对于体育项目、体育赛事，从文化的角度去阐释，更多的是从项目、赛事的产生、发展去探究其社会背景，分析其与人类发展之间的内在关系。伴随着体育学科的独立与体育科学化发展，人类逐渐积累了系统的关于人体生命活动规律的知识，探索了系统的体育项目技术以及运动训练、体育教学的理论与方法，建立了体育制度、竞赛规则、裁判方法等赛事组织管理体系，形成了集自然科学、社会科学于一体的体育学科体系，以上内容皆归属于广义的体育文化系统，且建立各自相对独立的专业领域和知识体系。从文化角度对以上诸多领域的解读，与体育项目、体育赛事等一样，目前多集中在其历史流变、社会文化背景以及蕴含的观念意识等。

　　鉴于此，本文秉持体育文化的人文本性和实践品格，在总结当下体育文化实践的基础上，尝试从隐性与显性两个层面分析体育文化的结构，以期为当前体育文化建设提供一定借鉴。

　　体育文化的隐性层面主要包括两个层次：体育哲学、体育观念意识。体育哲学以体育本体论、认识论为核心，"从哲学的角度来帮助人们更好地理解体育，从而使我们不断地获得知识、理解和重建关于体育的本质、意义和能力，唤醒人们

---

① 程志理.体育文化初探［J］.上海体育学院学报，1987（3）：15-20.

去追求体育的智慧。[①]"体育本体论、认识论以及体育基本原理是体育文化产生发展的理论基础。体育观念意识层面主要包括思维方式、价值取向、伦理观念、精神风貌、审美情趣等，观念意识蕴含在体育文化现象中，成为体育文化研究的主要内容。对于体育文化现象中体育观念意识的研究，经常采用历史分析、比较分析等研究方法，通过研究体育文化现象的源流发展的内在规律及未来趋势，不同体育文化现象的横向对比，探究其文化特质。

体育文化的显性层面主要有两种类型：一是体育物质层面、体育制度层面、体育行为层面等显性层面蕴含或携带的思维方式、价值取向、伦理观点、精神风貌或审美情趣等体育文化信息；二是以体育审美为核心的体育文学艺术等衍生文化现象，如体育文学、体育雕塑、体育绘画、体育音乐、体育影视等。随着体育跨界融合的发展，体育衍生文化呈现出更多样化的发展趋势。

从隐性与显性两个层面构建体育文化结构体系，有助于将体育与体育文化区别开来，体育的各个领域、各个方面在不同程度上蕴含着体育文化信息，体育现象被称为体育文化的载体，当下出现的"泛体育文化现象"体现了人们对体育现象中体育文化内容的关注，是人们理解体育角度的变化。同时，从显性层面将体育衍生文化现象纳入体育文化体系中来，不仅拓展了体育文化的领域，而且打破了人们认知体育文化的僵化思维，以包容开放、尊重实践的方式面对体育文化的发展变化。

三、体育文化的功能

在历史发展进程中，体育从生存、生产、军事等身体活动中分离出来，作为一个相对独立的文化现象，具有了独立的存在形式，形成了独有的价值与功能。体育文化发展到二十一世纪，已经融入社会生活的各个方面，对人们的生活、社会的发展、文化的传承与传播都发挥着重要的作用，承载着多样化的功能。

体育文化为人类提供了完善自我的新方式。体育运动是人的实践主体与实践客体的统一，人既是体育运动的主体，同时也是体育运动实践的客体[②]。体育主客体相统一的本质属性决定了体育的人文属性，人既是体育发展的起点，也是体育发展的归宿。体育文化对于人类自身发展与完善具有多方面的价值与功能。首先，体育具有愉悦身心的作用。体育与其他文化现象不同的特质之一是游戏娱乐，自

---

① 周栋.体育哲学：哲学对体育的反思与批判[J].河北体育学院学报，2012（1）：27-29.
② 黄捷荣.论体育运动的主体和客体[J].哈尔滨体院学报，1989（4）：5-7.

娱与娱乐他人是体育得以发展的内在依据。特别是当今休闲时代的到来，各种娱乐健身活动不断涌现，休闲体育成为人们放松身心、体验生活乐趣的重要方式。其次，体育是人类完善自我的重要方式。体育具有实践性，体育活动为人的身心和谐发展服务，同时人们在体育活动中凝聚的人文精神，丰富了人类的精神世界。体育活动中所追求的精神自由与人类的终极追求相一致，成为人类完善自身的重要手段。再次，体育为人类提供了一种生活方式。《奥林匹克宪章》中明确提到了奥林匹克主义，从哲学的层面阐明了体育运动的人文特性："奥林匹克主义是增强体质、意志和精神并使之全面均衡发展的一种生活哲学。奥林匹克主义谋求体育运动与文化和教育相融合，创造一种以奋斗为乐、发挥良好榜样的教育作用并尊重基本公德原则为基础的生活方式。"奥林匹克文化作为体育文化的典型形态从体育运动的全球化、体育精神的普适性等方面对人们的生活产生了深刻的影响，并作为一种生活态度、生活方式被人们广为接受。

体育文化是社会发展的助推器和黏合剂。随着体育社会化程度的提高，体育文化的社会功能日益凸显。首先，体育文化在社会发展中具有强大的凝聚功能。社会体育为参与个体提供了融入社会的途径，促进了人们之间的社会交往与情感交流。体育文化发展历程中凝聚的体育精神、奥林匹克精神不仅引领着体育的发展，而且超越了体育界限，将世界五大洲的人们团结在一起，成为推动整个社会发展的内驱力。其次，体育产业逐渐成为社会经济发展的重要组成部分。体育产业文化为体育产业发展营造了适宜的环境，以人为本的发展理念是其可持续发展的根本。体育文化产业作为体育产业的新生力量，兼具文化传承传播与产业价值双重属性，是朝阳产业、绿色产业、生态产业，具有巨大的发展潜力，不仅可以满足人们的精神文化需求，而且成为国民经济新的增长点。再次，体育文化具有一定的政治功能。体育全球化的发展在一定程度上强化了体育的政治功能。体育具有超越语言以及排除其他社会障碍的优势，在大型体育赛事特别是国际体育赛事中，体育不仅在展示国家实力、振奋民族精神等方面发挥着重要作用，而且成为加强各国之间交流合作的重要工具。当今体育文化的社会功能得到了高度重视，在国内体育文化建设被纳入体育强国国家战略之中，拥有很高的社会地位和雄厚的经济基础，体育得到了飞速发展，体育文化的社会功能也得到了进一步加强和拓展。

体育文化是文化传承传播的重要载体。从历史的角度来看，体育文化是文化历史长河的组成部分，任何一个国家、民族、时代的体育文化在发展过程中都会受到特定时代政治、经济、文化的影响，打上了历史时代的烙印，因此，体育文化也是认知历史文化的重要途径,成为历史文化传承的载体。从横向角度来看,由于国家、民族、地域的不同,体育文化的形成具有不同特质的文化,不同的体育文化之间的交流、碰撞、融合、迁移等,不仅促进了体育文化的传播与发展,也推动了社会文化各领域的交流与发展。

第二章 体育项目文化

体育项目作为体育的载体,通过溯源体育项目的源流发展,能够透视一个国家、地域、民族体育文化的发展轨迹。本章聚焦体育项目,探究体育项目文化组成要素和特性,分析体育项目文化产生的方式,阐明体育项目文化的研究意义。世界体育项目纷繁如星,从分类的角度进行梳理,有助于对体育项目形成整体认识。同时,立足体育项目发展的当下,回顾体育项目的演进历程,提炼体育项目演进的特点及未来发展趋势,为体育项目文化建设提供理论基础。

第一节 体育项目文化概述

体育项目,是按照运动规则进行的具有竞技性的运动形式,是体育的核心内容。体育项目主要包括身体活动、竞争、规则、制度化四个要素。[①] 体育项目作为体育文化的载体,在其发展演化中深受其文化背景、民族种族、地域空间的影响而形成了各具特色的体育项目文化。

一、体育项目文化的特性

体育项目文化是指人们在参与不同体育项目中,以其本体特征为核心,在不断演化发展中塑造的各种有形与无形的、物质与精神的、内容与形式方法的统

---

① 江岚.运动项目概论[M].北京:北京体育大学出版社,2012.

称。①根据"文化三分法",结合体育项目概念中的身体活动、竞争、规则以及制度化四要素,将体育项目文化主要分为物质文化、制度文化和精神文化三个要素。物质文化包括体育项目本身、项目相关人员、运动辅助工具用具、服饰以及场馆等基础设施、各类传播媒介、实物纪念品等;制度文化包括行政管理制度、比赛规则与章程、比赛管理与运行机制、训练安排制度、日常生活管理制度、人才培养与选拔制度、运动员退役制度以及心口相传的礼仪俗规等;精神文化包括运动技术、战术、心理机能、运动发展理念、赛事定位以及口号等。②

综观不同体育项目的发展历程,可以看到体育项目文化既具有共性,将体育项目文化与体育其他文化现象区别开来,同时也具有鲜明的个性,从而共同组成了丰富多样的项目大家庭。

一方面,体育项目都是经历了从人们的生存、生产、生活中逐渐独立的发展过程。原始的人类通过跑、跳、投、攀、爬等动作技能获取生存所需,同时也锻炼身体、增强体质。伴随着生产工具的使用,现代体育项目从生产劳动的动作和劳动工具的转化中脱胎而出。之后,体育逐渐成为人类社会中的重要组成部分。人们开始通过生活技能规格化、体育技能教育化、运动项目娱乐化等多种方式,挖掘体育功能,发挥体育效能。以史为鉴,体育项目伴随历史长河的发展奔腾向前,在历史的传承中又体现出体育项目的时代特性。从传统体育项目到现代体育项目,尽管技术规则、项目特点各有不同,但归根结底都是为了生存、生活以及娱乐的需要。

另一方面,体育项目文化由于产生的文化土壤的不同,培育出的体育项目文化的观念形态、运动形态也有所不同,呈现出鲜明的个性。中西方体育项目文化的不同鲜明地体现了这一特征。中国传统体育项目以儒家、道家思想为核心,追求人的身心合一,人与自然和谐相处,形成了保健性和娱乐表演性的项目运动形式,经过了几千年的发展形成了重养生、轻竞技、讲求伦理道德的文化基因。而起源于海洋文化的西方国家,竞争和冒险的观念代代相传,形成了大量的竞技类、体能类的运动项目,体现了崇尚竞技和个人英雄主义的文化特色。项目文化的观念不同,项目的特质不同,项目的规则以及场地、器械也各有不同。体育项目的个性差异是世界项目得以丰富发展的前提,为项目之间的交流与借鉴提供了广阔的空间。

---

① 陈辉,田庆."体育强国梦"思想下运动项目文化建设路径研究[J].南京体育学院学报,2018,1(06):40-44.

② 荆雯.我国乒乓球运动项目文化发展研究[D].辽宁师范大学,2014.

二、体育项目文化产生的方式

体育项目的产生不仅与人们的生产、生活密切相关,而且与所在地域充满生机的大自然生物有着密切的关系。人们运用自己的智慧,向大自然模仿、学习,从生产、生活中借用与改造,在历史文化中传承与创新,向不同文化借鉴与融合,形成了丰富多样的体育项目文化。

(一)模仿与借用

早期的人们在和大自然的相处中,依靠动物的本能模仿习得生存之道。人与自然的相处逐渐深化,人们更是通过借用的形式来享受生活,丰富精神世界。

体育运动项目对动物动作的模仿,主要是源于早期人类借鉴动物的动作和运动方式来提高自身的机能,通过模仿动物的动作,来培养人的灵活、轻便、机警和敏捷的运动能力,从而有效提高人们应对外界生存威胁的能力、增强身体素质、提高健康水平等。早在1000多年前,东汉名医华佗创编的"五禽戏"和流行至今的"鹤翔庄""大雁功"及武术中的"猴拳""鹰爪拳"等,都渗透着中华民族古朴的运动仿生思想。现代体育项目中的蝶泳、蛙泳等也都体现了人们对于动物动作的模仿。[1]

借用是指直接借用生产、生活等社会活动中的各种具体动作,以实现健身娱乐的目的。所谓的借用其突出特点是相互借用的两种活动形式相同,而参与者的目的完全不同。以钓鱼为例,这是原始社会末期就开始出现的一种劳动形式。大约5万年前,我们祖先的形体就已经进化到和现代人一样,他们学会了用骨针缝制兽皮衣服。而在近几十年考古发掘的神农、黄帝、尧、舜等时期的文物中,除了发现了大量的石器和用兽骨磨制的刀、齿、链之外,还发现了很多鱼叉和鱼钩。这些鱼钩造型多样,有的还在钩尖下面磨出了倒刺,多数鱼钩都磨有拴钓线的槽,这说明当时的垂钓活动已具有较高的水平,但当时的垂钓主要是作为一种谋生的手段。今天,钓鱼已成为全世界人民广泛喜爱的休闲体育活动。通过这种借用的方式,体育文化的丰富性和普遍性都大大得到了提高。[2]

(二)传承与创新

体育项目在其发展历程中,不仅延续项目自身的物质文化、制度文化以及精

---

[1] 江岚.运动项目概论[M].北京:北京体育大学出版社,2012.
[2] 孙大光.体育文化概论[M].北京:高等教育出版社,2013.

神文化，同时在不同历史时期社会政治、经济和文化的发展中，通过不断的创造和创新，将体育项目传承发展下去。

英国被认为是现代竞技体育的发源地，现在诸多的现代竞技项目是在英国历史发展过程中不断传承创新发展的结果。早在18世纪英格兰就已经有了关于跳跃、赛马、摔跤、投石和雪橇的报道，工业革命后人们对参与的传统休闲项目进行了规范化、理想化、标准化的改造，创造了符合现代社会需要的新体育形态。[①]由此看来，现代竞技体育项目的雏形是在英国自由主义传统、经验主义理性传统和注重绅士风度的文化传统中一步步发展壮大的。在英国走向世界的过程中，经过不断的改造创新，逐渐形成了当今具有鲜明理性化、科学化、规范化和追求公平竞争的现代竞技体育项目文化。

在中国古代蹴鞠文化发展历程中，可以看到蹴鞠发展的传承与创新。根据史料记载，早在战国时期蹴鞠作为一种娱乐活动在民间流行，刘向《别录》记载"蹴鞠者"传言为黄帝所作，或曰起源于战国之时。到了汉代蹴鞠活动得以广泛开展，并形成了蹴鞠表演和同场激烈对抗的蹴鞠比赛等运动形式。唐宋时期蹴鞠发展到鼎盛，白打、蹴鞠表演深得世人喜爱，制球技术有了突破，蹴鞠规则由汉代的同场竞技演化为隔网对抗，其规则性、娱乐性以及竞技性都有了新的发展。明清时期，由于宋明理学思想的影响，蹴鞠活动逐渐没落。

在历史的长河中，每一个体育项目都经历了产生、发展的过程，在发展过程中，势必会随着社会文化的发展而产生变化，所有的变化都体现了传承与创新发展的结果。

（三）借鉴与融合

世界体育项目内容丰富、形式多样，为项目文化的借鉴与融合提供了广阔的空间。社会文化的交流与传播不仅为体育项目文化的借鉴与融合提供了契机和平台，也为体育项目文化提供了可以借鉴融入的文化资源。

纵观中国武术文化的发展，可以看到博大精深的武术文化不仅是其自身的传承与创新，还是武术文化借鉴融合儒家思想、佛教文化、道教文化的结果，是武术各门派、拳种互相借鉴融合的结果。武术文化发展到两晋南北朝时期，融合了佛教、道教的思想，对武术发展产生影响。中国武术门派、套路众多，在其历史

[①] 甄嫒圆, 缪佳. 论英国文化传统对现代竞技体育的影响[J]. 南京体育学院学报（社会科学版），2015，29（04）：76-80.

发展中融合当地文化形成了武当、少林、峨眉、南拳四大派，四大派内部因习俗不同又产生很多的支派，这些支派犹如满天繁星，形成了中国武术文化大观。

综观全球体育项目的发展格局，可以看到各国的传统体育项目在挖掘整理、展示推广的过程中，为现代项目的发展提供了更多可以借鉴的资源，比如日本的柔道、相扑、弓道、剑道；印度的象球赛、蛇船赛、卡巴迪；缅甸的胯球、蛙赛跑、端水赛跑、妇女角力；马来西亚的纸鸢赛、陀螺赛、藤球；印度尼西亚的赛牛、跑牛赛、跳石马；巴基斯坦的拔桩比赛、藤球；斯里兰卡的爬树、打椰子、拉角等传统体育项目。人们在认识、观赏、体验的过程中有效地促进了项目的借鉴与融合。

三、体育项目文化产生和发展的影响因素

体育项目文化的产生与发展深受人种、地理环境和社会文化等因素的影响。达尔文进化论认为人类在进化过程中不断与自然环境发生相互作用，"物竞天择，适者生存"，在项目产生的过程中，人种因素有着深远的影响。随着人类的繁衍生息，在崇拜、改造、征服自然以及进入现代人们谋求与自然环境的协调发展方面，人类的文明也随之发展。全球地理环境的多样性决定了世界文化的多样态。因此，特定自然环境，构成了生活在此区域的群体文化产生的最初的生存空间，体育作为人类高级文明活动也必然遵循这个规律。[1]人们在生存空间创造的社会文化，对体育项目文化的产生与发展演变历程的影响至关重要。

（一）人种因素

人种特征指人类的生物特征，是人的自然属性，不同的人种具有不同的生物学特征，因此不同地域、不同人种的发展在形态、机能、身体成分等方面的不同特点使得运动员在某些运动项目上展示不同的运动天赋，而有些运动项目相对较难取得优异成绩。[2]

从世界范围来看，亚洲以蒙古利亚人种为主，其身体轻盈，但是体形较为粗壮，更擅长技能主导类项目。例如，乒乓球、羽毛球属于技能主导类中的隔网对

---

[1] 何志芳，李强，史儒林.影响青海少数民族传统体育文化形成的地理环境因素分析[J].体育科技文献通报，2022，30（02）：227-231.

[2] 许百川，李军，乔富喜.我国传统体育项目起源与发展新探[J].聊城大学学报（自然科学版），2003（01）：72-74.

抗类项目，跳水和体操属于表现难美性项目，正因为蒙古利亚人种身体粗壮的特点，同样也比较合适像柔道和跆拳道等格斗对抗性竞技体育项目。对于体能主导类项目更适合以欧罗巴人种为主的欧洲人，此类人的身体协调能力较强，力量和速度非常出色。例如以快速力量为主的赛艇、皮划艇，还有上肢要求力量较高的体育项目。非洲以黑人居多，他们四肢修长，黑色的肌肤使得他们的耐力和爆发力超常，例如他们擅长速度性和耐力性相结合的田径长跑项目。在美国和巴西等美洲国家，他们受移民影响，大量的外来移民让这个区域变得相对复杂，多以混血人种为主。也正是他们这样结合了不同人种的优势，在多类竞技体育项目中有着较强的实力。[①] 从中国范围来看，中国幅员辽阔，人们在地理环境和文化影响下产生各自的差异。不同区域的人适应于不同的运动项目，北方人适宜速度、力量型项目，而南方人更适合技巧型项目。正因为先天条件的限制，使得人种所在区域项目文化的产生和发展各有差异。

（二）地理环境

地理环境是指一定社会所处的地理位置以及与此相联系的各种自然条件的总和，包括气候、土地、河流、湖泊、山脉、矿藏以及动植物资源等。地球上存在七大洲四大洋，亚洲是世界第一大洲。以世界国土面积第三且作为四大文明古国之一的中华人民共和国为例。从宏观的地理环境来看，中国地势西高东低，山地、高原和丘陵约占陆地面积的67%，盆地和平原约占陆地面积的33%。地形多种多样，陆地上的五种地形在中国均有分布，雄伟的高原、起伏的山岭、广阔的平原、低缓的丘陵，还有四周群山环抱、中间低平的大小盆地。地形复杂，东临太平洋，西南靠青藏高原。高低悬殊的地势以及在东亚大气环流系统的共同作用下，形成了中国特有的复杂而多样的气候，世界上有的气候类型，中国大部分都有。中国的领域广阔，腹地纵深，为中华文化的繁衍滋生提供了广阔的天地。在巨大的地域范围内衍生出众多差异性极大的运动项目，南北之差、东西之异悬殊。即使同一个运动项目在时间和空间的演变之下也呈现出不一样的形态。

以流传至今可考历史4200年的中国传统体育项目武术为例，按照地域划分主要有黄河流域、长江流域、珠江流域；按照拳种及特点分为少林、武当以及峨眉，也有称之为"南拳北腿"；按照习练的侧重点不同主要分为内家和外家。随着历史

---

① 钟明宝，张春燕，王世杰，王玉珠.国际竞技体育非均衡发展的要素禀赋研究［J］.吉林体育学院学报，2016，32（02）：56-63.

的演变，武术其攻防技击的功能逐渐分化成为攻防技击武术、艺术展现武术和健身养生武术三种。① 除却单一民族传统体育项目的发展，我国东北地区地形以平原为主，四周山地环绕，冬季寒冷漫长的气候条件，使得冰雪运动和骑射成为主要运动项目；西北地区的草原上人们酷爱马术、射箭、摔跤、赛骆驼等运动项目；中南以及东南地区依据其临海的地域特点产生跳竹竿、射牛腿、斗牛、骑海、赛龙舟等传统体育项目。②

（三）历史文化因素

亚洲、欧洲、非洲、美洲各大洲不同的历史文化背景使得人们对于自然和生命产生各自的理解，形成不同的体育文化底蕴，进而产生多样的运动项目形态。

在以孔孟为代表的儒家文化和以老庄为代表的道家文化的浸染下使得中国体育文化倾向于人与自然的统一。以中国传统体育项目太极拳为例，太极拳既是一种体育运动，又是天地运行的自然规律通过人的身体得以展现的一种表现形式。③太极拳将蕴含在中国古老的哲学体系中的阴阳、相生相克等抽象事物转化为动作形态，人体通过调动全身的"气"达到人的小宇宙和自然大宇宙的天人合一。

奥林匹斯神谱构建起西方人关于世界起源的想象，随着理性精神的回归，与中国孔子处于同时代的亚里士多德，采取实体加属性的方式对具体事物进行规定，将不同的事物以属加种差的方式联系在一起，同时把各种不同事物的运动解释为其按自然方式趋于事物本己的特性，从而把整个世界全部纳入分析理性的大网中。近代机械主义的兴起，使得体育运动中开始使用速度、力度、频率、高度以及力量等量化词语，以田径运动为例，运动员通过规范合理的运动动作，最大化减少能量的无效消耗，从而达到最理想的运动状态。而不断突破纪录、突破生理极限是西方体育竞技精神的展示，人们通过成绩和纪录来不断完善和改进身体，进而实现对于自我的超越，也就是人与自然的超越。

四、体育项目文化研究的意义

体育项目文化研究有助于从历史的维度形成对体育项目源流发展脉络的清晰

---

① 杨建营.武术分类及发展探析［J］.北京体育大学学报，2005（01）：139-141.
② 盘劲呈.少数民族传统体育项目的文化探究［J］.当代体育科技，2014，4（34）：208-210.
③ 宋成，沈丽颖.中西方体育精神的差异及其文化根源［J］.沈阳工业大学学报（社会科学版），2021，14（01）：92-96.

认识，从横向的维度形成对体育项目大家族的整体认识，从而推动体育项目以及体育文化的发展。同时，传统体育项目的研究对于传统体育文化、传统文化的传承与创新都有着重要意义。

（一）追溯项目发展历程，洞悉项目未来发展方向

体育运动项目的发展演进是体育文化变迁最直观的表现形式，以体育项目为切入点，来探究体育运动项目发展的源流，博古通今以期进一步明确体育项目未来发展方向。以中国古代体育项目的鼻祖射箭为例，据考古发现，在山西峙峪人文化遗址中，曾出土了一件距今两万八千年的石箭头，这表明当时人类已经在开始使用弓箭了。从商周直到秦汉，随着青铜工具和铁器的出现，箭头的形制和质地也变得更加多样，同时射箭的形式也发生了很多变化。如周代的射礼，可以说是我国古代历史上最早的射箭比赛了。战国时期，赵武灵王曾经提倡"胡服骑射"，把少数民族的射箭技术引入中原，同中原传统的射箭结合起来，这把射箭运动推向了一个高潮。汉代的射箭运动，不仅在实践上有了很大的发展，而且在理论上也有了进一步的总结，仅《汉书·艺文志》记载的射法，就包括"李将军射法""魏氏射法"等8种69篇之多。唐代射箭活动有了巨大发展。武则天设立了武举制，在武举制里规定了9项选拔和考核人才的标准，其中5项是射箭，包括长垛、马射、步射、平射和筒射。从唐代到宋代，射箭在民间更为普及。到了明清时期，由于满族人主中原，把少数民族的射箭活动也带入中原，射箭得到了更为广泛的开展。康熙六十一年（1722年），曾经将"木兰秋狝"定为恒制，把承德作为涉猎的一个重要场所，推动了整个射箭活动的开展。由于当时射箭活动比较普及，加上清代中后期西方的火器在中国进一步普及，射箭逐渐由一项军事技能演变为一种纯粹的比赛项目。[1] 古代的射箭经过几千年的演变，演化为现代的射箭运动。透视射箭的发展历程可以发现，体育项目最初和生存密切相关，随着人们与自然争斗和生存发展的需要，体育项目在其历史发展的进程中，融合了民族性和时代性，弓箭逐渐失去原有的实用意义，成为人们余兴时表演和锻炼身体的一种手段。

（二）深入认知项目文化，推动体育文化多维度发展

人类社会随着历史的洪流不断向前发展，体育文化是体现人类文化多样性中

---

[1] 孙大光.体育文化概论[M].北京：高等教育出版社，2013.

的一环，而纷繁如星的体育项目文化搭建起体育文化的浩瀚银河。在全球体育文化的穹顶之下，中国体育文化在经历了不断的冲突、碰撞以及融合后发展成为今天的形态，具象化到每个体育项目中。深入认知体育项目文化，感知古代与现代、东方与西方体育文化之间的对话、沟通与融合，进而推动体育文化朝着文化价值取向和经济效益多维度发展。

以登山文化为例。登山活动既是古代一种重要的休闲健身方式，也是当今社会拥有广泛群众基础的一个运动项目。中国古代登高习俗源于对自然神的崇拜与祭祀。在传承过程中受到道教、佛教和儒家、道家思想影响，逐渐形成了祭祀祈福、抒怀言志等价值取向。在西方，登山活动则是户外运动的一种，体现了追求个性、挑战人类极限的竞技精神。虽然中国登高习俗与西方户外登山运动的人文环境不同，形成的价值取向不同，但在全球化文化背景下，二者也逐渐走向了对话、沟通与融合，进而形成了以"山"为共同载体的"大登山"文化。大登山是指以登山为基本运动方式，以健身为核心价值取向，融合了不同群体参与的风险级别不同、海拔高低不同、技术装备要求不同的项目群。

根据目前登山活动开展的现状，可以概括出大登山项目群主要包括民俗性登高健身、休闲健身登山、体育旅游、中低海拔的户外登山探险、高山探险等。大登山观念下的当代登山文化体现了中西方文化的碰撞、对话与融合，其建构呈现出多元化、产业化的发展趋向。首先，价值取向的多元化。登山由一项运动发展为一个项目群，不仅体现了参与群体和参与方式的不同，其根本原因在于价值取向的多元化。健身登高将传统登高习俗与健身意识融合成为有效传承民俗的方式。登山节则将健身登山、登山赛以及其他多种健身娱乐方式融合在一起，将传统民俗传承、健身意识培养、竞技精神展现融为一体，成为不同群体均可参与、体现多元价值取向的活动。户外登山探险的时尚化，则体现了其对竞技精神的突破。户外探险登山将挑战自我的竞技精神与回归自然、休闲娱乐融合在一起，成为人们减压的一种方式。登山价值取向的多元化满足了人们多样化的需求，登山文化也逐渐发展为当代重要的文化形态之一。其次，在市场经济环境下，当代登山文化呈现产业化发展趋势。各地不同类型的登山节不断总结经验，逐渐形成了系统化、规范化的管理模式，并取得了较好的经济效益。户外登山俱乐部的不断涌现，为登山者提供知识、技能的培训，有效的组织管理不仅规避了登山风险，而且也成为产业链条中的重要组成部分。户外运动的时尚化促使登山装备的生产销售行业规模不断壮大。体育旅游则将健身娱乐融合在一起，成为体育文化产业的新生力量。[①]

加强体育项目文化建设，是体育项目健康可持续发展的重要助推器[②]，是体育发展的基本保障。树立开放融合的建设理念，贯通古今，融通中西，开阔视野，加强体育项目文化建设，丰富体育文化内涵，推动体育文化多维度发展，助力全民健康。

（三）传承民族传统体育项目，提升国家文化软实力

最早提出软实力概念的是哈佛大学肯尼迪政府学院的院长约瑟夫·奈（Joseph Nye）。按照他的观点，一个国家的综合国力，既包括由经济、科技、军事实力等表现出来的"硬实力"，也包括以文化、意识形态吸引力体现出来的"软实力"。[③] 体育文化是体育发展的软实力，传统体育项目文化是体育文化的重要组成部分，传承发展民族传统体育项目文化，是提升国家体育文化软实力的有力支撑。

中国有近千项民族传统体育运动项目，其数量及形式的多样化堪称世界之最。它既包括汉民族的民间游戏和少数民族的传统竞技，也有各民族中普遍开展的项目。但近一个世纪以来，西方体育文化的传入不断挤压民族传统体育的生存空间，传统体育逐渐淡出大众视野。改革开放以来，中国在走向世界舞台的过程中，民族传统体育所具有的休闲娱乐性、轻松趣味性和实用性，以及浓郁的民俗风情，逐渐吸引着大众的目光。各民族共同喜爱的传统体育项目如龙舟、风筝、拔河、秧歌、舞狮舞龙、踢毽子、太极拳等与社会文化相结合，焕发民族传统体育文化的魅力。

在和平与发展的今天，体育尤其是具有民族特色的传统体育项目，可以在软实力聚集与提升中发挥其特殊的重要作用。以健身、娱乐和竞技交流为目的的各类体育项目和体育活动，易于打破国家、民族之间的文化障碍，能被不同文化信仰的人群所认同和接受，具有快速形成广泛的民众基础的优势，对构建和提升国家软实力有着明显的促进作用。以太极拳为例，作为我国民族传统体育的重要代表，在经历不断的创新、提炼和发展后，逐渐成为融哲理、医理、拳理于一身，并具有健身、防身、修身、养性、娱乐等多功能于一体的传统武术项目。太极拳

---

① 袁宏.登山文化源流探析［J］.山东体育学院学报，2013，29（05）：27-30.
② 陈辉，田庆."体育强国梦"思想下运动项目文化建设路径研究［J］.南京体育学院学报，2018，1（06）：40-44.
③ 孙喜莲.民族体育文化与国家软实力［J］.体育文化导刊，2009（06）：123-127.

所代表的健身理念，以及所体现的人与自然、人与人和谐相处的宇宙观、世界观，是对西方国家、西方文化追求极限体育观的有益补充，其博大精深的理论和技术体系，充分显示了中华民族在体育文化领域中独特的创造力和卓越的成就。在国外的众多场合中，太极已成为中国形象的代名词，太极拳在世界范围内的迅速传播，是一个值得注意的文化现象。大力推广包含太极拳在内的民族传统体育项目，为打造我国软实力开辟了一个新的思路。[①]

第二节 体育项目的分类

世界上近现代的体育项目早已超过 400 项，随着时代发展衍生出很多派生项目，体育项目的分类成为新的研究重点。通过运动项目分类，让广大体育工作者和爱好者能够全面、系统地了解当今世界体育项目的种类，提供选择、欣赏和参与各项体育运动的参考资料，有利于体育项目自身的纵深发展和横向比较，推动各国体育项目文化的交流与传播。

一、体育项目分类概述

随着世界发展演进，人类文明体系趋向繁荣多元，世界体育项目更加多样。在体育全球化的时代背景下，对体育项目进行分类整理，有助于进一步明晰体育项目发展格局，为体育项目文化建设提供指引。

体育项目的分类，相关研究中主要是根据体育项目的运动环境与运动特点进行分类，具有代表性的分类主要有四种。一是《中国图书馆图书分类法》简称《中图法》，将体育项目分为田径、体操、球类、武术及民族形式体育、水冰雪、军体、其他、文体；二是《中国科学院图书馆图书分类法》简称《科图法》，将体育项目分为体操、田径、球类、水上、冰雪及其他、文娱活动及游戏；三是《中国人民大学图书馆分类法》简称《人大法》，将体育项目分为体操、田径、球类、水上、冰雪、武术及民族形式体育、重竞技、其他、国防、文娱；四是国际上多采用的《国际十进制分类法》简称《UDC》，将体育项目分为户外、器械、球

[①] 孙喜莲.民族体育文化与国家软实力[J].体育文化导刊，2009（06）：123-127.

类、体操田径、登涉、骑车、机动车、重竞技、冬季、水上航空、骑术、捕钓猎射。四种分类方式为了将古今中外的运动项目都纳入分类体系中，既未做到分类标准的统一性，也未能对有着明显差异的项目类型进行明确区分。在分类标准上，在以运动环境和运动特点为主要分类标准的基础上，杂糅了体育项目的季节、器械以及运动功能等分类标准，造成项目分类的交叉现象。在项目分类的明确性方面，前三种分类方法中的"其他"以及"文体""军体""游戏""文娱"等，特别是"其他"更易于造成分类的不明确性。同时，为了体现分类的概括性而出现的部分类别，尚需进一步细分。比如"武术及民族形式体育""水冰雪"等应再分细一些，把武术项目独立出来，将水上项目与冰雪项目分开；"冰雪及其他"类未划分清楚，户外运动与球类运动及其他运动不好区分，因为户外运动含意太广，等等。

伴随着新的运动项目不断涌现，传统项目的不断挖掘整理，体育项目分类标准不统一和分类不明确等问题更为突出。有的学者提出了借鉴动植物分类学"门、纲、目、科、属、种"的概念，对体育项目分类分项进行比较逐级分类。在根据各项目运动环境、运动器材和主要特征进行了"目概念"的新分法研究，将体育项目大体分为田径、体操、球类、水上、冰雪、武术、重竞技、军体、娱乐、民间以及其他共11类。在分类中使得武术、水上、冰雪、重竞技等大项独立，民族体育项目和民间体育项目合为民间类，同时对于一些含混不清的类别做了整理，如"户外""体操田径""水上航空"等。[①] 逐级分类对于明晰项目类别具有积极的借鉴意义。

同时，学界对体育项目是按照运动年代、运动目的、运动功能、运动环境、运动季节、运动器材、运动年龄、基本活动能力等进行分类。按照运动年代划分：古代体育、近代体育和现代体育；按照运动目的划分：体育教育、竞技体育和群众体育；按照运动功能划分：健身、教育、娱乐、医疗、社交、经济和军体；按照运动环境划分：陆上、水上、航空、室内、冰雪等；按照运动季节划分：夏季、冬季、赛季、非赛季、赛季后；按照器材划分：球类、棋牌、垫上、自行车等；按照运动年龄划分：胎儿、婴幼儿、青少年、成年、中老年；按照基本活动能力划分：走、跑、跳、投、攀爬、游水、射击、操舟等。

二、竞技体育项目的分类

国际竞技体育协会（ICSPE）将竞技体育定义为"凡是含有游戏属性并与他

[①] 李江.世界体育项目分类与比较研究[J].北京农学院学报，1997（01）：74-77.

人进行竞争以及向自然障碍进行挑战的运动都是竞技运动"[①]，国内外学者对于竞技体育分类的研究中，大致有宏观和微观两种分类的角度。

从微观角度研究划分，有代表性的是田麦久为提高运动训练水平提出的项群理论。该种分类方法是依据竞技体育活动项目的属性进行划分，提出了分类的七个标准，并从参加竞技体育活动的运动员的竞技能力、运动项目的动作结构以及运动成绩的评定三个方面进行了科学的分析，提出了竞技运动项目的三种主要分类体系。根据竞技特征与竞技方式不同，对竞体体育项目进行分类，有不同的划分方式。一是以奥林匹克运动项目的竞技性质和特征为分类标准，将奥林匹克运动项目划分为存在攻防关系的直接竞技类项目群和不存在攻防关系的间接竞技类项目群。二是从竞技体育中运动竞赛的方式进行划分，将竞赛项目划分为（时间、距离、重量和分数）竞争类竞赛项目和（个体、偶体、集体和团体）对抗类竞赛项目两大类。三是从竞技体育活动中动力的使用方式进行划分，将竞技体育项目分为五类：竞技者纯粹以自身的自然力为动力的运动竞技形式；以自身自然动力驱动肢体使用或操纵一些简单的工具所进行的运动竞技；利用简单器械以节省自身动力并发挥其最大效能的竞技活动；利用自然动力的技巧竞技项目；完全利用机械动力并通过机械的运动效能进行的竞技活动。四是从竞技体育活动参加人数或队数的多寡进行划分，将竞技体育项目分为三类：用间接比较法决定胜负的单人/队的项目；用直接比较法决定胜负的双人/队的项目；两种方式混合使用决定胜负的多人/队的项目。另外，还可以依据竞技项目的衍生途径，将世界主流的91个竞技项目分为创造性项目（创造表演、创造游戏等）、人类活动项目（生存活动、狩猎活动等）和综合型项目（铁人三项等）三大类。此外，还有研究者根据竞技体育的活动空间将其划分为陆上、水上、冰上、空中四类。

从宏观角度方面分类，根据竞技体育的社会功能、属性等角度进行分类。有的将竞技体育划分为以娱乐健身为目的的非正规竞技体育、正规组织化的竞技体育和被利益化的商业竞技体育三类。从物质运动的形式进行划分，将竞技体育划分为物理、化学、生物、机械和社会的五种运动形式。根据社会属性的不同，将竞技体育划分为广义（群众性的竞技运动）和狭义（正式和职业竞技运动）两种。根据从事竞技体育的对象与目的的不同，将竞技体育分为两类：一类是纯竞技体育（专业人员从事的竞技体育），一类是亚竞技体育（学生和其他社会成员从事的竞技体育）。依据竞技体育发展的社会背景和内涵及功能，从学校体育和社会体育

---

① 张元梁.我国体育科技进步及其对竞技体育的促进效应研究［D］.上海体育学院，2020.

两方面出发，主要分为学校竞技体育和社会竞技体育，学校竞技体育再分为：普及型竞技体育和高水平竞技体育，社会竞技体育再分为业余竞技体育和职业竞技体育。①

微观角度的分类，侧重竞技体育项目的竞技与运动属性，有助于深入了解竞技体育项目的竞技特性；宏观角度的分类，侧重竞技体育项目的社会属性与社会功能，有助于从社会层面认知竞技体育项目的文化内涵。

三、民族传统体育项目分类

民族传统体育项目是一个国家政治、经济、文化生活的一种特殊反映，具有浓厚的民族特色，是各个国家展示本国家和民族文化的符号和载体。纵览世界体育发展的历史，民族传统体育项目是体育项目发展的根基所在，正如"民族传统体育是当代世界流行的现代体育之母"②。我国幅员辽阔，民族众多，每个民族都有属于本民族的体育活动，对于种类繁多的民族传统体育项目的分类，一直是学界讨论的热点问题之一。

1990年广西民族出版社出版了一部志书《中华民族传统体育志》，这是由国家体委文史委员会与中国体育博物馆联合编纂的。据统计，我国民族传统体育项目达977项，其中55个少数民族传统体育项目有676项，汉民族传统体育项目有301项。③纵览学界对民族传统体育项目分类的研究，比较有代表性的有以下几种：

一是根据项目的表现形式进行项群分类。进入21世纪，学者按照科学性和实践性相结合的原则，以民族传统体育项目最显性的表现形式为分类标准，将研究筛选出的百余个民族传统体育项目分为技巧类项目、竞速类项目、较力类项目、弹射类项目、击打类项目、掷接类项目、攀爬类项目、武技类项目、舞艺类项目以及其他类项目共十类。技巧类运动项目包括"夺万岁""人龙"、霸王鞭、踩风车、达瓦孜、倒挂金钩、叼羊、夺腰刀、嘎拉哈、脚踩独木穿急流、马术、抹旗、秋千、耍龙、套马、跳皮筋、跳绳、舞龙、舞狮、中幡、太极柔力球；竞速类项目包括顶壶竞走、独木天梯、高脚竞速、姑娘追、夹兽跳、溜索、龙舟、赛骆驼、赛马、赛瓦、赛威呼、绳梯、拾天灯、双飞舞、跳火绳、同背、走马；较力类项

---

① 周迎春，张锋，张俊涛.浅析现代竞技体育的分类[J].当代体育科技，2018，8（01）：196-197.
② 胡小明.民族体育集锦[M].成都：四川民族出版社，1989.
③ 温佐惠，王广虎，李万来，张选惠，冉东学，陈振勇.21世纪中华民族传统体育的发展方向[J].成都体育学院学报，2003（04）：11-14.

目包括拔地功、拔河、拔腰·抱腰、搭撑腰、蹬（拉）棍、朵加、互布吉则、拉鼓、尼昂急、抛沙袋、石锁·石担、摔跤、同填、押加、脚斗士；弹射类项目包括"老虎"跳、打灰包、粉枪射击、木枪射击、骑射、射背牌、射箭、射弩、跳板、跳竹；击打类项目包括波依阔、布木格、捶丸、蹴鞠、打"蚂蚱"、打"螃蟹"、打飞棒、打嘎儿、打狗归坡、打拐、打花棍、打柳球、打手毽、打梭儿、哆毽、竿球、击木轮赛、击石球、毽球、马球、毛莱球、木球、踢"熊头"、踢脚、陀螺；掷接类项目包括"蜡河毕""狩猎"、奥尔达、芭芒燕、背篓球、打布鲁、打缸、打禾鸡、打篾鸡蛋球、打泥脚、打牛毛球、打抛、打石头、打瓦、当尕达至拿杜、丢包、丢花包、盖洌、浩尔畏、打鸡毛球、怒球、抢贡鸡、铜锣球、投茅、投绣球、玩"花龙"、珍珠球；攀爬类项目分为春榔争蛙、上刀梯、爬坡杆、登山；武技类项目包括武术、东巴跳、舞吉保、木兰拳、双节棍；舞艺类项目包括播公、踩芦笙、蹬窝罗、翡翠舞、跳斑坞、跳嘎、跳花灯、跳盔甲、清江舞；其他类项目包括健身气功、风筝。[①]

  二是依据民族传统体育项目的发育形态分类。学者抛弃了现代体育科学量化的标准，依据民族传统体育发展的程度，也就是按照它到现在的发育形态来划分，共有五种类型："化石"型、原始型、发育期型、较成熟型以及成熟型。第一是"化石"型：是指民族传统体育项目保留其原始的内容和形式，在古代盛行，而在近代已基本消亡的一些体育项目，像曾经在古代军队和民间都广泛开展的蹴鞠活动、木射、击壤以及投壶等项目。第二是原始型：是指民族传统体育项目相对其起源在内容和形式上无明显改变，大多数保留有较多的早期原始风貌，往往附属在宗教祭祀或红白喜事的遗俗或是各种节日庆典中，处在原始文化的混沌状态下，尚未分化为独立的社会活动。像少数民族各类宗教舞蹈、自娱舞蹈以及狮舞、彩莲船、连筲等民间技艺。第三是发育期型：指民族传统体育项目相对其早期形式有所改变，一般都无严格的规则，随意性强，缺乏统一的管理，处在自生自灭的状态下，但经过改造也可以形成一定的操作规则。这一类型的民族传统体育项目，多散见在各地的传统游戏活动和一些民风民俗活动中，与生产、生活结合较紧密，像各类民间儿童游戏与成人的闲暇娱乐，诸如扭扁担、推竿、蹲斗、打陀螺等。第四是较成熟型：可以分为两种情况，一是指民族传统体育项目较其早期形式或内容有一定的改变，经过进一步的挖掘和整理，制定了相应的规则，但并不十分成熟尚待完善。这一类型的民族传统体育项目，多是融体育和艺术于一体，

---

① 姜劲晖.中国民族传统体育项目分类研究［J］.体育成人教育学刊，2014，30（03）：68-69.

具有很高的艺术欣赏性,并充分体现出本民族的特色。比如,娶亲乐、磨担秋、吹枪等150多项在第六届全国少数民族传统体育运动会上的表演项目。二是指那些一直发展至今,但在形式和内容上无明显改变,有自己独特的练习手段与原理,但在总体上还未被现代科学所认识,尚处在"潜科学"的发展阶段,一般秘而不传人,具有凝固性与封闭性的特点,如一些养生的气功等,社会化程度较低。第五是成熟型:可分为两类,一类是指民族传统体育项目与早期形式有显著的改变,并已经过实践的检验,冲破了民族的樊篱和区域的限制,成为整个中华民族的体育项目,已经融入现代竞技体育之中,诸如武术、摔跤、龙舟、围棋、象棋之类的项目。另一类是一些经过整理改造后的传统健身术,流行于中老年之中,社会化程度较高(但并没有专门的管理部门),像木兰拳、木兰扇等皆属此类,也已成为我国现代体育中的一部分。对这一部分的研究理论可以促进民族传统体育理论现代化体系的形成。[①]

两种分类方式分类标准不同,从不同的角度展示了传统体育文化的内容。前者依据项目运动的表现形式分类,展示了传统体育各种各样的身体运动能力与运动技巧,展示了传统体育文化的丰富性,为传统体育的传承提供了借鉴。后者依据项目的历史发育状态分类,直观地呈现了传统体育项目的发展状态,为传统体育文化的保护、传承、创新、传播提供了依据与参考。

四、奥林匹克运动项目和非奥林匹克运动项目

奥林匹克运动会是世界上影响力最大的体育盛会,是人类发展到一定阶段的产物。相较于专业运动员参加的奥林匹克运动项目,随着智能时代的到来,人们休闲娱乐的时间增多,更加注重身体健康,这为非奥运项目开展提供了群众基础和时空可能性。

奥林匹克运动竞赛项目一般由国家奥委会、国际奥委会所承认的国际单项体育组织及主办城市三方协商决定,依据三个原则:第一,必须是在世界范围内普遍开展的运动项目;第二,对促进身体健康有益的运动项目;第三,目前制定有统一的竞赛章程和规则的运动项目。[②] 奥林匹克运动项目主要分为夏季奥运会项目和冬季奥运会项目;现代夏季奥运会项目又分为运动大项、运动分项以及运动小项。列入奥林匹克运动会比赛项目的运动大项必须符合以下标准:只有在至少75

[①] 赵苏喆.民族传统体育项目的分类及发展[J].体育学刊,2007(05):78-81.
[②] 沈灿.现代夏季奥运会项目设置的社会文化因素分析[D].上海体育学院,2016.

个国家和4大洲的男子中，以及在至少40个国家和3大洲的女子中广泛开展的运动项目，才可列入奥林匹克夏季运动会的比赛项目。运动分项是奥林匹克运动会项目的分支，包括一个或者若干个运动小项，它必须具有公认的国际基础，才可列入奥林匹克运动会比赛项目。而运动小项是奥林匹克运动会的运动大项或者运动分项中的一项比赛，产生名次，颁发奖章和奖状。[1]

非奥运项目是由现在未被正式列入奥运会比赛项目而组成的一个庞杂的运动项目集合，主要涵盖我国正式开展的体育运动项目、民族传统体育项目、新兴体育运动项目、智力运动项目以及极限运动项目等。[2]非奥林匹克运动项目必须是由国际奥委会、亚奥理事会、国际单项体育组织设立或具有中国特色和民族特点的，具有较高技术水平的体育运动项目。这些项目有国际（洲际）体育组织，并设有正式的国际或洲际比赛；有完备的竞赛规则、裁判法规和一定数量的运动员、教练员、裁判员等；在国内较普及，开展范围一般在15个省市以上，冬季项目除外（15个省是我国规定的正式开展项目的基本数量要求）；项目在各地设有完善的组织机构，并有能力组织举办区域性、全国性赛事，能参加国际比赛。[3]我国共有55个项目，技巧、健美操、软式网球、武术、滑水、潜泳（含蹼泳）、摩托艇、围棋、国际象棋、中国象棋、桥牌、登山、攀岩、摩托车、汽车、高尔夫球、保龄球、地掷球、台球、藤球、壁球、橄榄球、轮滑、毽球、门球、舞龙舞狮、龙舟、钓鱼、风筝、信鸽、体育舞蹈、健美、拔河、飞镖、救生、健身气功、公开水域游水、电子竞技、车辆模型、航海模型、定向、航空模型、航天模型、飞机跳伞、悬挂滑翔、滑翔机、滑翔伞、动力伞、牵引机、轻型飞机、超轻型飞机、热气球、飞艇、无线电测向、业余无线电。[4]

随着现代体育的社会化、商业化进程加快，奥运会的项目并非一成不变。第一届1896年雅典奥运会分为田径、游泳、举重、射击、自行车、古典式摔跤、体操、击剑和网球9个大项和43个小项；第32届东京奥运会分为33个大项，339个小项；1924年第一届夏蒙尼冬季奥运会分为6个大项、6个小项；第23届平昌冬季奥运会分为15个大项、102个小项。纵观奥运会竞赛项目的发展史，

---

[1] 吕韶钧,林小美,陈国荣,彭芳.奥运会项目发展的基本规律及项目改革的研究[J].北京体育报,2004（04）:542-544.

[2] 于文谦,张廷晓.基于"木桶理论"视域下的非奥运项目[J].北京体育大学学报,2015,38（04）:1-5.

[3] 于文谦,王乐.我国竞技体育非奥运项目的发展问题[J].体育学刊,2010,17（02）:23-26.

[4] 郭建军.对我国正式开展体育项目设立的现状分析及思考[J].体育文化导刊,2004（09）:5-7.

1896—1936年，由于奥运会内外部条件的不完善，奥运会竞赛项目的具体安排、规则的制定由举办者自己决定，另外夏季项目和冬季项目混杂在一起，这期间竞赛项目的设置存在随意、不规范、不稳定和男女不平等的特点；20世纪80年代以后，竞赛项目设置走向成熟与完善，大项稳中有升，小项逐步增长，女子项目所占比例上升。①

根据国际奥委会官方网站显示，夏奥会项目为棒球/垒球、蹦床、场地自行车、冲浪、帆船、高尔夫、公路自行车、花样游泳、滑板、击剑、竞速小轮车、举重、空手道、篮球、篮球3×3、马拉松游泳、马术、排球、攀岩、皮划艇激流回旋、皮划艇静水项目、乒乓球、七人制橄榄球、曲棍球、拳击、柔道、赛艇、沙滩排球、山地自行车、射击、射箭、手球、摔跤、水球、跆拳道、体操、田径、跳水、铁人三项、网球、现代五项、艺术体操、游泳、羽毛球、自由式小轮车、足球；冬奥会项目为北欧两项、冰壶、冰球、单板滑雪、冬季两项、短道速滑、钢架雪车、高山滑雪、花样滑冰、速度滑冰、跳台滑雪、雪车、雪橇、越野滑雪、自由式滑雪。

第三节 体育项目文化的演进历程和发展趋势

回顾体育的历史，体育项目发展演进与时代息息相关，受到文化思潮影响一步步发展成为今天的形态。博古通今，展望未来，可以看到体育项目在发展过程中呈现出这样的发展趋势：体育项目物质因素趋于智能化；体育项目制度因素趋于法制化；体育项目精神因素趋于全球化。

一、体育项目文化的演进历程

体育项目与社会文化思潮同频共振。社会文化思潮不仅影响着体育项目的发展演变，同时作为一种思想观念渗透在体育项目文化之中，成为体育项目发展的主导。

---

① 黄小波.对现代奥运会（夏季）项目设置的初步研究[J].安徽体育科技，2010，31（03）：17-19.

（一）西方体育项目发展历程

古希腊时期，崇尚健康的身体与健全的思想和谐发展，人们通过赛车、赛马、赛跑、跳跃、标枪、铁饼、摔跤、拳击等比赛培养健壮的身体，并为西方体育项目文化奠定了基础。古罗马时期，随着古代奥运会的衰落，用于祭祀天神的竞技运动逐渐演化为激烈的角斗，角斗中双方徒手或持器械搏斗，进一步发展了体育项目竞技特性。中世纪时期基督教成为欧洲社会的精神支柱，基督教的禁欲主义导致了竞技运动、角斗逐渐销声匿迹。中世纪时期的体育项目主要集中于骑士阶层的"七技"：骑马、游泳、投枪、击剑、打猎、下棋和吟诗。"骑士七技"是骑士教育的主要内容，具有鲜明的礼仪性。

近代，在文艺复兴、宗教改革的推动下，人们的身体和思想都解除枷锁，体育思想开始萌动，真正开始从人身认识世界。这一时期西方的思想文化主要集中于个人主义、理性主义和世俗社会，明确身体运动对培养自然个性的重要作用和价值，是体育人文化价值观的转折期；启蒙运动时期，16世纪之后，由于人体解剖学的发展，人们对人体的认识已经越来越科学。比利时医学家阿·维萨里的《人体结构》（1543年）和英国生理学家维廉·哈维的《论血液循环》（1649年）是西方人体科学发展上的一个高峰，给整个欧洲社会带来了对身体运动的全新的科学理论、世界观和思维方式，并由此揭开了体育人文思想的新篇章；18、19世纪是西方新人文主义发展阶段，新人文主义最高原则是发展个体自由，其根本特征要从人本身发现完整的人，由个性培养发展到人格塑造，体育再次成为热议的焦点。

在15—19世纪，体育人文观念的确立推动了体育教育的发展，体育手段逐渐体系化。德国教育家古茨穆斯对古希腊、罗马、德意志的运动项目和民间游戏进行搜集、整理，按照项目的运动目的、运动性质、运动解剖学以及运动类型进行分类，构建了体育项目体系，主要包括跑（快跑、持续跑、越野跑）、跳（跳高、跳远、从高处向下跳、跳高和跳远相结合的跳跃、由高处向下跳远的跳跃、投掷（投高、投远、投准）、角力、悬垂、平衡以及搬举重物、手倒立、拔河、跳绳、滚翻、舞蹈、步行、队列训练、射击、剑术等。在古茨穆斯构建的体育项目体系的基础上，德国体操、瑞典体操进一步体系化。德国体操主要包括杨氏体操和施皮斯体操体系。杨氏体操以器械体操为主，主要有单杠运动、双杠运动以及运用跳跃器、吊绳、吊杆的运动。施皮斯体操体系主要包括秩序运动、徒手体操、器械体操。瑞典体操主要包括教育体操、兵士体操、医疗体操、健美体操。英国的户外运动主要有球类运动（板球、网球、足球、羽毛球、橄榄球、曲棍球、高尔夫球、手球、水球）、田径运动、水上项目（划船、游泳）、冰雪项目（滑冰、滑雪）、射箭、钓鱼、登山等。德国体操、瑞典体操、英国户外运动三大体系为欧洲体育的现代化发展奠定了基础，构建了体育教育领域的三大运动体系，随着体育社会化进程的推进，逐渐走出学校，传播到世界各地。[①]

20世纪是西方体育大发展时期，这一时期现代奥运会诞生，对体育项目进行了进一步的整合。在"和平和发展"成为主流的时代，体育文化转变为文化软实力，西方体育强势文化开始流向全球，也推进了体育项目的全球化传播。[②]在体育项目的运动特性方面，在科学主义的推动下，西方竞技体育项目的发展更注重身体的外在运动，在挑战自然、挑战自我中获得荣誉，崇尚力量美，更注重外在的身体表现。如橄榄球看重的就是身体间力量的对抗，得分依靠运动员高大的身材、敏捷的速度和最重要的力量。西方体育主张通过身体的练习使肌肉更加发达，骨骼更加健壮。除此之外，西方体育更注重训练的分解，将先进的体育理论作为基础，运用运动训练学将人的身体素质分为力量、柔韧、灵敏、耐力和速度等五个方面。通过对某一项身体素质进行针对性分解训练，以增加该身体素质能力，其注重分解的训练方法与我国传统体育所看重的整体在本质上有所区别。[③]

（二）中国体育项目发展历程

在中国传统体育几千年的发展历程中，形成了以养生体育、休闲娱乐体育活动、以技击为核心的武艺等体育项目体系。在先秦两汉时期涌现了大量的体育项目，主要有：射箭包括步射、骑射、礼射，兼具了军事武艺、礼仪教化的功能，具有广泛的影响力；养生功包括行气、服食、导引、五禽戏等，为养生体育的发展奠定了基础；休闲娱乐活动有蹴鞠、围棋、象棋、投壶、角觝、乐舞百戏、杂技、放风筝等成为人们日常生活的内容。传统体育项目体系在先秦两汉时期基本形成，经过后世的发展，体育项目体系更为完备。

综合传统体育项目，可以分为以下十二类：一是射箭，包括弓箭、弩射、步射、骑射、跪射等。二是武艺武术，是指传统武术中的器械、拳术以及器械对练。三是角力，主要包括角力、角觝、相扑、摔跤等。四是练力与举重，包括翘关、扛鼎、蹶张、负重等。五是田径活动，指以跑、跳、投为主要形式的项目。六是

---

① 谭华.体育史［M］.北京：高等教育出版社，2009.
② 石龙.论西方体育人文价值的演变［D］.华南师范大学，2007.
③ 马维春.中国武术与西方竞技体育的比较研究［J］.中华武术（研究），2019，8（11）：74-76.

球类运动，包括蹴鞠、击鞠（马球）、捶丸、步打球以及各种民间球类活动形式。七是保健养生类，主要包括以呼吸锻炼为主的行气术、以引伸肢体为主的引导术、以舒筋活络为主的按摩术以及相关的民间保健养生操。八是水上运动，包括游泳、跳水以及民间潜水等。九是冰雪运动，包括滑冰、拖冰床以及滑雪等。十是棋类运动，包括围棋、象棋、弹棋、六博、双陆以及其他民间棋类活动形式等。十一类是御术与赛马，包括赛车、赛马等。十二类是民俗游乐，主要包括龙舟竞渡、荡秋千、打陀螺、拔河、跑旱船、舞龙、舞狮等民族特色较浓的体育娱乐活动。①

近代以来，西方体育项目传入我国，田径项目和球类项目在国内被广为接受。传统体育项目的传承与传播受到影响，在20世纪三十年代左右引发了"土洋体育之争"。"土洋体育之争"以开展什么样的体育项目为话题开端，引发了体育学界对于中国体育之路的论争，这是在体育救国思想下人们对于体育的思考，是"保存国粹、维持国魂"，还是"土洋不分、世界大同"？从中国体育项目发展实际来看，中国体育项目发展走出了传承本土体育与学习西方体育并重的道路，摈弃了土洋对立的偏见，以是否有助于个体与社会的发展来选择、发展体育项目。

新中国成立之后，体育发展始终坚持"普及与提高相结合"的发展方针，全民健身与竞技体育全面发展，为体育项目的开展提供了广阔的空间。在体育项目的发展中，传承、创新传统体育项目，借鉴、发展西方体育项目，结合时代需要、特定人群需要创造新的体育项目，使得体育项目的发展呈现出不断丰富、多样的发展格局。

二、体育项目文化的发展趋势

展望体育项目文化的未来发展趋势，可以看到，在物质文化层面，体育项目的器械、设备设施、场地场馆建设等智能化程度不断提高；在制度文化层面，体育项目的制度与管理日趋规范；在精神文化层面，体育精神被广泛传播，广为接受。

（一）体育项目器材设施趋于智能化

物质因素是体育项目发展的基本因素，运动项目趋向现代化的过程中，物质因素也随着时代的转变而变化，为体育项目向"更高、更快、更强"目标冲刺提供全方位的保障与支持。在现代竞技体育发展中，依托器材研究开发来开创新的纪录成为各国新的赛道。

---

① 有关传统体育项目的分类参考了崔乐泉相关的研究成果。

冬季运动项目是依赖器材为比赛工具的运动项目，项目运动水平的提高同器材研究开发有着极其密切的关系。从冬季运动发展的历史来看，由于器材的革新而使运动成绩提高的实例不胜枚举。第17届冬奥会以来，新型"活动刀托"速滑冰刀鞋的问世，给速度滑冰带来一场革命，它推动速度滑冰运动成绩的一次大飞跃。它再一次有力地证明了器材研究开发对提高运动成绩的积极作用。目前，我国冬季运动项目的发展与运动器材的研究开发很不平衡，后者是滞后的，影响了我国冬季项目总体水平的提高。①

"得越野滑雪者得天下"，在冬奥赛场上，越野滑雪涉及的金牌数量多达26块，是名副其实的基础大项。作为对雪板打蜡要求最高的项目，第24届冬季奥林匹克运动会中首台拥有完整自主知识产权的雪蜡车负责保障中国越野滑雪队，冰雪健儿奋力拼搏，在越野滑雪全部12个小项中都取得了中国在冬奥历史上的最好成绩。雪蜡车依托车载平台、新能源动力系统、智能控制系统、感知识别系统、无线通信系统、雪板打蜡维护平台、水处理系统、空气管理、仿真光源、5G通讯与赛事直播、光伏发电、能源管理、环境家具、电器、箱体构造、无障碍通用性、保温材料及防腐抗潮新材料多个领域和系统，设计适用于奥运会比赛需求的各类空间和功能布局，为运动员提供舒适的外部环境和最便捷的项目器械。

（二）体育项目制度文化趋于规范

体育项目制度文化包括管理机构、规章制度、项目参与者角色与定位等，规章制度是体育项目制度因素中透视体育项目规范化建设发展最显性的因素。

在全民健身的时代热潮下，各种体育项目的开展如火如荼，相较于一般运动项目，新时代年轻人更青睐于游泳、潜水、攀岩以及高山滑雪等高危险性体育项目。而高危险性体育项目具有危险性大、专业技术性强、安全保障要求高等特点。

2009年，中国对高危险性体育项目通过了《全民健身条例》，之后一些地方性的法规《湖北省全民健身条例》《河南省体育发展条例》《辽宁省全民健身条例》以及政府规章中如国家体育总局制定的《经营危险性体育项目经营许可办法》等也规定了"高危险性体育项目"的相关制度。随着高危险性体育项目数量呈现增长的趋势，有学者认为中国对于高危险性体育项目存在顶层设计缺失、法律制度之间的冲突与不一致、可操作性不足等问题。这些制度缺陷产生的根源在于

---

① 陈颖卓，蒙猛，杨春怀.冬季项目器材的研究开发对提高运动成绩的作用[J].冰雪运动，1998（03）：56-58.

对立法必要性的认识不足、立法不作为、缺乏有效的立法监督机制等,现有制度的缺陷与不足会影响我国高危险性体育项目的发展,使其难以满足人们体育文化活动的需要。鉴于此,中国应逐步完善高危险性体育项目的法律规制,包括完善高危险性体育项目的审定主体,明确经营高危险性体育项目的主体范围、完善高危险性体育项目的行政许可条件、强化高危险性体育项目行政监管以及风险防范等。①

体育项目的法制化是体育法的冰山一角,根据国家体育总局的统计,截至2021年12月31日,中国现行有效的体育法律法规包括法律1部、行政法规7部、中央与国务院文件26件、部门规章31件、规范性文件165件、体育总局制度性文件110件。以量化的方式可见,中国正通过法制化手段为体育项目发展提供公平、公正和客观的环境。

(三)体育项目文化走向内涵式发展

内涵式发展主要通过科学规划、资源整合、依托市场、人才培养、文化教育等要素推动其向创新驱动方向发展,并在发展过程中紧紧围绕人本主义的科学发展观,切实做到全面协调可持续发展,使体育项目向高质量、高素质、高效益的方向发展。②体育项目文化建设秉承了"以人为本"的理念,将人们参与、人们受益作为体育项目文化建设的根本,走内涵式发展的路子,通过体育项目文化建设推动体育事业的发展,提升人们的体育运动能力和体育文化素养。

首先,针对不同地区、环境以及生活习惯,设计、推广人们适宜的体育项目,推广适宜的体育项目文化。沿海城市的人们多参与水上运动,诸如冲浪、潜水、沙滩排球等。纬度高、气候较低、山势高的地方参与花样滑雪、滑冰等项目。③北京冬奥会的举办,北方地区借助地域优势,大力发展冰雪运动,不仅吸引了更多的人参与到冰雪运动中,而且提高了人们对冰雪运动的审美能力,培养了人们对冰雪运动的兴趣,极大地丰富了冰雪运动文化。

其次,根据不同人群的需要,对项目开展形式进行设计、调整,构建体育项

---

① 汪全胜,宋琳璘,张奇.我国高危险性体育项目的立法缺陷及其完善[J].武汉体育学院学报,2020,54(06):46-53.
② 苗治文,王阔.我国竞技体育由跨越式发展向内涵式发展转变的研究[J].中国学校体育(高等教育),2016,3(02):1-5.
③ 袁艺.休闲体育项目类别及适应人群研究[J].中国市场,2022(04):66-67.DOI:10.13939/j.cnki.zgsc.2022.04.066.

目大类体系。以篮球运动为例，为青少年设计的三人制篮球，相对五人制篮球，其在半场进行三对三的对抗运动，场地小了，参加人数减少了，更易于开展，备受青少年青睐。为儿童设计的"小篮球"，根据儿童人小、手小、力弱的特点，设计的篮球450～500克、球的圆周68～70厘米、篮圈高2.80米、球场长22米、宽12米，适合儿童的投篮、传接球及运球技术等动作。体育项目大类体系构建是进一步推广项目开展的有效方式，也为体育项目文化建设提供了更广阔的平台。

再次，注重体育项目文化精神层面的推广与传播。每一个体育项目产生与发展都是一个历史的过程，是特定的社会文化下的产物。作为一种社会历史文化现象，体育项目文化包括场地器材等物质层面、项目规则与组织开展等制度管理层面、项目文化精神层面，其中体育项目文化的精神层面是项目文化的核心，包括项目理念、审美、价值观、精神等。项目理念的认同是培养体育兴趣和积极参与的基础。项目的价值观念体系的构建，则是发挥项目文化社会价值的保障。

我国正处在力争实现体育大国向体育强国的转变过程中，国家体育总局于2015年下发了《关于进一步加强运动项目文化建设的通知》提出体育文化建设要以运动项目为核心，要同时兼顾竞技体育成绩的提升和运动项目文化的培育，通过挖掘运动项目的文化和历史，以达到弘扬中华体育精神的目的。《体育强国建设纲要》提出推动体育强国建设的战略任务之一：通过推动运动项目文化的培育和丰富体育文化产品等手段，达到促进我国体育文化发展，弘扬中华体育精神的目的。在2035年体育强国建设远景目标下，《"十四五"体育发展规划》中指出运动项目文化是体育文化的"特质"，体育文化的表达须落实到具体的运动项目文化上，《规划》提出"十四五"时期要持续推动运动项目文化建设深入，打造重点运动项目文化建设示范工程，充分发挥有良好社会形象、广泛社会影响的明星型运动员在运动项目文化建设中的榜样作用。运动项目文化的培育是运动项目可持续发展的内生力。通过不断丰富和完善运动项目文化，不仅能够使运动项目文化的发展更加具有生命力和持久力，也能够加快我国向体育强国转变的步伐。

第三章　体育赛事文化

体育赛事文化是体育文化的重要组成部分。赛事类型、竞赛方法、竞赛规则是体育赛事文化的重要内容。从历史的角度梳理体育赛事文化发展史有助于我们全面地理解体育赛事文化。另外，古代奥运会和现代奥运会在体育赛事文化的起源与发展过程中发挥了重要的作用，在体育赛事文化中的地位举足轻重。我国参加奥运会的历程不仅丰富了奥运会的内容，而且也是我国从体育大国走向体育强国的见证。

第一节　体育赛事概述

在体育赛事漫长的发展历程中，其概念的内涵有着不同的理解，积累了多样的赛制和竞赛规则，形成了丰富的体育赛事类型。

一、体育赛事的概念

体育赛事的概念由运动竞赛概念发展而来。运动竞赛是体育赛事的传统形式，也是体育赛事的核心要素。"运动竞赛是在裁判员主持下，按统一的规则要求，组织与实施的运动员个体或运动队之间的竞技较量，是竞技体育与社会发生关联，并作用于社会的媒介"[①]。1984年，尤伯罗斯将商业营销成功地引入洛杉矶奥运会，使运动竞赛的内涵和外延发生了巨大的变化，产生了新的时代特征，打破了

[①] 田麦久.运动训练学［M］.北京：人民体育出版社，2000.

传统的体育竞赛观念，体育赛事概念应运而生。与运动竞赛相比，"体育赛事是一种提供竞赛产品和相关服务产品的特殊事件，其规模和形式受竞赛规则、传统习俗和多种因素的制约，具有项目管理特征、组织文化背景和市场潜力，能够迎合不同参与体分享经历的需求，达到多种目的与目标，对社会和文化、自然和环境、政治和经济、旅游等多个领域产生冲击和影响，能够产生显著的社会效益、经济效益和综合效益。"[1] 由此看来，运动竞赛侧重竞赛的运动属性，体育赛事突出了竞赛的社会属性。作为一种社会性活动，体育赛事是以竞赛为产品，与其他领域产生影响、获取收益的活动。体育赛事的影响因素不仅仅是竞赛规则和赛场上的不同角色的参与者，而且受到传统习俗、社会环境以及赛场外的各种相关因素的影响。

体育赛事概念的出现是赛事活动社会化的产物。随着赛事活动社会收益不断提高，有关体育赛事的研究逐渐成为热点，并将体育赛事定位为社会活动，研究重点为侧重研究体育赛事的社会属性。邢尊明认为，体育赛事是以体育运动项目为核心内容，以比赛为基本形式，为实现娱乐、经济、社会等多元价值而有目的、有意识组织举行的特定的社会大型活动[2]。黄海燕认为，"体育赛事是以体育竞技为主题，一次性或不经常发生，且具有一定期限的集众性活动"[3]。易建东认为："体育赛事是以提供体育竞赛为核心产品及相关服务的一种特殊活动[4]。"

在国外，大多数学者认为体育赛事是特殊事件（Special Event）的一类。特殊事件包括宗教典礼、大型会议、传统仪式、文艺表演、展览与会展等各种形式的活动，体育赛事是其中一种很重要的形式。从组织者的角度看，特殊事件是一次性或很少发生的事件，不同于惯常的节目或赞助商和组织主体的活动；从消费者或客人的角度看，特殊事件是休闲、社会或文化经历的机会，不同于惯常范围的选择，并超出了日常经历[5]。强尼·艾伦对特殊事件的定义表述为："'特殊事件'用来描述特定的仪式、表达、表演或庆典，其被有意识地计划产生以标志特殊的

---

[1] 王守恒，叶庆晖.体育赛事的界定及分类［J］.首都体育学院学报，2005，17（2）：2.

[2] 邢尊明.我国大型体育赛事优化管理理论与实证研究［D］.福建师范大学，2008.

[3] 黄海燕，张林.体育赛事的基本理论研究——论体育赛事的历史沿革、定义、分类及特征［J］.武汉体育学院学报，2011，45（2）：22-27.

[4] 易建东.大型赛事报道与媒体运行［M］.浙江：浙江大学出版社，2008.

[5] Getz, D. Event Management and Event Tourism［M］.New York: Cognizant Commnunication Corporation，1997.

场合,或取得独特的社会、文化或团体的目的和目标。"①将体育赛事归入特殊事件中,与国内对体育赛事的理解基本一致,其内涵的理解侧重赛事活动的社会属性。

二、体育赛事制度文化

依据文化分层理论,可以将体育赛事文化分为体育赛事物质文化、体育赛事制度文化和体育赛事精神文化三个层次。

体育赛事物质文化是指在体育竞赛实践过程中产生的所有物质财富的总和,主要包括以下几个方面:比赛场地与场馆的建筑文化、竞赛器材文化、比赛服装文化、体育赛事视觉系统文化(如比赛出版物等)、体育赛事的特许产品文化、体育赛事网络信息技术文化等。体育赛事的制度文化包括体育赛事的基础理论和规则系统两部分。体育赛事的基础理论体现为一种意识形态文化,体育赛事的规则系统体现为一定的意识形态文化和社会心理文化的结合体。体育赛事精神文化是指参与主体在赛事活动中形成的精神、思想、观念范畴等,是人们在参与赛事活动实践中产生的一种特有的意识形态,是各种意识观念形态的集合,主要包括体育赛事理念、体育精神、体育道德、体育审美等。

体育赛事物质文化是赛事文化的显性层面,体育赛事精神文化是赛事文化的内核,是隐性层面,对物质文化和制度文化具有观念引导作用。体育赛事制度文化介于体育赛事物质文化和体育赛事精神文化之间,是赛事活动组织、管理、开展等方面的根本依据。体育赛事制度分为体育竞赛方法和竞赛规则,体育竞赛方法和竞赛规则共同规范和制约着运动竞赛的整个过程,是一切运动竞赛中不可或缺的部分。

体育竞赛方法,是指从比赛开始、比赛进行直到比赛结束的过程中,为合理比较参赛者的运动水平,公正排定参赛者的比赛名次所采取的组织和编排方式。这种组织编排及完成竞赛的方法称为竞赛制度,简称赛制②。体育赛事中常用的赛制有循环赛制、淘汰赛制、混合赛制、佩奇赛制和扩展赛制。

淘汰赛制的雏形在公元前708年第18届古希腊古奥运会上的摔跤竞赛中就出现了。竞赛之前,参赛各方选手通过抽签来决定竞赛对手,获胜者再进行下一轮的抽签决定对手继续竞赛,直至场上只剩一名选手,即为竞赛的优胜者。淘汰

---

① Johnny Allen.Festival and special event management[M].New York: John Wily and Sons Ltd, 2002.

② 张孝平.体育竞赛组织编排[M].北京:北京体育大学出版社,2005.

赛制包括单淘汰、双淘汰、交叉淘汰、附加赛。淘汰赛制的优点在于能够在时间、场地不足的情况下完成参赛者多、比赛量大的竞赛。循环制始于英国，原是在公园举行的一种轮流签名，以示机会均等的团体活动，也是历史较为悠久的赛制之一。循环赛制是每个队都要和其他队进行比赛，包括单循环、双循环、分组循环、积分循环。这种竞赛方法比较合理、客观和公平，有利于各队相互学习和交流经验。随着运动竞赛的发展、竞赛项目的增多，基本的淘汰制和循环制已经不能满足比赛的要求。因此，淘汰制和循环制进行结合形成了混合赛制，混合赛制又分为循环—淘汰、淘汰—循环、同名次赛、交叉赛。佩奇赛制是介于淘汰制和双败淘汰制之间的一种赛制，分为同组比赛和异组比赛。该赛制于1931年首次被使用于澳大利亚维多利亚州足球联赛的决赛阶段中，由该联赛专员珀西·佩奇首倡，因而得名佩奇制。最基本的佩奇制首先要求将参赛队按照循环赛或瑞士制的方式决出1、2、3、4名，然后在1、2名之间和3、4名之间分别进行比赛。3、4名比赛的负方获得第四名，1、2名比赛的负者与3、4名比赛的胜者之间再进行一次比赛，胜者与1、2名比赛的胜者再进行决赛，负者获得第三名。决赛胜方为冠军，负方为亚军。佩奇制比赛的优点在于，不需要考虑下一轮的对手来决定自己在本轮次的有利位置，且对于实力较强的选手或队伍有更多的机会去展示自己的实力。扩展赛制是指比赛可以无限期地延续下去，不受时间跨度影响的一种竞赛方法。它适用于一些体育运动俱乐部内部的休闲类比赛（如网球等比赛）和学校、单位内部的比赛。扩展赛制包括梯形赛制、金字塔赛制、水平轮赛制。赛制通过影响比赛场次和对阵形式，从而推动赛事整体竞技水平的提高。科学合理的赛制可以使赛事顺利、有序地进行，赛制的组织规范作用能保证比赛的公平公正。

  运动竞赛规则是为进行运动竞赛而制定的统一规范和准则[①]。竞赛规则包括裁判员的名称和职责、评定成绩和名次的方法、比赛的组织和方法，以及有关场地设备和器材的规格等。竞赛规则随着体育赛事和各个项目的发展而发展，在不同的历史时期有不同的阶段特征。竞赛规则的演变可以分为三个阶段，一是地方性的约定俗成阶段，二是区域性的统一组赛阶段，三是国际性的规范完善阶段[②]。古代奥运会以前为地方性约定俗成阶段，该时期的竞赛项目主要以跑、跳、投等生存技能为主，竞赛规则主要是简单的口头约定的形式，随意性较大，规范性较差。区域性统一组赛阶段是古代奥运会期间，伴随着体育赛事的源起，竞赛规则出现

---

① 陈荫生，陈安槐.体育大辞典[M].上海：上海辞书出版社，2000.
② 刘淑英.运动竞赛规则的本质特征、演变机制与发展趋势[D].苏州大学，2008.

了简单的框架性文字描述，基本内容和参赛条件都有了具体规定，并成立了组织机构，规定了参赛的场地、器械，并设立了裁判员，竞赛规则有了一定的规范性。国际性的规范完善阶段为1896年第一届现代奥运会至今，在这一时期，国际性的体育组织逐步成立和完善，建立了专门制定竞赛规则的国际单项联合组织，制定了公认的、统一的、规范的竞赛规则；规则的使用范围不断扩大，由开始的几个国家，扩展到全球；竞赛规则更加注重计量方法，更加公平、公正。

竞赛制度和竞赛规则共同构成了体育赛事制度文化的主要内容。良好的体育赛事制度文化能够促进体育赛事制度科学、合理地发展，充分发挥体育赛事制度的激励和约束作用。体育赛事在良好的制度环境下组织实施，能够促进体育赛事的公平与公正，使体育赛事在正确的轨道上高效运行。

三、体育赛事分类

对体育赛事进行科学、合理的分类，从中寻找体育赛事的一般规律及特点，是体育赛事研究的基础和前提。根据不同的分类标准，体育赛事可分为不同的类别。

从组织竞赛角度来划分，可以将体育赛事分为竞争类竞赛项目（如110米栏、跳远、举重、体操等）和对抗类竞赛项目（如足球、篮球、排球等）。按照不同的参赛主体划分，体育赛事可以分为参与型赛事（马拉松）和观赏型赛事（篮球）；按照体育赛事的项目设置可以分为综合性体育赛事（奥运会、亚运会、全运会等）和单项体育赛事（足球赛事、网球赛事等）；按照赛事的功能标准，可以把体育赛事划分为竞技体育赛事和群众性体育赛事；根据赛事的影响范围，可以将体育赛事分为地方级体育赛事、小型的地区级体育赛事、较为重要的地区级体育赛事、全国性体育赛事和国际性体育赛事五个类别。

以上分类均为按照某一项分类标准去划分体育赛事，由于赛事类别复杂多样，要想将赛事区分得更加细致，需要结合不同的分类标准。根据"周期与主体"交替主导原则可以将体育赛事分为5种类型[①]。第一，周期性综合赛事，归类的依据是规律的周期以及赛事设置多个运动项目，如奥运会、亚运会、全运会、大运会等；第二，周期性单项赛事，具有明显的周期性且项目设置单一，如国际足联世界杯、国际篮联世界杯等；第三，联赛模式，联赛的主要特征就是区域性和项目性较为明显，管理组织模式相对固定，如德甲、英超、欧冠、美职篮等；第四，

---

① 王子朴，杨铁黎.体育赛事类型的分类及特征［J］.上海体育学院学报，2005，29（06）：24-28.

临时性赛事,其规模、时间、地点、内容、模式等不固定,时效性强、市场化特征比较明显、策划组织比较灵活,如邀请赛、企鹅篮球名人赛等;第五,主体参与型赛事,以赛事主体是否直接参与体育赛事为标志,包括大型群众体育竞赛活动和以社区、家庭等为单位的小型、经常性群体活动,其形式多种多样、内容丰富多彩、群众参与广泛,如体育节、登山节、龙舟赛等。类似的,也有学者根据赛事规模、水平与类别三者间的相互关系,将体育赛事分为以下六大类型:超大型综合赛事、大型综合赛事、单项顶级赛事、单项品牌赛事、单项商业赛事和一般赛事。

第二节 体育赛事文化发展史

有学者将体育史分为古代体育、现代体育和当代体育三个历史时期,体育赛事作为体育的一部分,在体育历史的三个阶段,必然对应着相应的体育赛事的发展。因此,在这里将体育赛事文化分为古代体育赛事文化、现代体育赛事文化和当代体育赛事文化三个阶段。

一、古代体育赛事文化

(一)古代体育赛事的萌芽

早期人类的生产性身体活动为体育赛事的产生奠定了基础。早期人类为了获取食物和生存空间会进行采集、狩猎、争战等身体活动。在这些身体活动过程中,为了适应恶劣的生存环境,争夺食物、领地和社会地位等,就必须要具备竞争与对抗意识。这种竞争与对抗意识为体育赛事的产生奠定了思想基础[1]。早期人类为了提高这些身体活动能力,会进行相应的"身体练习",久而久之这些"身体练习"慢慢从生产劳动中脱离出来形成一定形式的游戏。

体育游戏是体育赛事的萌芽。体育运动竞赛项目最早是以"游戏"的形式出现的,各个项目的体育比赛规则还不完善,内容较为简单,但不可否认的是,体

---

[1] 李燕燕,祝杨.体育赛事的历史起源与演进过程探析[J].当代体育科技,2015,5(6):15-16.

育游戏较前一阶段相比有了很大的进步，在本质上发生了明显的改变，而且这一阶段还为体育赛事的进一步演进和发展打下了坚实基础[①]。

在体育游戏的基础上制定某些限制性规则，并不断完善比赛方式，从而逐步从体育赛事的萌芽阶段，过渡到其传统形式——体育竞赛。体育赛事起源于古代祭祀活动中的体育竞赛。祭祀是一种信仰活动，源于天地和谐共生的信仰理念。古人出于对神灵、英雄、祖先的崇拜，通过祭祀的方式来表达自己的虔诚之心，希望得到庇护，以达到祈福消灾的目的。古代两河流域的巴比伦为了祭祀春天太阳神马杜克，通常会举行宗教性竞技会，其中包括赛跑、赛车和分队进行的打斗比赛。它比著名的奥林匹克竞技赛会还要早一千多年。

公元前11世纪至公元前9世纪，古希腊正处于从原始氏族社会向奴隶制社会的过渡阶段，被称为荷马时代，由《荷马史诗》而得名。荷马时期体育竞赛的主要表现形式是宴乐竞技和葬礼竞技，在《伊利亚特》第23卷中，详细讲述了阿喀琉斯为死去的挚友帕特罗克洛斯举行葬礼竞技的过程，展现了原始赛会中参赛报名、项目设置、竞赛过程、获奖情况等诸多细节。竞赛共有战车竞赛、掷标枪、赛跑、掷铁饼、摔跤、角斗、拳击、射箭八个项目，并将铁锅、铁鼎、骡子、牛等作为竞赛奖品。荷马时期的体育竞赛在对原始社会体育竞赛继承和发展的同时，也为古希腊竞技赛会的产生做了铺垫。

（二）古代奥运会（公元前776年至公元394年）

古希腊地区多山、临海、河流众多。地形以丘陵山地为主，缺乏广阔的平原，不适宜农耕。其主要产出的农作物是葡萄和橄榄，需要加工之后进行贸易换回粮食，加上海岸线狭长曲折，更有利于海上航运业和商业的发展，因此形成了独特的商业文明。古希腊被山峦和海岛分割，各地区彼此相对孤立，有助于形成小国寡民的城邦，这种城邦才有条件建立全体公民参与的直接民主制度。加上尚武的社会风尚和崇敬诸神的宗教信仰，在经济、政治、文化、宗教多方面的作用下，促成了古希腊祭礼竞技赛会。古希腊四大竞技赛会分别是祭祀众神之父宙斯的"奥林匹克竞技赛会"、祭祀太阳神阿波罗的"皮提翁竞技赛会"、在科林斯的伊斯玛斯南部举行的祭祀海神波赛冬的"伊斯玛斯竞技赛会"、在阿加利城邦的尼米亚山谷举行的祭祀大力神赫拉克勒斯的"尼米亚竞技赛会"。在古希腊四大赛会

[①] 黄海燕，张林.体育赛事的基本理论研究——论体育赛事的历史沿革、定义、分类及特征[J].武汉体育学院学报，2011，45（2）：22-27.

中,最著名的便是祭祀宙斯的"奥林匹克竞技赛会"。奥林匹克竞技赛会是古希腊竞技赛会中规模最大、持续时间最长的。古代奥运会在整个体育赛事史中都具有举足轻重的地位,它的产生是体育赛事起源的一个重要标志。

关于古代奥运会的起源时间观点不统一,但大多数学者认为古代奥运会起源于公元前776年,每隔4年在夏天召开一次。根据古希腊传说,大约在公元前8世纪时,艾立德国的国王赫克力斯为了平息城邦间的冲突,向女祭司黛芙问卦。女祭司建议他以颂扬宙斯为名举办运动会,使各城邦和平相处。因此,公元前776年赫克力斯选择在奥林匹亚这个地方举行了第一届古代奥林匹克运动会。古代奥运会的产生与希腊当时社会的经济、文化、政治和宗教有着十分密切的关系。当时的希腊战争连年不断,各个城邦为了取胜都利用体育运动来培养身强力壮的武士,体育运动就在这种情况下发展起来,逐渐形成了有组织的体育竞赛。[①]

古代奥运会一共举办了293届,历时一千多年,给后世留下了丰富的物质文化遗产。最初的竞技赛会是在草地上进行的,观众站在山坡上观看,之后才修建了各种类型的体育场馆和设施。宙斯神庙不远处建有体育场,体育场东西长约215米,南北宽约30米,地势低洼,依四周天然斜坡建设了看台,可容纳四万五千多名观众。随着古代奥运会的发展,其比赛、训练、住宿、淋浴等配套设施不断完善,在公元前2世纪修建了著名的奥林匹亚体育馆。体育馆是一座长方形的走廊式建筑,其长两百米,宽约七十米,中间的露天场地是运动员进行比赛和训练的场所。

比赛项目刚开始仅有一项短跑,后来发展到23个项目,比赛时间也由最初的一天增加至三天。裁判员最初只能由贵族担任,后来在公民中选举产生。古代奥运会的组织和管理是由奴隶主贵族组成的仲裁机构负责。它由宙斯神殿中的专职祭司和地方官员共同担任,全部由伊利斯城邦公民组成。赛会的开幕式、入场仪式、宣誓仪式、比赛抽签仪式、闭幕式等流程成熟完善。古代奥运会有着特殊的奖励机制,其优胜者可谓是名利双收。公元前752年的第7届古代奥运会第一次奖给获胜运动员橄榄枝花冠,当时除奖给冠军以橄榄枝花冠外,还另外发一条棕榈枝,运动员右手持枝,以示荣耀。橄榄枝花冠编制时不仅要特别精心,而且还要特别虔诚。当时规定,编环的树枝条须由父母双全的儿童用纯金的刀子从宙斯庙旁的橄榄树林中割取。古希腊人认为橄榄树是雅典保护神雅典娜带给人类和平、

---

① 黄海燕,张林.体育赛事的基本理论研究——论体育赛事的历史沿革、定义、分类及特征[J].武汉体育学院学报,2011,45(2):22-27.

幸福的神圣象征，因而用橄榄枝条编成花环奖予运动员是一种特殊荣誉。除了橄榄枝花冠外，在古希腊不同时期也给予过优胜者一些物质方面的奖励和优待。奥运优胜者不但得到大会的奖励，在自己的城邦也会得到许多荣誉和奖赏。在荣誉和利益的双重诱导下，古代奥运会慢慢走向了职业化竞技的道路。竞技职业化萌芽产生于希波战争后，在伯罗奔尼撒战争后得到了迅速发展。作为古代奥运会在公元前5世纪以后逐渐普遍的竞技模式，职业化主要表现为竞技体育的进步、竞技者技能水平的提高和身心发展的失衡，以及竞技精神的功利化[①]。

古代奥运会创造了一种竞技运动的组织模式，从单一项目的竞赛到大型综合性竞赛，从赛事的组织、内容和形式到竞赛的方法，都形成了独特的体系。虽然古代奥运会由于政治等因素走向衰亡，但是其在体育赛事史上留下了不可磨灭的影响。它形成了一种价值体系，古代奥运会的前期所形成的和平友谊的精神、公平竞争的精神、追求人体健美的精神、奋进拼搏的精神是人类历史上宝贵的精神财富。

（三）古罗马竞技

在世界体育赛事发展的历史中，罗马竞技活动是不可或缺的重要一页。罗马人推出了人类历史上最早的大型职业赛事，他们为此修建的圆形体育场奠定了现代体育场馆的雏形。罗马人还在职业赛事中发行了最早的体育彩票，所有这一切开历史先河之举，都对后世体育赛事产生了深远的影响。特别是为今天的职业赛事开启了历史源头。[②]

古罗马的最高行政长官由公民选举产生，为了赢得选票，统治者会通过"面包和竞技"的方式来收买具有投票权的公民，即给平民发放钱粮和提供免费竞技表演。随着古罗马版图的扩张和经济的发展，城市也越来越发达，首都罗马城的人口一度超过一百万。发达的城市为罗马竞技文化的繁荣奠定了物质基础。古罗马竞技主要有角斗竞技、战车竞技、海战竞技三种类型。角斗是一种拳击和摔跤相结合的体育竞技项目。战车竞技是由两匹马、四匹马或六匹马等拉动的两轮车进行的比赛。海战竞技是一种模拟过去海上战斗的竞技表演。古罗马竞技是对希腊竞技的继承和发展，具有明显的政治性、血腥性、阶级性、军事性和娱乐性。

---

① 袁玮蔓.竞技职业化与古代奥运会转型分析[J].天津体育学院学报，2019，34（06）：547-552.
② 郝勤，张新.体育赛事简史[M].北京：人民体育出版社，2013.

二、现代体育赛事文化

14—18世纪，欧洲出现了文艺复兴、宗教改革、启蒙运动三次大规模的思想文化运动。三大思想文化运动突破了禁欲主义的枷锁，人们的身体观念发生了改变，认为灵魂与肉体不可分割，保持身体健康是每一个基督徒的天职。在这种观念的影响之下，体育得到重视，体育赛事文化随之复兴。

（一）现代体育赛事的开端

最具现代体育特征的标志性事件是专业体育协会的出现[①]。1042年的根特会议上成立了欧洲的第一个城市击剑协会，并设计了自己的会徽，这是体育史上已知的第一个体育组织标识。之后，击剑和弓箭等体育协会在各地纷纷成立，他们按类似行会的原则开展活动，规定会员在一定的日子参加训练和比赛活动，队长要检查武器和进行技术指导。1399年佛兰德联合会在今天法国的土伦市举行了弓箭手比赛，有30个城市和16个村庄的选手参加比赛。这是一个项目单一、规模不大的比赛，但这类比赛却代表着现代体育赛事的开启[②]。

英国是现代体育赛事的发源地。英国政治家、教育家、哲学家洛克提出了绅士体育思想，主张培养德智体全面发展的绅士并且体育应该占第一位。绅士体育思想的广泛传播，推动了运动俱乐部的建立。板球是当时绅士阶层最流行的运动，1668年，英国第一家板球俱乐部成立，此后保龄球、网球等运动俱乐部相继成立。绅士体育的一大局限性就在于它的阶级性和排外性。富裕的绅士们为了防止过多的下层民众参加比赛，通过业余原则和高昂的入会费将职业选手和不富裕阶层排斥在运动比赛之外。比如，1742年成立的第一个花样滑冰俱乐部——爱丁堡俱乐部规定入会者必须缴纳大笔入会费和通过高难度动作考试。虽然这些体育俱乐部存在浓厚的贵族气息，但其组织比赛、制定完善竞赛规则，促进了体育赛事的规范化和现代化。

（二）职业联赛的诞生

职业联赛是当今世界最重要的体育赛事类型之一，它的出现提高了运动员的技战术水平和比赛的观赏性，同时也带动了一系列相关产业的发展。便利的交通

[①] 郝勤，张新.体育赛事简史[M].北京：人民体育出版社，2013.
[②] 郝勤，张新.体育赛事简史[M].北京：人民体育出版社，2013.

是推动体育赛事发展的重要条件。1869年横贯美国东西部的太平洋铁路通车,同年世界上第一支职业棒球队辛辛那提红袜队成立,并沿着这条铁路进行了一系列的比赛。1871年,全美职业棒球运动员协会成立,美国职业棒球俱乐部联赛正式开始。这是现代赛事历史上一个标志性事件,表明职业体育超越个体俱乐部的局限向联盟体制升华[①]。

1876年芝加哥商人哈伯特联合各俱乐部业主建立了全美职业棒球国家联盟(The National League),取代了全美职业棒球运动员协会。联盟为了维护俱乐部经济上的稳定与健康发展,采取了一系列严格的规定和措施:限定联盟成员,只接受地处75000人以上的城市且经济状况良好的俱乐部,成员俱乐部限制在当时美国最大的24个城市中;每个成员俱乐部都有指定的活动区域,并享有垄断权,其他成员俱乐部不得介入;联赛的60场比赛有了固定的日程安排;俱乐部与运动员签订工作合同,并遵守联赛纪律,禁止赛场售酒、赌博等[②]。全美职业棒球国家联盟开创了现代职业联赛的先河,奠定了职业联盟的基本运营模式,为其他职业联盟提供了借鉴。

足球是世界第一大运动,全球体育赛事价值排行榜中前五名皆为足球赛事。历史上第一个足球职业联赛出现在英国。1888年,阿斯顿维拉等十二家足球俱乐部成立了英国足球联盟组织并推出了世界上第一个职业足球联赛。这是世界上诞生最早,也是赛制最完善的全国性统一联赛。后来,世界各国广泛采用借鉴这一联赛体制。联赛施行主客场制,并逐渐发展为甲、乙、丙、丁四个级别,实行升降级制度。1992年,英格兰足球协会为适应日益发展的足球运动,在甲级联赛基础上创办了超级联赛,原乙、丙、丁级联赛相应提升一级。首届超级联赛冠军被实力强劲的曼联队夺得。

(三)锦标赛的出现

锦标赛亦称"冠军赛",是指不同地区或竞赛大组的优胜者之间的一系列决赛之一,排名在一定水平上的人才可以参加,且每个国家的选手有数量限制。世界锦标赛是为检查某一单项运动发展情况和训练成绩由各运动项目的国际组织定期举行的比赛,是世界上最重要的赛制之一。19世纪80年代至20世纪初,体育赛事迎来了全球化发展,三十多年间成立了国际体操联合会等17个单项运动国际组

---

① 郝勤,张新.体育赛事简史.[M].北京:人民体育出版社,2013.
② 谢敏.美国职业棒球大联盟及其俱乐部的公共关系传播研究.[D].北京体育大学,2008.

织。这些单项国际运动组织制定了统一的国际比赛规则，组织举办单项最高级别的国际体育赛事，世界锦标赛随之产生。

在这些国际运动组织和国际赛事中，最著名的当属国际足球联合会及其举办的足球世界杯。1904年5月21日国际足球联合会在巴黎圣奥诺雷街229号法国体育运动协会联盟驻地正式成立，次年4月14日，英格兰足球协会承认并加入国际足联。1930年，国际足联第三任主席雷米特创立了世界足球锦标赛，也就是现在的国际足联世界杯。为了纪念雷米特对比赛所做出的卓越贡献，在1946年7月1日的国际足联全体代表大会上将此比赛命名为雷米特杯足球赛。比赛奖杯为"雷米特"杯，此杯为流动奖品，谁得了冠军，可把金杯保存4年，到下一届杯赛前交还给国际足联，以便颁发给新的世界冠军。此外有一个附加规定是：谁三次获得世界冠军，谁将永远得到此杯。1970年，"雷米特"杯被三次夺得世界冠军的巴西队永久占有。因此，国际足联在1974年开始启用新杯，命名为大力神杯并取消永久占有的规定。该比赛每四年举办一届，队员资格不分职业和业余均可参赛。比赛分预选赛和决赛两个阶段，参加决赛阶段比赛的队原为16个，后来增加到24个。经过几十年的发展，世界杯已经成为当今世界最具品牌价值的体育赛事。

（四）奥运圣火重燃

在现代奥林匹克运动之父顾拜旦等人的不懈努力下，1894年6月，在法国巴黎举行了恢复奥林匹克运动代表大会，会上成立了国际奥林匹克委员会，希腊诗人维凯拉斯被选为第一任主席，顾拜旦当选为第一任秘书长。会议还决定1896年在希腊雅典举办第一届现代奥运会并通过了奥林匹克委员会宪章，确定了业余原则，规定职业运动员不得参加奥林匹克比赛项目。1896年4月6日，第一届现代奥运会如约而至，熄灭了一千五百多年的奥运圣火在希腊重燃。第一届奥运会上，来自13个国家的310名男运动员参加了田径、游泳、体操、古典式摔跤、举重、击剑、射击、自行车、网球九个项目的角逐，最终美国以11枚金牌位列金牌榜第一。

现代奥运会是对古代奥运会的继承和发展。第一，现代奥运会继承了古代奥运会每四年举办一届的传统，发展了古代奥运会的奖励机制，永远不设金钱奖，只设荣誉奖。第二，现代奥运会继承和发展了古代奥运会的一些重要仪式，比如开幕式、闭幕式、宣誓仪式、授奖仪式、点燃圣火和传递火炬等。第三，在项目设置上，现代奥运会继承了田径、摔跤等古代奥运会原有项目，增设了集体项目，并且在1924年将冬季项目分离出去，举办了历史上第一届冬奥会——夏蒙尼冬奥会。第四，现代奥运会继承和发展了古代奥运会的精神文化。古代奥林匹克精神的源头是古代希腊文明。古代希腊对人的体格力量与健康的崇尚体现了古代奥运会追求人体健美的精神。古代奥运中对人的体能、技巧的挑战体现着古希腊人竞争与开拓意识。古代奥林匹克神圣休战既是对和平的渴望，也体现出希腊人对神和自然的敬畏。古代希腊奥林匹克运动的这些价值观念都已成为现代奥运的核心价值。在《奥林匹克宪章》的基本原则中有这样一段话："每一个人都应享有从事体育运动的可能性，而不受任何形式的歧视，并体现相互了解、友谊、团结和公平竞争的奥林匹克精神。"古代奥运会不允许女性和奴隶参加和观看比赛，现代奥运会追求人人平等。现代奥运会向一切国家、一切地区和一切民族开放，并在世界各地轮流举办，它超越了政治、宗教、肤色、种族和语言的限制，成为了全世界人民和平友谊的盛会[1]。

三、当代体育赛事文化

体育赛事的发展离不开一个相对和平稳定的社会环境。1916年第6届奥运会受第一次世界大战影响未举办，1940年第12届、1944年第13届奥运会受第二次世界大战影响未举办。二战结束后，和平与发展成为世界的主题，国际大环境处在一个相对稳定的状态，经济和科技也迎来了巨大的发展，在这种环境下，体育赛事也必然迎来新一轮的发展高潮。

（一）体育赛事TV时代

体育赛事文化的传播和发展离不开传播媒介。古代奥运会开始前会选出运动员跑步向希腊各城邦传达奥运会即将举办的消息，并且会采用飞鸽传书的方式传递赛况。20世纪20年代，大众平面媒体和无线电广播是体育赛事的主要传播媒介，同样是20世纪20年代，电视开启了它的实验时代，低清晰度的画面像一个有图像的"收音匣子"，1931年英国机械电视之父比尔德尝试转播了一场德比赛马，他手下一个工程师回忆说画面模糊，最多能分辨出那些移动的东西是马匹而已[2]。1948年伦敦奥运会，英国BBC转播比赛实况，围绕伦敦方圆50英里以内的超过50万电视观众，收看了64个小时的奥运节目，标志着体育赛事电视转播时代的正式开始。伦敦奥运首次在奥运历史上制定了转播权收费标准，BBC同意付款1000基尼（折合约3000美元），后来由于考虑到BBC电视台的财政困难，奥运

---

[1] 张亮竹.浅谈古代奥运会与人文精神的积淀[J].长春师范学院学报，2007，26（1）：138.
[2] 魏伟.国际广播电视体育史[M].北京：中国广播电视出版社，2012.

组委会没有接受付款。1964年东京奥运会,通过发射通信卫星,首次实现了向全世界进行的奥运比赛实况直播,体育赛事进入TV时代。

TV时代的到来使体育赛事实现了跨越时空的传播,并给体育赛事带来了电视转播版权的巨额收入。同时,体育赛事为了适应转播的需要,增加电视转播的可视性,也增强了竞赛本身的观赏性。

(二)体育赛事商业时代的来临

1984年洛杉矶奥运会尤伯罗斯创造新的营销模式,不仅为世界业余性大赛提供了寻求赢利的方法,也为本身就是商业的职业赛事带来了新的增值思路。从此,世界体育赛事体现出商业化、职业化的趋向,进入"商业时代",过去单纯的文化娱乐现象、社会公共事业,就此穿上了"商业"的外衣包装。[①]

1972年慕尼黑奥运会发生了恐怖袭击事件并亏损10亿美元;1976年蒙特利尔奥运会预算超出10亿美元,全市纳税人偿还了二十年才还清;1980年莫斯科奥运会花费90亿美元没有盈利一分钱。在这种背景下,奥运会成了一块烫手的山芋,正式申办1984年奥运会的城市只有洛杉矶,毫无疑问洛杉矶最终申奥成功。洛杉矶申奥成功引发了当地市民的强烈反对,美国联邦政府和加州政府也宣布不会为奥运会出资,无奈之下,国际奥委会宣布向社会公开招标,成立一个私人性质的民间组委会来筹募举办奥运会的资金。这时一位营销天才出现了,他就是尤伯罗斯。商人尤伯罗斯大胆地将商业模式与奥运会结合起来,最终140多个国家和地区参加了奥运会,而且洛杉矶奥运会首次扭转了奥运会的亏损,实现历史性的盈利2.3亿美元。那么他是如何做到的?第一,电视转播权招标,最终美国广播公司以2.25亿美元买下16天比赛的转播权,并提供7500万美元的转播设备。第二,规定总赞助商数目不超过40家且每个行业只选一家,竞标起拍价400万美元,引起赞助商激烈的价格战。第三,以每公里三千美元的价格售卖火炬接力,提高奥运会门票价格。第四,避免大兴土木,充分利用现有体育场馆,同时招募四万多名志愿者,最大程度节约成本。

1984年洛杉矶奥运会开创了销售奥运会电视转播权、体育赛事市场化运营等众多先河,其赛事运营模式也被世界上其他大型体育赛事广泛借鉴和使用。洛杉矶奥运会对于中国体育赛事的发展也具有重大意义,这是中国奥林匹克委员会成立后第一次参加的奥运会,并且运动员许海峰夺得我国奥运会历史上的第一枚金

[①] 郝勤,张新.体育赛事简史[M].北京:人民体育出版社,2013.

牌。本次奥运会我国运动员共夺得32枚奖牌，其中15枚金牌，位列金牌总数第四。同年，我国正式提出"奥运战略"，以奥运会为最高层次的竞技体育，围绕在奥运会上出成绩的任务发展国内竞技体育。这不仅是我国奥运会历史的良好开端，也极大地带动了国内体育赛事的发展，中国当代体育赛事正式与国际接轨。

（三）业余原则与职业化

近代体育价值观念的业余原则起源于英国，伴随着绅士体育的产生和发展而逐步形成，对世界体育运动的发展产生了长久的影响。如今，随着体育赛事的全球化发展，职业化已经成为不可阻挡的趋势。

国际田径联合会是当今世界最重要的单项国际体育组织之一，其前身是1912年成立的国际业余田径联合会。国际田联有着"业余原则"的传统，然而在1981年普里默·内比奥罗当选国际田联主席后，便开启了国际田联职业化进程。1981年国际田联调整了"业余"与"职业"的区别和限制，制定了信托基金计划，让在役运动员把比赛奖金交给一个特别基金会，平时可以用来支付训练、旅行和医药费用，退役时可以自由提出全部基金，这种方法使运动员可以间接获得奖金。1985年内比奥罗直接去除"业余"的限制，使运动员可以公开获得比赛奖金，彻底打破了业余原则。

现代奥运会在成立之初便确立了业余原则，关于奥运会"业余"与"职业"的争论也从未停止过，但其职业化发展的趋势逐渐明朗。1971年，国际奥委会通过了《奥林匹克宪章》第26条的修正案，条文中不再提"业余运动员"的名称。1973年，国际奥委会对有关运动员资格的条文进行了修改，使资助训练及补偿训练或比赛造成的经济损失成为合理合法。1981年的第11届奥林匹克代表大会上，在萨马兰奇的倡议下，奥组委对《奥林匹克宪章》第26条规则的附则进行了修改，确定运动员资格审定的基本原则是："准备参加奥运会及国际体育比赛时，不得使运动员的健康蒙受损害或使其在社会或经济上处于不利地位。"这是奥运会去除业余原则的重大突破，虽然还不允许奥运选手注册为职业运动员或者参与广告活动，但已经给职业选手参加奥运会提供了可能性[1]。1984年，加拿大、美国派职业运动员参加了第十四届冬奥会，同年，网球成为洛杉矶奥运会的表演项目。1988年汉城奥运会上，田径、马术、冰球、足球和网球正式成为奥运会的比赛项目，这是奥运会容纳职业选手的里程碑，职业运动员第一次不受限制地出现在奥

---

[1] 郝勤，张新.体育赛事简史[M].北京：人民体育出版社，2013.

运会上。1992年巴塞罗那奥运会上,奥运会向职业篮球运动员敞开了大门,乔丹带领的美国男篮场均净胜对手43.7分,以全胜的战绩拿下奥运会金牌。职业化的发展极大地提高了奥运会的竞技水平和比赛观赏性,使奥运会成为展示世界体育运动最高水平的舞台。

第三节 现代奥运会

古代奥运会为现代奥林匹克的复兴奠定思想基础。产生于荷马时代末期的古代奥运会成为古希腊文化发展的灿烂文化财富,同时对世界体育事业的发展产生深刻影响。以契约为基础的城邦自治创造了一个相对自由、平等、法治以及竞争的社会政治环境,手工业和商业的发展提供经济保障,斯巴达和雅典的教育模式为现代体育教育提供参考。随着文明传承,赓续精神谱系。一千年后的19世纪,奥林匹克火种伴随欧洲社会政治、经济和思想文化的繁荣再次被点燃。

奥林匹克运动会(希腊语:Ολυμπιακοί Αγώνες;法语:Jeux olympiques;英语:Olympic Games;中文简称"奥运会"),是国际奥林匹克委员会主办的世界规模最大的综合性运动会,每四年一届,会期不超过16日,是世界上影响力最大的体育盛会。

一、现代奥运会的产生

现代奥林匹克运动诞生于欧洲两次工业革命和三大思想文化运动中,形成以奥林匹克主义为核心的思想体系,以国际奥委会、国际单项体育联合会与各国奥委会为骨干的组织体系和以奥运会为周期的活动体系。相较于古代奥运会,现代奥运会摒弃其宗教仪式的属性,成为一个世俗的、非宗教的体育庆典,它有独立的思想、组织和活动体系,是全世界运动员欢聚一堂的盛大体育节。

(一)现代奥运会产生的社会文化背景

人文主义者从文艺复兴开始着重对于古希腊文化、古代奥运会的挖掘和探究,英、法、德等国的学者都希望进入希腊寻找古代奥运会的遗迹。1766年英国学者钱德勒进入希腊实地考察并发现了古代奥运会的遗址。1828年法国学者在奥林匹亚遗址进行发掘，随后将一批珍贵的文物运到法国卢浮宫展览。1852年1月10日德国柏林大学教授库尔提乌斯发表了有关古代奥运会的长篇演说。1871年，德国与希腊达成全面发掘古代奥运会遗址的条约。1875—1881年，由库尔提乌斯率领的德国学者对奥林匹亚进行了为期6年的发掘。1881年，古代奥运会遗址的主要设施终于重见天日。1887年在柏林展出从奥林匹亚发掘出的大量文物，激起了人们对奥林匹克运动的憧憬，人们期望奥运会尽快回到现实中来。①

现代奥运会的产生与欧洲的历史文化有着密切的关系，正如国际奥委会终身名誉主席萨马兰奇所说："历史告诉我们，每个年代都有它自己独特的政治、社会、科学和技术方面进步的标志，而这一切都会对我们奥林匹克运动产生重大影响。无论何时，我们都力图与时俱进，寻找问题的解决办法，使自己的行动与世界同步，引入和接受新的思想。"②

近代三大思想文化运动为奥林匹克运动的兴起奠定了坚实的思想基础。14—18世纪，欧洲大陆出现了3次大规模的思想文化运动，即：文艺复兴、宗教改革和启蒙运动。文艺复兴使得人们重拾古希腊、古罗马时期的经典，让人们开始重新反观人的价值、人的权利和人的尊严，人性从宗教中解放出来。宗教改革为体育发展扫清障碍。启蒙运动将矛头直指封建制度及教会，呼唤理性思维和批判精神的回归。经过三大思想解放运动，欧洲各国思想界和教育界对体育的基本认识奠定了近代体育产生的思想基础。人们不再视身体为灵魂的监狱。在灵肉一致思想的基础上，体育作为一种世俗文化在教育和社会生活中的独特价值得到初步肯定。其次，身心全面发展的教育原则基本确立。最后，教育家和思想家已经注意到儿童与青少年身体发育阶段与教育内容及方法手段之间的关系，开始研究体育教育的经验。近代教育学、医学等学科的建立，也为体育发展提供了必要的科学认识基础。③

科技革命为现代奥运会的产生提供了科学支撑。18世纪下半叶开始至20世纪初，资本主义完成两次科技革命，从工场手工业到机器大工业的过渡，人类正式进入"机器时代"。蒸汽机的发明和使用引发18世纪的第一次科技革命，实现了人类社会由农业社会向工业社会的跨越，资本主义战胜封建主义，欧洲大陆摆脱手工业时代，进入机器生产阶段，为资本主义的发展奠定物质基础；电力的发

---

① 陈立基.当代奥林匹克运动发展观之研究[D].北京体育大学，2006.
② 陈立基.当代奥林匹克运动发展观之研究[D].北京体育大学，2006.
③ 王欢.欧洲三大思想文化运动对古奥运会复兴影响的研究[D].首都体育学院，2011.

现和使用带来第二次科学革命，电磁学、电力技术的广泛应用，人类才真正进入电能转变为机械能的电气化时代。伴随着电的应用，被恩格斯称为"三大发现"的细胞学说、进化论和能量守恒与转化定律破世而出，为之后马克思主义创立唯物辩证的自然观、历史观，提供了科学依据。两次科技革命为体育科学化发展和现代奥运会的产生奠定了基础。

（二）现代奥运会产生的体育背景

从18—19世纪近代体育在欧洲逐渐得到了开展，其中德国、瑞典、英国体育构成了世界近代体育的三大支柱，这为奥林匹克运动的诞生提供了可以借鉴的模式。

德国。被尊称为"德国学校体育之父"的杨氏是德国体操的创始人，他创立了具有强烈军事性质的体操体系，包括为提高纪律性和角斗能力的队列、器械体操和手持武器的练习，为提高身体素质的跑、跳、攀登、爬越、木马、越障碍、搬重物等练习。1811年他创建了哈森赫德体育场，场内设置了赛跑、投掷、角力场地和攀登架、单杠、双杠、荡桥等器械，吸引了社会各阶层的大批青年。他还组建体操联盟统一德国体操用语，把抗法斗争纪念日定为体操日以发展体操运动培养德国青年的民族意识。杨氏体操传遍欧美，杨氏也以"德国国民体操之父"而被载入史册。由于带有明显的军事色彩，杨氏体操体系过分强调了意志品质的培养，忽视了人体生理和解剖学特点，缺乏科学性。杨氏之后对德国体操又做出突出贡献的是施皮斯，其著有《体操理论》《学校体操》等。他为适应反法战争后德意志培养顺民和听指挥、有体力的劳动者的需要，将杨氏体操经过合理改造引入了学校，创造了分段教学法、综合教学法并把音乐和体操结合起来，使学校体育内容系统化。

瑞典。瑞典体操产生于19世纪初，具有较强的军事性质。它的创始者是P.H.林，曾任剑术教授。1814年林提议成立了"瑞典王家中央体育学院"。他对解剖学、生理学和体操理论进行了深入的研究，指出体操必须符合人体生理规律，必须能使身体得到协调、均衡的发展。他在《体操的一般原理》一书中将体操分为教育体操、兵士体操、医疗体操、健美体操四大类，主要特点是强调身体各部位及身心的协调发展，其形式分为徒手和器械两大部分。与德国体操相比，瑞典体操更着重于完善和发展人体自身，更加舒缓优美，使用的器械也更为多样。林氏的原则是不让身体动作受器械的限制，而是根据身体均衡发展的需要来选择、设计器械，并设计了栅栏、窗梯、跳箱、肋木、综合台等辅助器械。林氏体操体系以解剖学、生理学为科学基础兼有教育和医疗功能。19世纪后半期瑞典体操传遍欧美各国,成为近代国际流行体操的重要基础。林被尊称为"瑞典体操之父"。

英国竞技运动。16世纪初在英国,新教不仅不推行"禁欲主义",而且鼓励甚至强迫民众从事各种合法的竞技、娱乐体育活动。户外运动和竞技、游戏是星期日、教会祭日等娱乐日中不可缺少的内容。与此同时,还出现了业余运动俱乐部,它们常常受到王室和贵族的支持。俱乐部逐渐发展为英国体育的主要组织形式,他们制定并逐步统一规则,推动了竞技运动的广泛开展。18世纪中叶,工业革命的开始促进了经济的发展,也使人们在紧张的劳动之余对竞技、娱乐体育活动的需求增大,并为具有近代特征的竞技运动构成了世界近代体育三大支柱之一。[1]

二、现代奥运会发展历程

奥运会分为夏季奥林匹克运动会、夏季残疾人奥林匹克运动会、冬季奥林匹克运动会、冬季残疾人奥林匹克运动会、夏季青年奥林匹克运动会、冬季青年奥林匹克运动会、世界夏季特殊奥林匹克运动会、世界冬季特殊奥林匹克运动会、夏季聋人奥林匹克运动会、冬季聋人奥林匹克运动会等十个运动会。奥运会中,各个国家和地区用运动交流各国文化,以及切磋体育技能,其目的是鼓励人们不断进行体育运动。本节内容从夏季奥林匹克运动会、夏季残疾人奥林匹克运动会、冬季奥林匹克运动会、冬季残疾人奥林匹克运动会四个运动会展开,细数奥运会发展历程,明晰中国参赛历程。

(一)夏季奥运会发展历程

夏季奥林匹克运动会(Summer Olympic Games)简称夏季奥运会或夏奥会。主要由全世界地区举行,是世界规模最大的综合性运动会,由国际奥林匹克委员会的成员国轮流主办,每四年举办一届,与冬季奥林匹克运动会相间举行。参与国主要分布在世界各地,包括欧洲(英国、法国、意大利等国),非洲(肯尼亚、南非、埃塞俄比亚等国),美洲(美国、古巴、加拿大等国),亚洲(中国、日本、韩国等国),大洋洲(澳大利亚、新西兰、斐济等国)。

自1896年开始第1届,截至2021年共举办了32届,每四年一届。夏季奥运会沿袭古奥运会旧制,不管运动会举办与否,届次照算。1916年因为第一次世界

---

[1] 陈立基.当代奥林匹克运动发展观之研究[D].北京体育大学,2006.

大战，原定于德国柏林的奥运会取消，同样在1940年日本东京、1944年英国伦敦也因为第二次世界大战停办。2016年里约热内卢奥运会是第一次来到南美洲，2020年东京奥运会是第二次在东京举办第四次在亚洲举办。第32届奥运会原定于2020年07月24日至2020年08月09日在日本东京举行，但受新冠肺炎全球疫情影响东京奥运会确定推迟至2021年07月23日至2021年08月08日举办，名称依旧为"东京2020年奥运会"。

表 3-1　历届夏季奥运会一览表

届数	主办城市	举办国家	举办时间
1	雅典	希腊	1896年04月06日—1896年04月15日
2	巴黎	法国	1900年05月20日—1900年10月28日
3	圣路易斯	美国	1904年07月01日—1904年11月23日
4	伦敦	英国	1908年04月27日—1908年10月31日
5	斯德哥尔摩	瑞典	1912年05月05日—1912年07月22日
6	柏林	德国	1916年（因一战而停办）
7	安特卫普	比利时	1920年04月20日—1920年09月12日
8	巴黎	法国	1924年05月04日—1924年07月27日
9	阿姆斯特丹	荷兰	1928年05月17日—1928年08月12日
10	洛杉矶	美国	1932年07月30日—1932年08月14日
11	柏林	纳粹德国	1936年08月01日—1936年08月16日
12	东京	日本	1940年（因二战而停办）
13	伦敦	英国	1944年（因二战停办）
14	伦敦	英国	1948年07月29日—1948年08月14日
15	赫尔辛基	芬兰	1952年07月19日—1952年08月03日
16	墨尔本	澳大利亚	1956年11月22日—1956年12月08日
17	罗马	意大利	1960年08月25日—1960年09月11日
18	东京	日本	1964年10月10日—1964年10月24日
19	墨西哥城	墨西哥	1968年10月12日—1968年10月27日
20	慕尼黑	联邦德国	1972年08月26日—1972年09月11日
21	蒙特利尔	加拿大	1976年07月17日—1976年08月01日

续表

届数	主办城市	举办国家	举办时间
22	莫斯科	苏联	1980年07月19日—1980年08月03日
23	洛杉矶	美国	1984年07月28日—1984年08月12日
24	汉城	韩国	1988年09月17日—1988年10月02日
25	巴塞罗那	西班牙	1992年07月25日—1992年08月09日
26	亚特兰大	美国	1996年07月19日—1996年08月04日
27	悉尼	澳大利亚	2000年09月15日—2000年10月01日
28	雅典	希腊	2004年08月13日—2004年08月29日
29	北京	中国	2008年08月08日—2008年08月24日
30	伦敦	英国	2012年07月27日—2012年08月13日
31	里约热内卢	巴西	2016年08月05日—2016年08月21日
32	东京	日本	2021年07月23日—2021年08月08日
33	巴黎	法国	2024年08月02日—2024年08月18日
34	洛杉矶	美国	2028年07月21日—2028年08月06日
35	布里斯班	澳大利亚	待定

（二）冬季奥林匹克运动会发展历程

冬季奥林匹克运动会（Olympic Winter Games）简称为冬季奥运会、冬奥会。主要由全世界地区举行，是世界规模最大的冬季综合性运动会，每四年举办一届，1994年起与夏季奥林匹克运动会相间举行。参与国主要分布在世界各地，包括欧洲、非洲、美洲、亚洲、大洋洲。由国际奥林匹克委员会（International Olympic Committee）主办。按实际举行次数计算届数。

1986年，国际奥委会全会决定把冬季奥运会和夏季奥运会从1994年起分开，每两年间隔举行，1992年冬季奥运会是最后一届与夏季奥运会同年举行的冬奥会。自1924年开始第1届，截至2018年共举办了23届，每四年一届。第24届冬季奥林匹克运动会于2022年2月4日至2月20日在中国北京和张家口举行。

表 3-2 历届冬奥会情况一览表

届数	主办城市	举办国家	举办时间
1	夏蒙尼	法国	1924年01月25日—1924年02月04日
2	圣莫里茨	瑞士	1928年02月11日—1928年03月18日
3	普莱西德湖	美国	1932年02月04日—1932年02月15日
4	加尔米施-帕滕基兴	纳粹德国	1936年02月06日—1936年02月16日
5	圣莫里茨	瑞士	1948年01月30日—1948年02月08日
6	奥斯陆	挪威	1952年02月14日—1952年02月25日
7	科尔蒂纳丹佩佐	意大利	1956年01月26日—1956年02月05日
8	斯阔谷	美国	1960年02月18日—1960年02月28日
9	因斯布鲁克	奥地利	1964年01月29日—1964年02月09日
10	格勒诺布尔	法国	1968年02月06日—1968年02月18日
11	札幌	日本	1972年02月03日—1972年02月13日
12	因斯布鲁克	奥地利	1976年02月04日—1976年02月15日
13	普莱西德湖	美国	1980年02月13日—1980年02月24日
14	萨拉热窝	南斯拉夫	1984年02月08日—1984年02月19日
15	卡尔加里	加拿大	1988年02月13日—1988年02月28日
16	阿尔贝维尔	法国	1992年02月08日—1992年02月23日
17	利勒哈默尔	挪威	1994年02月12日—1994年02月27日
18	长野县	日本	1998年02月07日—1998年02月22日
19	盐湖城	美国	2002年02月08日—2002年02月24日
20	都灵	意大利	2006年02月10日—2006年02月26日
21	温哥华	加拿大	2010年02月12日—2010年02月28日
22	索契	俄罗斯	2014年02月07日—2014年02月23日
23	平昌	韩国	2018年02月09日—2018年02月25日
24	北京	中国	2022年02月04日—2022年02月20日
25	米兰—科尔蒂纳丹佩佐	意大利	2026年02月06日—2026年02月22日

（三）残疾人奥运会发展历程

残疾人奥林匹克运动会（Paralympic Games）始办于1960年，是由国际奥委会和国际残疾人奥林匹克委员会主办的，专为残疾人举行的世界大型综合性运动会，每四年于夏季奥运会后举办一届，至2020年已举办16届。冬季残奥会自1976年举行以来，至2018年已经举办了12届，参赛运动员总人数接近4000人。比赛项目有高山滑雪、越野滑雪、冰上雪橇球、轮椅体育舞蹈等4个大项，每个大项中又包括若干小项。正如国际残奥委会发言人、首席品牌与宣传官克雷格·斯彭斯所言："残奥会可以改变人们对残疾人的态度，我们将借此努力实现一个更具包容性的世界，这是残奥会独具的意义。"

表3-3 夏季残疾人奥运会情况一览表

届数	赛事名称	举办地点 国家	举办地点 城市	举办时间
1	1960年罗马残奥会	意大利	罗马	1960年09月18日—1960年09月25日
2	1964年东京残奥会	日本	东京	1964年11月03日—1964年11月12日
3	1968年特拉维夫残奥会	以色列	特拉维夫	1968年11月04日—1968年11月13日
4	1972年海德堡残奥会	联邦德国	海德堡	1972年08月02日—1972年08月11日
5	1976年多伦多残奥会	加拿大	多伦多	1976年08月03日—1976年08月11日
6	1980年阿纳姆残奥会	荷兰	阿纳姆	1980年06月21日—1980年06月30日
7	1984年斯托克·曼德维尔和纽约残奥会	英国	斯托克·曼德维尔	1984年07月22日—1984年08月01日
7	1984年斯托克·曼德维尔和纽约残奥会	美国	纽约	1984年06月17日—1984年06月30日
8	1988年汉城残奥会	韩国	汉城	1988年10月15日—1988年10月24日
9	1992年巴塞罗那残奥会	西班牙	巴塞罗那	1992年09月03日—1992年09月14日
9	1992年巴塞罗那残奥会	西班牙	马德里	1992年09月15日—1992年09月22日

续表

届数	赛事名称	举办地点 国家	举办地点 城市	举办时间
10	1996年亚特兰大残奥会	美国	亚特兰大	1996年08月16日—1996年08月25日
11	2000年悉尼残奥会	澳大利亚	悉尼	2000年10月18日—2000年10月29日
12	2004年雅典残奥会	希腊	雅典	2004年09月17日—2004年09月28日
13	2008年北京残奥会	中国	北京	2008年09月06日—2008年09月17日
14	2012年伦敦残奥会	英国	伦敦	2012年08月29日—2012年09月09日
15	2016年里约热内卢残奥会	巴西	里约热内卢	2016年09月07日—2016年09月18日
16	2020年东京残奥会	日本	东京	2021年8月24日—2021年9月5日

残疾人奥林匹克冬季运动会简称冬季残奥会，由国际奥委会和国际残疾人奥林匹克委员会主办，是专门为残疾人举办的世界大型综合性的、以冬季冰雪运动为主要比赛项目的运动会。

冬季残奥会截至2022年已举办过13届，第二次世界大战结束后，由于有许多受伤的士兵和普通人试图重新参加滑雪活动，残疾人冬季体育运动逐渐发展起来。自1976年首次在瑞典的恩舍尔兹维克市举办以来，至今已经举办了13届。

表3-4 历届冬季残奥会情况一览表

届数	赛事名称	举办地点 国家	举办地点 城市	举办时间
1	1976年恩舍尔兹维克冬季残奥会	瑞典	恩舍尔兹维克	1976年02月21日—1976年02月28日
2	1980年耶卢冬季残奥会	挪威	耶卢	1980年02月01日—1980年02月07日
3	1984年因斯布鲁克冬季残奥会	奥地利	因斯布鲁克	1984年01月14日—1984年01月20日
4	1988年因斯布鲁克冬季残奥会	奥地利	因斯布鲁克	1988年01月17日—1988年01月24日
5	1992年阿尔贝维尔冬季残奥会	法国	阿尔贝维尔	1992年03月08日—1992年03月16日

续表

届数	赛事名称	举办地点 国家	举办地点 城市	举办时间
6	1994年利勒哈默尔冬季残奥会	挪威	利勒哈默尔	1994年03月17日—1994年03月21日
7	1998年长野冬季残奥会	日本	长野	1998年03月07日—1998年03月15日
8	2002年盐湖城冬季残奥会	美国	盐湖城	2002年03月08日—2002年03月17日
9	2006年都灵冬季残奥会	意大利	都灵	2006年03月10日—2006年03月19日
10	2010年温哥华冬季残奥会	加拿大	温哥华	2010年03月12日—2010年03月21日
11	2014年索契冬季残奥会	俄罗斯	索契	2014年03月07日—2014年03月16日
12	2018年平昌冬季残奥会	韩国	平昌	2018年03月09日—2018年03月18日
13	2022年北京冬季残疾人奥林匹克运动会	中国	北京 张家口	2022年03月04日—2022年03月13日
14	2026年米兰-科尔蒂纳丹佩佐冬季残奥会	意大利	米兰 科尔蒂纳丹佩佐	2026年3月6日—2026年3月15日

三、奥林匹克组织文化

组织体系是实现奥林匹克思想、维持奥林匹克运动正常运行的执行机构，因此它的可持续发展直接关系到奥林匹克运动可持续性发展。奥林匹克运动的组织体系由国际奥林匹克委员会、国际单项体育联合会、各个国家或地区的奥林匹克委员会三部分组成。它们相互配合，相辅相成，维持和保证着奥林匹克运动的正常运行，被称为奥林匹克运动的三大支柱。

19世纪中后期，两次工业革命为欧洲资本主义经济的发展插上腾飞的翅膀，机器时代人们解放双手，休闲时间增多；三大思想解放运动和近代体育倡导的"以人为本"一脉相承。人们积极参与户外运动，在竞赛活动日益频繁的情况下，运动团体冲破了中世纪后期贵族的狭小圈子而广泛出现于欧美社会各阶层。运动竞赛的急剧增加和规模的不断扩大，促进了单项运动团体互相间的合作，创立综合性的全国运动联合会。19世纪末，为了协调国际体育竞赛活动，国际体育组织也相继出现。从1881—1917年诞生的包括体操、田径、水上、雪上、球类、射击等国际单项运动组织达17个之多。随着英帝国在世界各地的殖民扩张，这些竞技运动项目也传遍了全球，从而对世界现代体育的发展产生了重大影响。

进入20世纪，更多的国际竞技组织建立，形成了国际竞技体育组织系统。19世纪后半叶，随着自由资本主义向垄断资本主义过渡和世界市场得以形成国家间的壁垒被打破，体育也超越国界，出现了国际间的体育交流和比赛，形成了体育国际化趋势。由于国际体育竞赛和相互交流的需要，一些国际性的单项体育组织相继诞生。1881年第一个国际单项体育组织国际体操联合会成立，1892年国际赛艇联合会和滑冰联盟相继成立。国际体育组织的产生使运动竞赛具有了国际性。在国际单项体育组织不断成立和国际单项体育竞赛蓬勃开展的基础上，人们迫切要求组织世界上规模最大的综合性运动会，为现代奥运会的产生创造了条件。同时，随着国际体育交流的增多，催生了一个协调各体育组织的国际体育组织的诞生。[1]

1. 国际奥林匹克委员会

国际奥林匹克委员会（简称国际奥委会，英文缩写为IOC）于1894年6月23日成立，是奥林匹克运动的最高权力机构，更是国际奥林匹克运动的领导者、指导者、捍卫者和仲裁者。它是一个国际的、非政府的、非营利的组织；主要工作是使奥运会变成现实、把奥运价值引入生活、支持全球性体育、领导奥林匹克运动；主要任务是按照《奥林匹克宪章》领导奥林匹克运动，其组织结构包括国际奥委会全体委员会、国际奥委会执行委员会、国际奥委会秘书处、专门委员会和一些临时性的委员会。

2. 国际单项体育联合会

国际单项体育联合会（简称国际单项体联，英文缩写为IF）指的是在世界范围内管辖一项或几项运动项目，并接纳若干管辖这些项目的国家或地区级团体的非官方国际体育组织，如国际体操联合会、国际田径联合会、国际足球联合会等。分为奥运会正式比赛项目的国际单项体育联合会和非奥运项目国际单项体育联合会，其中奥运会正式比赛项目的国际单项体育联合会包括夏季奥运会和冬季奥运会，在承认的非奥运项目国际单项体育联合会之外还有国际奥委会临时承认的国际单项体育联合会。[2] 国际单项体育联合会由各个国家或地区的单项协会组成，其最高权力机构是定期召开的代表大会，一般都设有技术专业委员会，处理该项目

---

[1] 雷亚军.奥林匹克文化的发展与变迁[D].重庆大学，2009.
[2] 李圣鑫.奥林匹克运动会组织全景分析[J].运动，2012（09）：1-3.

的技术问题。

3. 国家（或地区）奥林匹克委员会

国家（或地区）奥林匹克委员会（简称国家奥委会，英文缩写为NOC）是指按照《奥林匹克宪章》的规定建立，并得到国际奥委会承认，负责一个国家或地区开展奥林匹克运动的组织。它是奥林匹克运动的基本功能单位，因为国际奥委会和国际单项体育联合会组织的各种奥林匹克活动，最终都要由国家奥委会来承担、执行和完成。为了更好地促进国家奥委会在区域范围内的合作，促进各大洲奥林匹克运动的发展，在五大洲还设有国家奥委会的洲级协会，即非洲国家奥委会总会（ANOCA）、亚洲奥林匹克理事会（OCA）、泛美运动组织（PASO）、欧洲国家奥委会总会（AENOC）和大洋洲国家奥委会总会（ONOC）。各洲所有国家奥委会都是该洲洲级奥运组织的当然成员。另外，还有由所有国家奥委会组成的全球性组织——各国奥林匹克委员会总会（ANOC），该总会每年举行一次全会，讨论各国奥委会共同关心的问题。

4. 奥林匹克组织之间的相互关系

在奥林匹克运动中，奥林匹克组织之间是互相协调、互相配合的关系。其中，国际奥委会是奥林匹克的领导机构；国际单项体育联合会要对奥林匹克竞技进行技术辅助；国家奥委会是开展各种奥林匹克活动的基本单位。

奥林匹克运动三大支柱之间在组织上是一种承认与被承认的关系，国际奥委会对国际单项体联和国家奥委会只有承认与不承认的权力。也就是说，任何一个国际单项体育联合会只有获得国际奥委会的承认，其管辖的运动项目才有可能列入奥运会；任何一个国家奥委会只有获得国际奥委会的承认，才有权组队参加奥运会。

奥林匹克运动三大支柱之间在工作上是一种团结合作的关系。国际奥委会十分重视这种团结合作的关系，采取了各种措施加强三者之间的联系。

首先三个组织系统的领导层中保持一定数量的人员兼职，于是在组织上三大支柱形成了你中有我、我中有你的交叉态势，这有利于加强各组织间的沟通。其次，加强组织间的协商，保持信息渠道畅通。国际奥委会在总部设立了专门与各国家奥委会和国际单项体育联合会联络的部门，保持日常通信畅通无阻。此外，国际奥委会还定期举行双边会议，使三大支柱在重要问题上达成共识，在行动上保持一致。国际奥委会执委会、国际单项体育联合会和国家奥委会每两年分别至少都会举行一次联席会。同时在一些重要事务中，国际奥委会允许国际单项体育联合会和国家奥委会参与决策，如在国际奥委会奥运会申办城市评估委员会中有国际单项体育联合会和国家奥委会的代表。最后,国际奥委会通过"奥林匹克销售计划"对出售奥运会电视转播权等收入进行分配,以及建立奥林匹克团结基金等方式,给国际单项体育联合会和国家奥委会以越来越多的经济支持。这就使三者之间形成了求同存异、利益分享的伙伴关系。可以说,奥林匹克运动三大支柱之间关系的协调和融洽,在很大程度上得益于奥林匹克组织文化的不断发展和日益完善。①

四、奥林匹克标识文化

为了表达和有利于宣传奥林匹克的崇高原则及理想,在奥林匹克运动创立之初,顾拜旦就根据古代奥运会的历史遗产,亲自设计了许多标识和仪式。在奥林匹克运动的发展过程中,这些标识和仪式日益完善、定型,逐渐形成为代表奥林匹克运动和奥林匹克精神的一种象征。它们集中体现了奥林匹克文化的各种特征,是奥林匹克文化中最有特色、最具魅力的部分。

(一)奥林匹克标识

1.奥运会五环标志

奥林匹克标识最为突出的是五环图案,它是顾拜旦于1913年亲自设计的,在1914年经第6届奥林匹克代表大会批准而被正式采用。它由5个不同颜色互相套接的圆环组成,五环的颜色规定为蓝、黄、黑、绿、红。整个图案形成一个上大下小的规则梯形。环从左到右依次互相套接,上面是蓝、黑、红环,下面是黄、绿环。

当时顾拜旦的设计用意是:蓝、黄、黑、绿、红五色的环圈代表全世界五大洲联结在一起,共同为推进奥林匹克运动的发展而不懈努力,代表着奥林匹克友谊的精神及全世界运动员之间的平等;6种颜色(包括白底)则代表着当时全世界各国国旗的颜色。根据奥林匹克宪章的正式解释,五环图案的含义是:"代表五大洲的团结和全世界的运动员在奥林匹克运动会上相聚一堂。"此后,奥林匹克旗、奥林匹克徽记、奥运会会标、奥运会吉祥物、奥运会奖章、奥林匹克勋章、奥林匹克奖杯、奥林匹克荣誉册、奥林匹克纪念牌等,凡与奥林匹克运动相关的,都无一例外地绘有五环图案。

---

① 孙大光.体育文化概论[M].北京:高等教育出版社,2013.

2.奥林匹克会徽

奥运会会徽是一届奥林匹克运动会的徽记，是该届奥运会最权威的形象标志。会徽的图样不仅要体现奥林匹克精神，而且还要反映出东道国和奥运会主办城市的特征。[1]

会徽是大型会议和体育盛会最具代表性的标志，涵盖举办的时间、地点等基本信息，同时传达出活动主题、东道主城市或国家所特有的社会文化等信息，因此被视为盛大活动的文化符号。[2]在文化价值之外，会徽常出现在举办国和其他国家各种与该届奥运会有关的出版物、商品、纪念品或建筑上，为奥运会组委会和主办国带来一定的经济收入。

以第24届冬季奥林匹克运动会中2022年冬奥会会徽——冬梦为例。

会徽以汉字"冬"为灵感来源，运用中国书法的艺术形态，将厚重的东方文化底蕴与国际化的现代风格融为一体，呈现出新时代的中国新形象、新梦想，传递出新时代中国为办好北京冬奥会，圆冬奥之梦，实现"三亿人参与冰雪运动"目标，圆体育强国之梦，推动世界冰雪运动发展，为国际奥林匹克运动做出新贡献的不懈努力和美好追求。

冬奥会会徽图形上半部分展现滑冰运动员的造型，下半部分表现滑雪运动员的英姿。中间舞动的线条流畅且充满韵律，代表举办地起伏的山峦、赛场、冰雪滑道和节日飘舞的丝带，为会徽增添了节日喜庆的视觉感受，也象征着北京冬奥会将在中国春节期间举行。会徽以蓝色为主色调，寓意梦想与未来，以及冰雪的明亮纯洁。红黄两色源自中国国旗，代表运动的激情、青春与活力。在"BEIJING 2022"字体的形态上汲取了中国书法与剪纸的特点，增强了字体的文化内涵和表现力，也体现了与会徽图形的整体感和统一性。[3]

3.奥林匹克吉祥物

奥林匹克吉祥物是一届奥运会的独特标志和最有代表意义的纪念品。吉祥物一词源于法国普罗旺斯语mascotto，直到19世纪末才被正式以mascotto的拼写收入法语词典，英文mascot由此衍变而来，意为能带来好运的人、动物或东西等。吉祥物最早出现于1968年法国格勒诺布尔举行的第十届冬季奥运会上。该届奥运

---

[1] 周丛改.2008看奥运——奥运知识百科[M].武汉：湖北科学技术出版社，2007.
[2] 金文敬，张红霞.2022北京冬残奥会会徽的视觉语法意义解析[J].宿州学院学报，2019，34（01）：55-58.
[3] 2022年北京冬奥会知识之会徽详解[J].工会博览，2018（17）：31.

会使用了一只取名为"雪士（schuss）"的滑雪人作为吉祥物，"雪士"身穿法国国旗三种颜色的衣服，硕大的脑袋和纤细而坚硬的身体，象征着一个有着坚强意志的小精灵。为夏季奥运会设计吉祥物始于1972年的慕尼黑运动会。一只被称为"瓦尔迪（waldi）"的德国装饰性纯种小猎狗的形象在这届奥运会上随处可见，吸引了广大运动员、教练员与赴会宾客，极大地活跃了比赛气氛。[①]

随着时代变迁，吉祥物逐渐兼具艺术、文化和商业等价值。吉祥物的符号逐步复杂化、通用化，色彩搭配、造型姿势趋于细节化和动态化，在展示举办国当地风土人情的同时更展现奥林匹克精神。吉祥物以其拟人化造型赢得大众喜爱，据相关统计数据显示，俄罗斯索契冬奥会运营利润约1.43亿美元，其中吉祥物商品的销售利润就有3000万美元；北京冬奥会吉祥物"冰墩墩"的首批特许商品在上线三小时内就售出5459件，创下了超66万元人民币的线上销售额。除周边商品销售外，冬奥会带来的后续经济效益更是不可估量。[②]

4. 奥林匹克奖牌

现代社会赋予了奥林匹克独特而鲜明的象征性符号形式——奖牌[③]，奥运会奖牌的设计和制作，历来都是由每一届奥运会的组委会提供，但属于国际奥委会所有，由国际奥委会向获胜运动员颁发。现代奥运会奖牌的设计，经历了一个演变的过程。在1896年首届现代奥运会上，只向体育项目的前两名颁发奖牌，而且是冠军得银牌，亚军得铜牌。当时的奖牌由法国艺术家夏普伦设计，直径为50毫米。同时，组委会还按照古老的传统向获胜运动员献花环，第一名的花环用橄榄枝编成，第二名则用月桂叶编制。此外，优胜者还得到大会颁发的奖杯、花瓶等奖品。到1904年第3届奥运会，第一名得到了金质奖牌。

从1924年第8届奥运会起，国际奥委会对奥运奖牌做了具体规定：奖牌的直径不小于60毫米，厚度为3毫米，其中，一、二名的奖牌由银制作，纯度（含银量）不低于92.5%。为了区别一、二名奖牌的荣誉等级，还对第一名奖牌做出了在其表面上至少镀6克纯金的规定，从1928年第9届奥运会开始执行这种奥运奖牌设计的规定。2004年雅典奥运奖牌所用耗费的金属重量为：纯金13公斤、银和铜各一吨，不计人工费，这些奥运奖牌超过总价值40万美元。2008年北京奥运会，奥运奖牌设计与制作更是挖空心思，将中国玉文化与奖牌做了一次完美的结

---

① 孙大光.体育文化概论［M］.北京：高等教育出版社，2013.
② 田郁川，邬佳琦.基于符号学的冬奥会吉祥物设计解析［J］.美术教育研究，2021（20）：80-85.
③ 邓立新.基于社会符号学视角的奥运奖牌价值探析［J］.山东体育学院学报，2018，34（01）：61-65.

合，被认为是历届奥运会中最昂贵的奖牌，一枚奖牌本身的经济价值达到2000多元。到了2012年伦敦奥运会从金牌构成成分上包括了1%的金、93%的银和6%的铜，按照当前市值计算，一块金牌原材料价值就达到了650美元左右。

奥林匹克奖牌在其艺术价值和经济价值之外，同时兼具文化价值。2008年奥运会奖牌将凝聚中国"君子比德于玉"象征的美玉镶嵌其中，充分表达了对奥运健儿拼搏向上的精神的敬仰和礼赞，勾勒出了一幅荣誉与气度完美结合的至尚画面。[①]

（二）奥林匹克仪式

奥林匹克仪式是指围绕奥运会而举行的一系列礼仪性的活动，主要有圣火传递仪式、奥运会开幕式和闭幕式、发奖仪式。它们集中体现了奥林匹克运动的各种文化特征，是奥林匹克文化中最引人注目的部分。

1.奥林匹克圣火传递

奥运圣火是在希腊奥林匹亚点燃的采自阳光的火焰，它象征着和平之光永远照耀人类并激励人类追求勇敢、光明与和平。[②]

圣火起源于古希腊神普罗米修斯为解救人类偷火种到人间的神话故事。古奥运会圣火点燃就是由这个神话演变而来，所有运动员奔向由祭祀神坛点燃的圣火，然后由前三名运动员高擎火炬到各处宣旨："停止一切战争，参加运动会！"火炬所到之处，战火熄灭，休战开始，奥运圣火已经成了奥林匹克运动会的象征符号，它承载了勇敢、光明、和平与正义等伦理内容。[③]

现代奥运会于1896年诞生，首次出现点火仪式是在1928年阿姆斯特丹，在此之前的现代奥运会圣火没有出现过，这届奥运会熊熊圣火燃烧到大会闭幕。1934年奥委会决定，奥林匹克圣火在奥运会主会场要从开幕燃烧到闭幕，火种采自奥林匹克运动的发源地奥林匹亚，再以火炬传递的方式到举办国，1936年柏林奥运会首次正式进行火炬传递。开幕式上，举办国著名运动员绕场慢跑一周后点燃奥运主火炬。随着现代科学技术的快速发展和奥运会影响力的逐渐提升，主办国越来越重视圣火点燃仪式的设计，运用各种科技使其具有视觉冲击性，同时更能展示出国家、民族的文化。[④]

---

① 邓立新.基于社会符号学视角的奥运奖牌价值探析[J].山东体育学院学报，2018，34（01）：61-65.
② 杨其虎.论奥运圣火的伦理符号价值[J].体育与科学，2010，31（6）：61-63.
③ 杨其虎.论奥运圣火的伦理符号价值[J].体育与科学，2010，31（06）：61-63+57.
④ 李康，刘俊一.奥运会圣火点燃方式的历史梳理与文化表现[J].体育文化导刊，2015（08）：101-105.

2. 开幕式与闭幕式

开幕式和闭幕式是奥运会期间最隆重的仪式，也是奥林匹克运动奉献给世界最绚丽的人类文明之花，它是体育与艺术最完美的结合，开幕式举行之日往往成为全球最盛大的节日，常会吸引数十亿观众在同一时刻坐到电视机前。

开幕式主要由入场仪式、宣布开幕和宣誓仪式以及大型表演三部分组成，按国家顺序入场的开幕式是从1908年开始的。

在国际传播中，体育文化以其兼容性、共享性，成为公认的世界"通用语"。在异质文化背景大环境下，体育文化是文化输出国文化传统、价值观念的重要载体，更是国家文化软实力的重要衡量标准和国家形象的重要组成部分。[①] 开幕式中最有特色的活动是历届奥运会开幕式上举行的大型体育文艺表演。奥运会的开幕式表演具有极高的艺术性。为了办好开幕式表演，各国奥运会的组织者都在全国范围内挑选最优秀的创作、编导和表演人员，动用最先进的演出设备，以求得最佳的艺术效果。

3. 颁奖仪式

无论是在古代奥运会还是在现代奥运会上，向运动员颁奖都是十分隆重而激动人心的事。在古代奥运会颁奖时，传令官先公布冠军的名字、国家及父母的名字，再把胜利者带到裁判席前，裁判官向胜利者表示祝贺后，从宙斯神庙三脚鼎上拿起橄榄花冠给冠军戴上。现代奥运会的颁奖仪式实际上和这非常相似。

发奖时，先宣布获奖运动员的国籍和姓名，获前三名的运动员依次站在颁奖台上，然后由国际奥委会主席或其他指定的委员，在有关的国际单项体育联合会主席或其他代表的陪同下，向获奖运动员颁发奖章。授奖后，在冠军运动员所属国国歌声中升这三名运动员所属国国旗，这时获奖运动员要面向旗帜站立。升国旗和奏国歌仪式增强了颁奖仪式的民族主义色彩，激发了有关国家运动员和民众的爱国主义热情，也增强了奥林匹克运动的影响力，对奥林匹克的发展起到了很好的促进作用。[②] 2019年因新冠疫情影响，国际奥委会主席巴赫宣布，在颁奖仪式上，由获奖运动员自己从托盘中拿起奖牌，自己佩戴在脖子上，不会采取握手、拥抱等祝贺方式。美联社报道，奖牌获得者和颁奖出席人员被要求佩戴口罩。

---

① 叶林.国际体育文化传播中的文化折扣与国家形象塑造——以东京奥运会开幕式为例[J].科技传播，2021，13（24）：116-118+149.

② 孙大光.体育文化概论[M].北京：高等教育出版社，2013.

五、奥运精神与奥林匹克主义

（一）奥林匹克格言

巴黎阿奎埃尔修道院院长迪东在运动会上鼓励学生时说道，参与运动会的口号是更快、更高、更强。顾拜旦认为这一口号与奥运精神非常契合，1920年，国际奥委会正式将其作为"奥林匹克格言"。

国际奥委会主席巴赫说道："奥运会的意义是让全世界相聚在一起。"在2021年7月20日，国际奥委会第138次全会在日本东京召开，会议正式通过将"更团结"加入奥林匹克格言中，旨在通过体育鼓励全球更加团结。奥林匹克格言的呈现形式为："更快、更高、更强——更团结"（Faster, Higher, Stronger-Together）。

（二）奥林匹克精神

古代奥运会留传下来的精神财富已成为现代奥林匹克精神的重要部分，对现代奥林匹克运动影响深远。《奥林匹克宪章》基本原则中指出，奥林匹克精神就是"相互了解、友谊、团结和公平比赛"的精神。概括起来主要有以下几个内容：

重在参与精神。参与是胜利的基础，没有参与就谈不上胜利，参与比胜利更重要。奥林匹克原则中指出，每一个人都应享有从事体育运动的可能性，而不受任何形式的歧视。现代奥运会发展到今天，覆盖到两百多个国家和地区，运动员们无论任何国家、种族、肤色、性别、宗教信仰都拥有平等的参与权利。重在参与原则，极大地提高了奥运会的影响力、号召力和普及程度。

和平友谊精神。和平友谊精神有着古老的传统，可以追溯到古代奥运会时期的"神圣休战"。圣火传递、放飞和平鸽等奥运传统仪式更能使人的精神受到感染，产生共鸣。有着不同肤色、语言和生活方式的人们相聚在一起，他们相互交流、相互了解、增进友谊、加强团结，共同促进世界的和平与美好。

公平竞争精神。竞争是奥林匹克运动竞赛的基本形式。运动员在竞争中勇于挑战，不断进步，不断超越自我。顾拜旦在《体育颂》中写道"体育，你就是正义"，公平公正是奥林匹克竞争的行为规范，是奥林匹克精神的精髓。

拼搏进取精神。古代奥运会中采用只取第一名的竞赛制度，这也给现代奥运会留下了拼搏进取的精神传统。现代奥林匹克精神要求人们具有坚忍不拔的进取精神和克服一切困难的英雄气概，鼓励人们超越自我，积极向上。"更快、更高、更强"格言就是拼搏进取精神的鲜明体现。

(三)奥林匹克主义

奥林匹克主义由现代奥林匹克之父顾拜旦提出,它是现代奥林匹克运动的来源,是奥林匹克运动的指导思想。奥林匹克主义虽然由顾拜旦提出,但他却没有直接给出奥林匹克主义的定义。在1918年2月24日洛桑希腊自由俱乐部的演讲中第一次提出了奥林匹克主义的概念。1934年6月顾拜旦在洛桑纪念复兴奥林匹克运动40周年纪念大会上发表的题为《奥林匹克主义四十年》的讲话,标志着奥林匹克主义概念的明确提出。1991年6月16日,国际奥委会在《奥林匹克宪章》中第一次给出奥林匹克主义的正式定义:"奥林匹克主义是增强体质、意志和精神并使之全面发展的一种生活哲学。奥林匹克主义谋求体育运动与文化和教育相融合,创造一种以奋斗为乐、发挥良好榜样的教育作用并尊重基本公德原则为基础的生活方式。"

奥林匹克主义的中心思想是人的和谐发展。所谓人的和谐发展,就是追求人的体质、意志、精神、道德等方面的全面发展。如何实现人的和谐发展?首先,将体育运动作为实现途径,并将体育与教育和文化结合起来。通过体育运动可以直接增强人的体质,增强人的友谊、公平、拼搏的精神,运动过程中的坚持不懈和突破自身的极限可以磨炼人的意志。同时,教育是奥林匹克主义的出发点和落脚点,教育功能的体现要以体育运动为载体,因此要将体育运动与教育相结合。体育运动与文化相结合,可以促进人的精神发展,可以陶冶情操、加强修养、提高精神境界。其次,改善人的生活方式,建立一种以奋斗为乐、发挥良好榜样的教育作用并尊重基本公德原则为基础的生活方式,即传递积极向上的社会能量、发挥奥运选手的榜样作用、提高人的思想道德水平。

六、中国参加奥运会的历程

(一)参加夏季奥运会

1908年,《天津青年》的"奥运三问"警醒了这个运动意识匮乏的国家,"中国,什么时候能够派运动员去参加奥运会?我们的运动员什么时候能够得到一枚奥运金牌?我们的国家什么时候能够举办奥运会?"回顾中国百年奥运之路,是一个曲折与艰辛的过程。

初识奥运会。1894年,刚刚成立的国际奥委会曾给当时的清政府寄发了信函,邀请中国运动员参加1896年在希腊雅典举行的第1届夏季奥运会,但清政府并未回复。1904年中国作为发起者之一的远东运动会给国际奥委会留下深刻印象。1921年第五届远东运动会在上海举办，国际奥委会派代表出席致辞。至此到1922年，中国奥运先驱王正廷被选为中国第一位国际奥委会委员。1928年，中国政府派遣宋如海作为观察员，赴荷兰阿姆斯特丹参加了第9届夏季奥运会。

融入奥运。1924年，在南京正式成立了中国人自己的全国性体育组织"中华全国体育协进会"（简称"全国体协"），取代了受外国人控制的全国性体育组织。1931年，国际奥委会正式承认中华体育协进会为国际奥委会的团体成员，从而成为我国历史上第一个得到国际奥委会承认的体育团体。同时，它也标志着中国体育运动同国际奥林匹克运动正式接轨。1932年，中国政府选派代表团参加美国洛杉矶举行的第十届夏季奥运会，刘长春作为中国运动员第一次步入奥运会的神圣殿堂，在中国奥运史上有里程碑意义。中华人民共和国成立后，首次派体育代表团参加了1952年第15届夏季奥运会，第一次在奥运盛会上升起鲜艳的五星红旗。1954年，国际奥委会正式承认中华全国体育总会为中国国家奥委会。但是，由于当时国际奥委会某些负责人继续顽固坚持"两个中国"的错误立场，制造种种事端，为维护国家主权，中国奥委会于1958年8月被迫宣布断绝与国际奥委会的关系。

重返奥运会。中国于1979年11月恢复了在奥林匹克运动中的合法席位。1984年，在洛杉矶举行的第23届夏季奥运会上，中国运动健儿不仅实现了中国奥运史上金牌"零的突破"，而且获得15枚金牌、8枚银牌和9枚铜牌。改革开放以后，我国向世界展示中国体育健儿良好的精神面貌和竞技水平。成绩稳步提升，金牌数和奖牌数不断刷新历史。[1]

2008年8月8日，充满传奇色彩的第29届夏季奥运会在中国北京开幕。作为东道主，中国派出了史上最大规模的代表团，人数高达1099人，其中运动员639人，参加全部28个大项的角逐。创造了中国参加奥运会以来的最好成绩，以金牌51枚、奖牌总数100枚的优异成绩，成为北京奥运会金牌榜上的龙头老大。

2012年7月27日，第30届夏季奥运会在英国伦敦拉开帷幕。中国派出一支621人的代表团，其中运动员396人，获得金牌38枚、银牌27枚、铜牌22枚，奖牌总数87枚，在金牌榜和奖牌榜中均位列第二。本届奥运会，中国选手共打破6项世界纪录和6项奥运会纪录。这是中国代表团在境外参加奥运会的最好成绩。[2]

---

[1] 春华，王玉梅.中国奥运历程回眸[J].兰台内外，2008（02）：14.
[2] 邵安伟.新中国参加夏季奥运会历程回顾[J].运动，2014（16）：13-14.

人生能有几回搏。中国参加奥运的历史，更是中华民族百年屈辱、百年奋斗、百年拼搏的历史见证。

（二）参加冬季奥运会

第 24 届冬季奥林匹克运动会（XXIV Olympic Winter Games），即 2022 年北京冬季奥运会，是继 2008 年北京奥运会后，中国申办的又一个国际盛会。从 2008 到 2022，从"同一个世界，同一个梦想"到"一起向未来"，两届奥运盛事，北京成为"双奥之城"的进度条即将拉满。此次成功申办 2022 年冬奥会与实现中华民族伟大复兴中国梦紧密相连、息息相关，有利于促进中国冬季运动的发展，对进一步展示中国形象、增强国家软实力以及国际影响力具有推动作用，同时也为弘扬奥林匹克精神，为中国由体育大国向体育强国的发展提供经验。

中国队自 1980 年开始参赛至今，在 30 年间共参加了 9 届冬奥会。从时间跨度与比赛成绩的关系上呈现出 3 个不同的时期，并且基本上是 10 年（大约 3 届）为一个时期。

探索起步时期（1980—1988 年）：1980 年在美国普莱西德湖举行的第 13 届冬奥会是中国第一次参加冰雪项目的比赛，成为我国征战冬奥会历程的起点。1984 年第 14 届萨拉热窝冬奥会上，中国代表队在 49 个参赛队中位列第 23 名。1988 年在加拿大卡尔加里举行的第 15 届冬奥会上，短道速滑表演赛中，李琰表现出色，夺得 1 金 2 铜，但表演项目奖牌不计入奖牌榜，中国代表团冬奥奖牌未实现零的突破。

长足发展时期（1990—1998 年）：1992 年在法国阿尔贝维尔举行的第 16 届冬奥会上，中国共派出 35 名选手参加 34 个单项比赛，共获得 3 银和 2 个第 4 名。其中，叶乔波、李琰两人夺得 3 枚银牌，实现了我国冬奥会奖牌"零的突破"。1998 年第 18 届冬奥会在日本长野举行，我国共参加 4 个大项、40 个小项比赛，共获得 6 枚银牌、2 枚铜牌，位列 16 名。

快速崛起时期（2002—2010 年）：2002 年第 19 届冬奥会在美国盐湖城举行，我国取得 2 枚金牌、2 枚银牌、4 枚铜牌，排名第 13 的成绩。其中，具有划时代意义的是，杨扬先后夺得了女子短道速滑 500m、1000m 金牌，实现了中国冬奥会金牌零的突破，使中国代表团首次出现在金牌榜行列。2006 年第 20 届都灵冬奥会，中国雪上项目的参赛人数还首次超过了冰上项目。这届冬奥会 84 个单项中，雪上项目占 2/3。2010 年第 21 届温哥华冬奥会，是中国冬奥会历史上参加人数和参赛项目最多的一次。我们还首次取得了冰上项目、雪上项目、个人项目、双人项目、团体项目和集体项目均有奖牌进账的全面战绩。①

（三）参加残奥会

1. 参加夏季残奥会

1984年中国首次派出运动员参加在美国纽约举行的第七届夏季残奥会，两位盲人运动员平亚丽、赵继红面对各国强手，勇于拼搏，分别夺得女子B2、B3两个级别的跳远金牌，比我国射击运动员许海峰还早一个月实现了中国人在奥运会上金牌"零的突破"。在这届残奥会上，中国代表团共获得2枚金牌、13枚银牌和9枚铜牌。有9人次打破世界纪录。

截止到第16届残奥会，中国已经第十次派团参加夏季残奥会，中国参加夏季残奥会获得总金牌数突破500枚。

2. 参加冬季残奥会

中国于2002年首次派队参赛，目前已经连续参加了6届。2002年首次参加美国盐湖城举办的第8届冬季残奥会，这不仅成为中国征战冬季残奥会历程的起点，同时也开启了中国残疾人冬季运动的奥运序幕。之后中国第9届冬残奥会拉近与世界水平的差距、第10届冬残奥会实现参赛项目突破、第11届冬残奥会参赛人数再创新高、第12届冬残奥会在平昌实现奖牌和金牌"零"的突破。中国的冬季残奥会经过初登冬奥舞台到稳步发展再到变革求新，虽然受制于气候、地域、技术等多种因素，影响中国冬季残奥会的发展，但善于变革求新，不仅能促使中国残疾人冰雪运动更好地发展，同时也进一步丰富了残疾人冰雪运动内容。②

北京作为2022年冬残奥会主办城市，将五洲四海的残奥健儿汇集于此，展竞技之美，扬文明之光，聚团结之力，携手写下"一起向未来"的崭新篇章。

---

① 杨爱华，李良明. 我国参赛冬奥会历程分析［J］. 体育文化导刊，2011（01）：46-49.
② 刘书勇，付春艳，邓玉明，高俊. 我国参加冬季残奥会历程研究［J］. 体育文化导刊，2017（01）：111-114+153.

第四章　中西方身体观与体育文化

身体既是体育的出发点，也是体育的落脚点，身体观是连接体育文化与整个社会生活的桥梁。身体在体育文化中的地位举足轻重，不同的身体观直接影响着体育的发展。中西方体育文化的差异与身体观的不同有着内在关系，从身体观的维度探究体育的文化特质是非常有必要的。

第一节　中西方体育观的形成

身体观的形成深受自然环境与人文环境的影响。自然环境是人类生存发展的物质基础，不同的自然环境，为人类提供了不同的生存方式，形成了不同的生产生活方式和风俗习惯，从而形成了各自具有鲜明地域特色的身体观。同时，人文环境在身体观的形成过程中发挥着至关重要的作用。丹纳认为，"有一种'精神的'气候，就是风俗习惯和时代精神，和自然界的气候起着同样的作用。"[①] 在同一片土地上，人文环境的变迁直接影响着身体观演化的历程。

一、中国传统身体观的形成及内涵

（一）中国传统身体观形成的自然环境与人文环境

中国古代文明孕育在黄河、长江中下游地域，充足的水源和冲击而成的广袤

---

① 丹纳.艺术哲学［M］.合肥：安徽文艺出版社，1991.

而平坦的平原，成为中国传统身体观形成的肥沃土壤。

黄河、长江中下游地域平原地势开阔，土壤肥沃，水资源丰富，形成了具有典型地域特征的农耕文明。远古时期，中华大地的北方，以黄河中下游为中心，农业种植以粟为主，形成了仰韶文化、龙山文化、大汶口文化、齐家文化等。以长江中下游为中心的南方地区，农业种植以稻为主，形成了大溪文化、良渚文化、屈家岭文化等。北粟南稻的农耕生产方式，辅助以家畜饲养业，成为古代人们大众最基本的生活内容。经过历代人们的辛勤劳作，培育了丰富多样的谷物、作物、蔬菜品种。在饮食结构上，以谷类为主食、以肉类和蔬菜瓜果为辅食，主食较为一致，变化较少，而辅食则异彩纷呈，各有特色。在服饰上，由于农耕生活的需要，形成了上衣下裳的形式。在历代发展过程中，虽然款式、颜色、装饰等越来越多样，但上衣下裳依然是最主要的形式。黄河、长江中下游地域平原水源充足，地势平坦，土壤肥沃，风调雨顺时则衣食富足，生活无忧。人们日出而作，日落而息，男耕女织，自给自足，与自然和谐相处，生活宁静稳定，思想相对保守。黄河、长江虽然给人们带来了平坦肥沃的土地，但历史上河水的多次泛滥也给人们带来无穷的灾难。稳定宁静的生活孕育了保守、稳重的民风；而与河水泛滥做斗争也激发了人们勇于斗争、自强不息的奋斗精神。由此可见，农耕文明的生产生活方式孕育了人们对身体的认知。在特定自然地理、生产生活方式的基础上形成的社会文化，为身体观的形成提供了思想土壤和践行环境。中国传统文化形成的重要时期春秋战国时期，儒家、道家、墨家、兵家、阴阳家、医家等诸子思想涌现，对后世几千年文化的发展都产生了深远的影响，成为中国古代文化的"轴心时代"，也成为传统身体观形成的思想基础。

儒家思想在两千多年的封建王朝中始终居于主流地位。儒家建立了以"仁"为核心的伦理道德思想体系，主张做人要"克己复礼""己所不欲勿施于人"；为政要"节用而爱人"、以德治国。儒家思想体系作为中国传统文化的重要组成部分，对中国的政治、经济、文化以及健身、娱乐、休闲等领域都产生了深远的影响。道家思想是古代思想流派之一，儒道互补、儒显道隐是中国传统思想文化的主要特征。有着悠久历史的神仙方术，与道家思想相融合，在东汉形成了中国本土宗教——道教。道家"道法自然"、虚静养生思想与道教养生术丰富了传统身体观的内涵。墨家是诸子百家中的重要学派之一，与儒家并称显学。墨家学派将维护"公理""道义"作为必须应尽的职责，纪律严明，严于律己，具有鲜明的社会实践精神。墨家思想在战国时期得到了广泛流传，影响深远，到秦汉之际逐渐衰微，但墨学提倡节约、任人唯贤，主张积极防御、反对霸权，重视理性、科技、逻辑等优良传统成为传统文化的重要内容，至今仍有极强的现代意义。兵家思想在春秋战国时期逐渐丰富起来，对后世的军事及谋略战略思想都产生了深远的影响。阴阳家融合了阴阳、五行学说建立了宇宙自然与社会历史的发展图式，是战国时期流传较广、影响较大的著名学派之一，代表思想家是邹衍、邹奭。邹衍星象历法与阴阳五行运用于社会历史的阐释，提出了"五行说""五德始终说""大九州说"等。"五行说"是指自然界阴阳五行运行的规律，提出五行相生与五行相胜的观点。"五德始终说"是仿照自然界五行相生相克的规律解释社会历史发展中的朝代更迭规律的学说。"大九州说"是指神州之外尚有八个州，因而提出天下有九州之说，"大九州说"具有极高的地理价值，也拓宽了战国时期各诸侯国的视野。阴阳家思想不仅直接影响了战国及秦汉的政治观念，而且对黄老思想、道教的形成产生了深远的影响。医家是春秋战国时期诸子百家之一，历史悠久且流传甚广，为后世中医学的形成奠定了基础。张仲景《伤寒杂病论》序文中曰："上古有神农、黄帝、岐伯；中古有长桑、扁鹊；汉有公乘阳庆、仓公；下此以往，未之闻也。"

综上所述，儒家、道家、墨家、兵家、阴阳家、医家等各家思想在历史发展过程中不断地融合、创新，形成了内蕴深厚、丰富多元的中国传统文化思想，在文化思想的引领之下，人们创造了器物文化、制度文化、文学艺术、民俗习惯，为身体观的形成提供了人文土壤。

（二）中国传统身体观的内涵

中国传统文化重体验与感悟，对于身体的认知也是体验、感知下的产物。中国古人将身体置于身体与自然、身体与心性的关系中去体悟，是集感知主体与客体于一体，是沉浸式的感知方式。虽然儒、道、佛各家思想的身体观有着不同的认识，在历史发展过程中也有变化，但是身体观都建立在同一个文化基础之上，形成了"气"化身体观、以"心性"修养为旨归的修养身体、内蕴儒道思想的身体观。

首先，"气"化身体观。古代思想家认为宇宙万物的形成源于"气"，《易》曰："一阴一阳之谓道。""道"，道家谓之"太极"，既蕴含了天地万物气化流行的规律，又涵有"气"的意义。从形而下的层面来讲，天地万物形成的本源为天地间的醇和未分之气，未分之气在气化运行过程中，化生阴阳二气，阴阳二气相对相生而生五行，宇宙万物生生不息即是气阴阳五行化生的结果。在"气"本论观念下人们认为，人的生死存亡与大自然变化的规律是相同的，也是气变化的结果，从而形成了"气"化身体观。《庄子》中记载，庄子梦蝶，庄子认为自己与蝴蝶二者并无实质性不同，只是形不同而已。庄子妻子去世，"鼓盆而歌"则是认为人的死亡只是气的又一个循环变化而已。在医学领域，《黄帝内经》作为最早的医学典籍，体现了古人对身体认知的探索。《黄帝内经》认为身体以"气为宗，以血、脉、经、络"为径而运行，天地自然具有共同的规律，是对中国古代思想的示范[1]。医学中的诊脉以此思想为依据，通过指感了解身体气、血流动的特征，进而判断身体状况。

其次，以"心性"修养为旨归的修养身体观。传统身体观认为，人的身体不仅是气化规律的体现，具有形而下的特征，同时是"心性"修养的起点和基础，是"心性"修养境界的体验者、感悟者，具有形而上的特征。"中国人的'身体'不仅仅是一个自然实体，而是一种象征性的存在，身体的意涵牵涉到无形的精神、心灵、情意，是生理与心理的交互作用而成的一个整体。"[2]古代的哲学思想是在对身体的思考中逐渐形成的，"中国古人一切哲学意味的思考无不与身体有关，无不围绕着身体来进行。"[3]"身体"在古代哲学中的地位举足轻重，形成了"身体性"的思维方式。古人心性修养要从修身开始做起，并形成了丰富的修养工夫论。古人心性修养注重"内证"而非"外求"，儒家"内证"注重以"中正仁义""诚"来修养内心，达到"君子""圣人"的境界；道家"内证"讲求"虚静""心斋"而返璞归真。虽然儒道两家途径不同，都认为心性修养的根本是"修身"，从日常生活规律、言谈举止到内心心理、情感的调适变化，"身体"与"心性"的修养融合不可分开。同时，人们通过身体感悟、体验天道自然，赋予身体更多的心性、精神等方面的内容，对于身体的穿着服饰、神情姿态、动作变化等都有共时的感受，进而依据特定的习俗观念等进行约束、调整或改变。

其三，内蕴儒道思想的身体观。儒道作为传统文化中两大思想流派，拥有共同的思想文化土壤，但儒家积极入世，道家消极避世，二者差异明显，这一差异在身体观上也有着明显的体现。

儒家对于身与心的关系，认为身、心相互依存，心居于首要位置。以心为首，修身的指向是实现心性修养。儒家在历代发展过程中对于心性的理解有所

---

[1] 燕燕.《黄帝内经》身体观考述.[J].中国哲学史，2017（4）：15-22.
[2] 吕小康，王丽娜.传统身体观：中国人躯体化表达的合法性渊源.[J]南京师大学报：社会科学版，2014（1）：119-125.
[3] 张再林.作为身体哲学的中国古代哲学·序［M］.北京：中国社会科学出版社，2008.

不同，但对于身心关系的认知上是一致的。孔子所讲"一日三省吾身"，意在以"仁""礼"对自身的审视与反省。孟子所言"养吾浩然之气"，意在修养内在的坦荡与正义。宋明理学是以"理"为核心、理气合一的身体观提出了以"德"养身的修养论。台湾学者黄俊杰概括了"儒家思想传统中的四种身体类型：作为政治权力展现场所的身体，作为社会规范展现场所的身体，作为精神修养展现场所的身体，作为隐喻的身体。"①

在儒家伦理道德思想影响下，人们形成了道德生命高于生理生命的观念，"身体"以道德、精神为引导，身体活动也被烙上了"道德为首""伦理至上"的印记。一方面，儒家养生将人的感情欲望纳入礼教范围之内，借此抑制贪欲以及过激的情绪和不良的习性。孔子提出了"仁者寿"的观点，运用伦理道德思想对日常饮食起居进行了详细的规定，并根据不同年龄阶段的生理特征，提出了"三戒"养生法："君子有三戒：少之时，血气未定，戒之在色；及其壮也，血气方刚，戒之在斗；及其老也，血气既衰，戒之在得"。(《论语·季氏》)另一方面，无论是射箭、投壶还是蹴鞠、武艺演练，都将伦理道德教化作为训诫的主要内容。"汉画中儒学层面礼仪性的长袖舞姿，当此理性的儒学观念需通过舞蹈身体语言得以呈现时，舞蹈形态要符合'礼的规范'，所以在动作方面多为屈膝蹲步、苟身倾拧、垂袖曳步，以此为动作基本要素，其技术要求身体曲直有节，偏正有度，以沉稳平缓的舞步与静态舞姿为作品的主要特征。"②成书于宋代的《蹴鞠图谱》运用了儒家伦理道德规范对蹴鞠者的道德品性进行了严格细致的规定。

与儒家崇尚自然的观点相一致，道家身体观具有自然化的倾向，认为"天地与我为一，万物与我并生"。道家在从气化一元论基础上提出了形—气—神三重结构的身体观：形，躯体结构；气，生命结构；神，心理结构③。"夫形者，生之舍也；气者，生之充也；神者，生之制也。一失位则三者伤矣。是故圣人使人各处其位、守其职而不得相干也。故夫形者非其所安也而处之则废，气不当其所充而用之则泄，神非其所宜而行之则昧，此三者，不可不慎守也。"(《淮南子·原道训》)修身的方式则是炼精化气、炼气化神。

道家崇尚"贵身"思想，"爱身"的方式则是"忘身""心斋""坐忘"，认为身体的健康需要虚静内心，保持内心的澄明，身体自然就能健康长寿。

---

① 唐少莲.道家身体哲学及其政治隐喻[J]广东石油化工学院学报，2018（5）：1-4.
② 郑靖潇.汉画实验舞蹈《手袖威仪》儒家身体观的呈现[D]北京舞蹈学院，2019年硕士论文.
③ 赵方杜."形神双修"：先秦道家身体观及其当代意蕴[J]兰州学刊，2012（7）：26-30.

宠辱若惊，贵大患若身。何谓宠辱若惊？宠为下，得之若惊，失之若惊；是谓宠辱若惊。何谓贵大患若身？吾所以有大患者，为吾有身，及吾无身，吾有何患？故贵为身于为天下，若可以托天下矣；爱以身为天下，若可以寄天下矣。（《老子·十三章》）

在道家"静为躁君""重神轻形"思想影响下，以健康长寿为目的保健、养生术逐渐形成，进而建立了系统的养生思想。老子主张"致虚极，守静笃"（《道德经》），以静养神，从而开启了"静神"养生之道。《黄帝内经》提出"静神"以摄生防病；嵇康《养生论》提出"修性以保神，安心以全身"的观点；陶弘景《养性延命录》认为"静者寿，躁者夭"，主张"和心，少念，静虑，先去乱神犯性之事"；孙思邈亦提倡"少思、少念"以静神养生等等。

二、西方身体观形成及内涵

西方身体观是西方自然环境与人文环境共同孕育的结果。以古希腊文明为代表的西方古代文化具有鲜明的半岛文化和沿海文化特色，在这样的自然地理环境下形成了追求平等、富于进取、崇尚竞争的文化氛围，孕育的身体观与中国传统身体观有着鲜明的差异。

（一）西方身体观形成的自然环境与人文环境

西方古代体育文化以古希腊体育为主。古希腊在巴尔干半岛与爱琴海，爱琴海上岛屿星罗棋布，由于温暖适宜的自然地理环境，岛上盛产月桂、橄榄树、谷物和葡萄园。岛上不仅温暖湿润，而且阳光充足。法国哲学家泰纳《艺术哲学》赞美了希腊湛蓝的天空、明净的空气、光艳照人的海水、轮廓鲜明的岛屿，"没有酷热使人消沉和懒惰，也没有严寒使人僵硬迟钝，他既不会像做梦一般麻痹，也不必连续不断地劳动"，[1]为人们提供了非常舒适的生活环境。希腊的自然环境中没有波涛汹涌的大海，没有悬崖峭壁的山峦，没有残暴凶猛的野兽，"没有一样巨大的东西，外界的事物绝对没有比例不称、压倒一切的体积。一切都大小适中，恰如其分，简单明了，容易为感官接受"[2]。希腊半岛由于缺乏耕地，农业发展较为困难，半岛海岸线很长，海湾也很多，因此促成了航海业和海外贸易文化的发展。伴随着希腊城邦的兴起，贸易线路不断开拓创新，逐渐成为航海贸易的重要中

---

[1] 泰纳.艺术哲学［M］.北京：人民文学出版社，1963：254-258.
[2] 叶朗.美学原理［M］.北京：北京大学出版社，2009：151.

转站。

古希腊不仅有社会经济的繁荣，而且形成了灿烂的古希腊文化。在政治方面，希腊半岛城邦林立，形成了以雅典为代表的奴隶制民主制度。在文学艺术方面，《荷马史诗》、古希腊神话、古希腊悲剧艺术、古希腊音乐等等都取得了辉煌的成就。古希腊的奥运会更是直观、集中展现古希腊文明的载体。希腊哲学是古希腊时代精神的精华，奠定了西方哲学的基础。黑格尔曾经说道："一提到希腊这个名字，在有教养的欧洲人心中，尤其是在我们德国人心中，自然会引起一种家园之感。……凡是满足我们精神生活，使精神生活有价值、有光辉的东西，我们知道都是从希腊直接或间接传来的。"希腊哲学从早期到古典时期，再发展到希腊化和罗马时期，形成了学说纷呈、派别林立的百家争鸣的局面：早期有米利都学派的形体本原论、毕达哥拉斯的数目本原论、赫拉克利特的变化哲学、爱利亚学派的存在论、恩培多克勒的四根说和阿那克萨戈拉的种子说、留基波和德谟克利特的原子论；古典时期有苏格拉底的伦理学、柏拉图的理念论、亚里士多德的形而上学与物理学；希腊化和罗马时期有斯多亚学派的自然哲学和伦理学、伊壁鸠鲁和卢克莱修的原子论、怀疑主义、新柏拉图主义等。其中古典时期的希腊哲学，特别是柏拉图的理念论体现了希腊文化的理性精神与人文主义精神。

14—18世纪，欧洲大陆出现了3次大规模的思想文化运动，即：文艺复兴、宗教改革和启蒙运动。经过三大思想解放运动，欧洲各国思想界和教育界对体育的基本认识奠定了近代体育产生的思想基础。人们首先不再视身体为灵魂的监狱。在灵肉一致思想的基础上，首先，体育作为一种世俗文化在教育和社会生活中的独特价值得到初步肯定；其次，身心全面发展的教育原则基本确立；最后，教育家和思想家已经注意到儿童与青少年身体发育阶段与教育内容及方法手段之间的关系，开始研究体育教育的经验。近代教育学、医学等学科的建立，也为体育发展提供了必要的科学认识基础。①

总之，以古希腊文明为基础的西方文化，在历史的发展过程中理性精神与人文主义思想一脉相承，为客观、理性的身体观的形成奠定了基础。

（二）西方身体观的内涵

西方文化发展过程中，身体由古希腊时期的备受推崇走向了失落，被视为灵魂的背叛和监牢。即使是在文艺复兴时期，身体再次成为艺术的表现对象，身体

---

① 王欢.欧洲三大思想文化运动对古奥运会复兴影响的研究[D].首都体育学院，2011.

依然被作为无思维之肉体，认为身体是一种"物"的存在，注重身体的生理属性。在主客二分的哲学思维影响下，身体作为"物"，更注重其力量与健壮、身体的运动能力及其教育功能。

首先是追求身体的力量与健壮。古希腊追求身体的"力"与"健"，将培养健壮的体魄作为重要的事情。健壮有力的身体培育是古希腊城邦战争的需要，是"邦本"思想的体现。在城邦林立、战争不断的时代，每个人需要有健壮的体魄和强大的作战能力，才能保卫自己的城邦。同时，健壮有力的身体进入人们的审美领域，健美的身体成为艺术表现的对象。裸体形象不仅出现在古希腊竞技赛场，而且成为西方雕塑艺术、绘画艺术的重要内容之一。

其次注重身体的运动能力与竞技能力。古希腊认为人的理想状况不仅是有健壮的身体，还应该有敏捷的运动能力和竞技能力。在作战过程中，士兵不仅需要有很高的身体素质，而且需要具备高超的战斗技艺，通过身体的运动能力与竞技能力的培养可以有效地提高战斗技能。斯巴达人实行军事化的"终身运动"，要求年轻人学习投枪、掷铁饼、跳跃、角力、赛跑等五项运动，大大增强了国家的军事战斗力。同时，古希腊人酷爱竞技，通过竞技运动的形式选拔首领，或者表达对天神、英雄的崇拜，成为古希腊人的传统习俗。古代奥运会是古希腊人为了祭祀天神而举行的众多竞技运动会中规模最大的一个赛会。在古代奥运会上，运动员裸体竞技，健美的身体与矫健的运动姿态成为运动场上最美的景象。

再次，重视身体运动是教育功能。自古希腊时期，身体运动的教育价值就得到了重视。柏拉图认为身体运动有助于培养高尚的人格："音乐和体育的联合的潜移默化，可以使两者（指理性与情感）和谐，因为它们以高贵的文字、榜样来强化、支持理性，并且以和谐节奏来节制、抚慰和文明化感情的狂放不羁。"亚里士多德强调儿童教育应该首先进行身体教育："既然在教育方面习惯先于理性，身体先于思想，由此，显然预先应把儿童交给体育教师和角力教师，这些人分别能造就儿童的体制和教给他们身体方面的本领。"在 18 世纪，体育教育（Physical Education）的概念逐渐形成并被广为接受，从而形成了唯身体的教育观、全人教育的教育观、运动的教育观等，从不同的角度探究了身体运动的教育功能以及实施的方式。

第二节　中西方身体观比较

中国传统文化重体验与感悟，对于身体的认知也是体验、感知下的产物。中国古人将身体置于身体与自然、身体与心性的关系中去体悟，是集感知主体与客体于一体，是沉浸式的感知方式。虽然儒、道、佛各家思想的身体观有着不同的认识，在历史发展过程中也有变化，但是身体观都建立在同一个文化基础之上，具有共同的特点。西方身体观的认知方式始终是将身体置于理性思维领域中，站在身体的对面审视身体自身的特点、身体与心灵的关系，从而得到的认知是理性的、明确的，明确认知易于执着于身体认知的某一个维度或层面，从而形成与西方身体观在历史发展过程中观念不断变迁甚至相互对立的特征。

一、身体与自然关系的不同

中国传统身体观以天人合一的观念为基础，人是天地万物的最具灵秀的存在，是天地万物的组成部分，人的身体、心性与自然万物具有共同的发展规律。西方身体观是将身体置于身、心的二元关系中探索身的地位，对于"身体"自身的认知更多侧重于其生理性、物质性以及形式美，而对于身体与外在自然万物的关系则论述较少。

从柏拉图开始，对于身体的认知始终将身体置于理想考量的范围之内，以认知的确定性作为评判身体的重要依据。古希腊时期人们认为健美的身体是神赐予人类的礼物，在哲学家苏格拉底、柏拉图理性思维中，人的理念代替了神的旨意，认为人的身体是神圣的理智的完美设计，将身体置于灵魂（理念）的掌控之中，从而形成了身心二元对立、灵魂赋予身体活力并掌控身体的观念。受柏拉图哲学观念的影响，西方古代医学对人的身体的生理构造进行了剖析建构，将能进行思考的大脑作为身体的高贵部分，其他部分都是由高贵的头脑（灵魂）安排控制，脖子是区分高贵者和卑贱者的隔膜、屏障和传递理念的中枢环节。文艺复兴的人文主义思想破除了中世纪时期宗教对人们的愚弄，笛卡尔以怀疑的精神审视身体的存在，探寻对身体的确定性认知，秉承了柏拉图身心二元的观念，突出了身体的物质性。之后不论是尼采还是梅洛庞蒂，虽然二者观点各不相同，但和柏拉图、笛卡尔一样都运用了共同的认知方式：理性的、客观的、确定性的。

在中国古代天人合一观念的引领下，古人认为人与自然是同源同构的。人是天地自然中的一部分，人与自然有着共同的源起与归宿，人的生老病死、德行修养等都与自然有着共同的规律，这就是传统文化中所说的"道"。人道与天道是一致的，而"道"的认知与把握，一方面来自对天道的观察、积累与总结；另一方面则来自身体的感知与体悟。在中国传统身体观中，身体不仅是生理的、物质的，而且是有思想的，是心性修养的主体。《论语》曰："一日三省吾身。"孔子认为，德行修养的主要方式就是自我身心的反省与修正。《庄子》注重通过"虚静""心斋"等方式追求精神自由的境界，而"虚静""心斋"需要经由身体安顿来实现。传统身体观认为，身体不是思维的客体，身体本身在思考，从而形成了身体性思维。古人通过身体性思维认知人道与天道，打破身体与外在的壁垒，达到身体与自然合一、人与自然合一的境界。

由此看来，理性的二分思维方式与中国感性体悟的思维方式不同，带来了中西方不同的身体观。西方身体观将身体与心灵分开，身体是一个客体的存在，较少探索身体与自然的内在关系。中国传统身体观是指通过身体的体验、感悟、思考，实现心性修养，认知天道自然的规律，自然是人的身体得以存在的环境，也是其生老病死后的归宿。

二、"身"与"心"关系的不同

身心关系是西方身体观的核心问题。自柏拉图开始，西方文化形成了身心二分的观念，将"身"置于"心"的掌控之中，认为"身"是卑微的，"心"是高贵的。柏拉图《理想国》：灵魂的快乐完全可以压倒身体的满足。笛卡尔"我思故我在"，虽然重视身体的权利，但认为身体是物质的，"认为人类理智可以像了解机器那样透彻了解身体并尽可能长久地维持身体的运转，他承认身体的生存权利，对身体持尊重态度。"[①]尼采改变了这一传统观念而走向了另一个极端，认为"一切从身体出发"，将"身"置于"心"之上。在现代思潮中，梅洛庞蒂从现象学的角度提出了身体的主体性观念，试图改变身心二元论的困境，建立以身体为主体的一元论思想。福柯将"权力"引入了身体的研究，建立了身体政治学。身体研究呈现跨学科研究，历史学、人类学、医学、社会学、符号学、精神分析学等。

对于身心关系，古代文化思想中多集中体现在"形神关系"的认知上。"形"

---

① 李珂.身体的权利——试论笛卡尔机械论身体观的哲学动机.[J].世界哲学，2013（6）：44-50.

是指人的身体、形貌及其外在表现，"神"是指人的内在精神、思想意志或神采、生趣，"形"与"神"相对举，"形神关系"成为中国古代思想的重要命题之一。在不同的历史时期，对于"形"与"神"孰为"本"、孰为"末"形成了诸多不同的观点。《荀子》认为"形"为"神"之基础，提出了"形具而神生"（《荀子·天论》）的论断。桓谭《新论形神》以烛火喻形神，认为形谢而神灭。东晋佛教领袖慧远以"薪火之喻"论述了"形尽神不灭"的思想。南朝范缜以"刃利之喻"代替"薪火之喻"，提出了形质神用的观点。宋代周敦颐认为先有"形"而后有"神"："唯人也得其秀而最灵，形既生矣，神发知矣。"（《太极图说》）虽然历史上对于"形神关系"提出了"重形""重神""形神并重"等不同的观点，但诸多观点都不否认二者相融为一体的内在关系，并把外炼之"形"作为内聚之"神"的基础和阶梯，形成了"形神一体""形神共养"的传统身体观。

"形神一体"身体观是建立在"天人合一"思想上的整体观，"身"与"心"、"形"与"神"既对立又统一。传统身体观将身体视为精神、心灵的基础和源泉，认为人内在的精神境界与外在的形体表现相互统一，表里互为一致。一个人皮肤健康、耳聪目明、筋骨强健是其达到"正静"境界的结果，同样的，一个人若能恭敬地保养其体内的精气，则可达到"大清""大明"的境界。在"形神一体"身体观的影响下，人们通过修身则可养性；只有善于保精养气、身体健康，才能心智清晰敏锐，成为人人敬仰的圣人，"精存自生，其外安荣，内藏以为泉原，浩然和平，以为气渊。渊之不涸，四体乃固；泉之不竭，九窍遂通。乃能穷天地，破四海。中无惑意，外无邪灾，心全于中，形全于外，不逢天灾，不遇人害，谓之圣人。"（《管子·内业》）武术、气功等传统身体功夫，不仅可以强身健体，而且是成为体悟中华传统文化思想、启发精神境界的重要方式。

综上所述，西方身体观一直在身心二者的关系中演变发展，梅洛庞蒂的身体主体性虽然缓解了身心二元论的困境，但始终是将身体作为一个认识的客体，没能赋予身体丰富的生命。中国传统身体观在身心关系上一贯体现了身心一如、形神一体的认知，更重要的是对于身体的认识不局限于生理的、物质的、社会的、个体的等层面，而是将身体视为一个富有生命的存在，从而让身体具有无限的包容性。"中国人的身体是包容了生活、生命和人生的系统，也是中国人认识事物的出发点。"[①]

[①] 陈子晨. "身"的概念结构与中国传统身体观的联系.——中国心理学会成立90周年纪念大会暨第十四届全国心理学学术会议论文摘要集（2011.10）.

三、身体审美观的差异

由于中西方身体观的不同，对于身体审美观与运动观也有明显的不同。西方身体审美侧重于形式美，中国传统身体审美侧重于内在美。在运动姿态和竞争观念上也有很大的差异。

西方身体审美观侧重身体的形式美。在古希腊时期，认为健美的身体是神赐予人们的礼物，为了表达对神的虔诚，塑造健美的身体是人们的追求。在古代奥林匹克运动中，参赛选手裸体参加比赛，以展示他们健美的身躯和矫健敏捷的身手，在比赛中获得冠军的选手可以获得崇高的荣誉。为了拥有健美的身躯，西方人注重身体锻炼，"力"与"健"成为重要的身体审美标准。同时，为了健美身躯审美的标准化和确定性，古希腊人提出了身体体形的比例标准，形成了头身比例和黄金分割两个重要的量化指标。对健美身体的追求和形体美量化标准的探索，为身体艺术的发展提供了土壤。自古希腊开始，裸体雕塑、绘画成为西方艺术的重要内容。

中国传统身体审美观侧重于身体的内在美，身体成为人的气质、品格、道德修养的表现符号和载体。对于身体美的呈现，迥异于西方的裸体艺术，中国传统身体审美观是通过外在的服饰表现人内在的气质和形象。

由此看来，中国传统身体审美更注重身体的符号性，对于身体的外形审美探索较少。

从身体运动的角度来看，西方与中国也有着不同的观念。从身体运动姿态上来看，西方身体运动大多是肌肉绷紧、向外伸展的，以西方体操为例，体操运动姿态以"开""绷""立""直"为审美标准，以展现人体的力量与健美。中国身体运动，以太极拳为例，运动姿态以"弧"形和"圆"形为主，体现内敛的运动特点。从竞技观念上来看，西方运动追求竞争，挑战人体运动的极限；中国传统运动对于竞争提出的是"和争"，和谐是竞争的前提和目的，竞争是有限度的竞争，儒家提倡谦逊的美德，提出了"君子不争"的观点。

综上所述，与西方身心二元论不同，中国传统身体观认为身体富有生命的属性，具有极强的包容性，是心性修养的基础和体验方式。由于身心一如、形神一体，身体之"形"的地位被削弱，身体及身体运动成为儒道思想观念的承载体之一。身体活动的强度与竞技对抗性被严重削弱，身体运动以身心和谐、身心兼修为核心，注重适度与节制，并将对抗与竞技置于"和为贵"的背景之下，追求"和争"。

第三节　中西方身体观与体育文化

中西方由于身体观的差异，形成了性质不同的体育文化形态。在中国传统身体观影响下形成了养生体育、休闲娱乐体育、武术等体育运动文化形态；在西方身体观影响下形成了以体能类项目、竞技类项目为主的运动文化形态，并构建了完备的赛事文化体系。

一、传统身体观与体育文化形态

体育是以身体活动为核心的文化现象，身体既是体育的出发点，也是体育发展的落脚点。身体观是几千年文化发展历程中形成的对身体的认知和观念，体育运动的发展变化都是以人们的身体观为基础，结合个体或社会群体需求而发展变化的。中国传统身体观中"贵生""身心一如""修身齐家治国平天下"等内容是传统体育得以发展的思想基础。全面认知身体观，充分挖掘身体观中与体育运动发展紧密联系的文化因子并运用到体育发展中，将有利于体育运动的有效发展与提升。

（一）"贵生"观念与养生体育

传统身体观将"身"作为个体修养的根本，并给予"生命"的含义，古代的"贵生"思想亦是以"贵身"为核心。古人"贵生"的观念由来已久，《易经》将人与天、地并列，并称"三才"，认为人为万物之灵长，体现了对人的价值的肯定和对人的生命的重视。据马王堆汉墓出土简书《十问》记载："尧问于舜曰：天下孰为贵？舜曰：生为贵。"古人古代"贵生"观念是传统养生健身活动形成的思想基础。从"贵生"到"养生"，延年益寿、长寿乃至长生成为个体生命追求的重要目标，从而形成了行气、导引、气功等各种养生方法。

古代彭祖养生术注重养气，以行气术为实践的基础。行气术是指通过呼吸吐纳的调节养气，从而达到养身养心的目的。行气术的形成源自于远古先民对自然界运行和人体自身生长发育规律的认识与体悟，体现了先民关注自然自身、追求天人合一的身体观念。东晋道教养生家葛洪的《神仙传》中对彭祖的养生法做了如下描述："（彭祖）常闭气内息，从旦至中乃危坐拭目，末搦身体，舐唇咽唾，服气数十，乃起行言笑。其体中或疲倦不安，便导引闭气，以攻所患。心存其体，头面九窍，五脏四肢，至于毛发，皆令俱至，觉其气云行体中……寻即体和。"由此可见，彭祖的养生术即是体内气息运行的控制与调节，其行气术不仅具有养生、治疗之功效，而且通过实践提出了行气养生的最佳状态，即"体和"。随着后人对人体结构的深入了解，行气术逐渐形成了系统的理论和丰富具体的实践方式。

战国时期的《行气铭》系统阐述了呼吸吐纳的过程，成为后代的行气术、导引术的发展基础。西汉时期的《导引图》展示了徒手或运用器械进行的保健养生的系列动作。五禽戏、八段锦等是传承至今的导引养生术。全真道教精深的内丹炼养术为后世健身气功提供了思想基础和多样化的习练方式。全真教内丹术不同于古代的行气术，是以精神修炼为主的休养方式。内丹术的思想基础是将人体看作一个和外在世界具有共同组织结构的小宇宙，认为阴阳二气在体内与大自然中具有共同的运行规律，"气"运行的这一规律是修炼成仙的内在依据。

综上所述，传统养生体育以"贵生"思想为引导，以身体的呼吸吐纳为基础，经过几千年的积累形成的多种健身方式。

（二）"身心一如"观念与休闲娱乐体育活动

在"身心一如"观念的影响下，古代人们创造了丰富多样的休闲娱乐体育活动，通过身体活动达到娱乐、休闲、愉悦身心的目的。

随着社会经济水平的提高，愉悦身心的娱乐活动逐渐丰富起来。《史记·苏秦列传》记载："临淄甚富而实，其民无不吹竽鼓瑟，弹琴击筑，斗鸡走狗，六博蹋鞠者。临淄之途，车毂击，人肩摩，连衽成帷，举袂成幕，挥汗成雨，家殷人足，志高气扬。"其中"斗鸡走狗，六博蹋鞠"则是当时颇为世人所喜爱的具有体育属性的娱乐活动。汉代时期娱乐活动因类别多样，又称"百戏"。汉代百戏包括步射、骑射在内的各种射艺，角力、器械技击、斗兽、兽斗的各种角抵，盘鼓舞、长袖舞等各种乐舞，寻橦、跳丸、飞剑、走索等各种杂技，通过角色扮演演绎的故事等。

经过几千年的积累与发展，休闲娱乐体育活动形成了以下几大类：放风筝、登高、郊游、踏青等节令民俗娱乐项目；乐舞、踩高跷、舞龙舞狮、跑旱船等节令民俗表演性项目；蹴鞠、捶丸、马球等球类项目；田猎、走犬、斗鸡、斗蛐蛐等趣味性项目；跳绳、踢毽子、荡秋千、跳房子、拾子等适宜于女性、少儿的游戏项目；游泳、荡舟、竞渡等水上健身项目；六博等棋类项目。

传统休闲娱乐活动融入老百姓的日常生活中，成为生活中不可缺少的重要组成部分，也是人们在为生计奔波之余消遣娱乐的基本方式。

(三)"修身治国"思想与武术文化

儒家思想是中国古代两千年来的主流思潮，"仁""礼"思想渗透在身体观中，也影响着传统体育的发展。

儒家"仁"学思想，不仅对个体提出了"己所不欲，勿施于人""克己复礼"，而且要"穷则独善其身，达则兼济天下"，从孟子"老吾老以及人之老，幼吾幼以及人之幼"，到范仲淹的名句"先天下之忧而忧，后天下之乐而乐"，都将个体修养与天下大治统一起来。《礼记·大学》："古之欲明明德于天下者，先治其国；欲治其国者，先齐其家；欲齐其家者，先修其身；欲修其身者，先正其心；欲正其心者，先诚其意；欲诚其意者，先致其知，致知在格物。物格而后知至，知至而后意诚，意诚而后心正，心正而后身修，身修而后家齐，家齐而后国治，国治而后天下平。""修身"成为"齐家""治国""平天下"逻辑的起点，赋予了身体修养以家国情怀和重大的责任感。

在"修身"以"齐家""治国""平天下"的重任之下，人们形成了"家国兴亡，匹夫有责"的意识，并渗透到传统武术等体育活动中，成为价值引领。明清至民国时期武术逐渐繁荣起来，这是因为这一历史时期民族矛盾、阶级矛盾尖锐，为保家卫国而自发组织各种拳术门派的结果。特别是晚清到民国时期，各地盛行以拳结社，纷纷请拳师、设场子、习拳练武，具有鲜明地域性、极强凝聚力的民间武术社团组织不断涌现。民族压迫、思想钳制、赋税杂役繁重，素有尚武之风和仁义情怀的民众率先揭竿而起，从响应太平天国运动、配合捻军到发动义和团运动，从而掀起了一次次反抗压迫的浪潮。每一次大大小小的农民起义运动，都由秘密结社的民间武艺团体组织举行，领导者多为民间团体内的武艺高强者。

几千年来儒家思想观念通过身体观逐渐渗透到体育活动中，逐渐成为传统体育文化价值观念的重要组成部分，并具体体现在传统体育活动的组织中，对当今体育活动的组织与开展具有一定的借鉴价值。

二、西方身体观与体育文化形态

西方身体观以崇尚健壮健美的体魄、矫健敏捷的运动能力和多元的教育价值为核心，在几千年的体育实践过程中，形成了以体能类、竞技类等运动项目形态和系统规范的赛事文化形态。

(一)"力"与"健"的追求与体能类项目

古希腊人追求身体的健壮健美,两千多年前在希腊埃拉多斯山的峭壁上刻有这样的名言:"如果你想强壮,跑步吧!如果你想健美,跑步吧!如果你想聪明,跑步吧!"回溯西方体育文化的发展历程,可以看到以田径为主的体能类项目是西方体育文化的主要形态。在古代奥运会中,最初的比赛项目只有短跑,后来逐渐增加了跳远、铁饼、标枪等项目。这些充分反映了以田径为代表的体能主导类项目在西方体育文化形态中的重要地位。人的体能由其身体形态、身体机能及运动素质三个因素构成[①]。身体形态是指机体内外部的形状,也就是西方体育文化所追求的健美的肌肉和健壮的体格。西方体育通过跳高、跳远、标枪、赛跑、竞走等体能类项目提高人的身体机能水平,发展力量、速度、耐力等运动素质,进而增强人的精神力量。

(二)"运动""竞技"能力的重视与竞技类项目

西方身体观重视身体运动能力与竞技对抗能力的培养,从而形成了西方体育重"竞技"的特征。西方体育文化背景下的竞技运动项目,有两种不同的文化与审美倾向,一种是表现难度、美感或准确度的表演性、挑战性项目,如体操、武术、射击等。另一种是隔网对抗、同场对抗、格斗等对抗性项目,如网球、足球、拳击等。早在古代奥运会中就出现了摔跤、拳击等竞技类运动项目,古罗马时期也有角斗竞技、战车竞技等竞技类型。随着足球、橄榄球、篮球等团队竞技项目的出现,竞技运动在提高人运动能力和竞技能力的同时,也增强了人的集体协作能力和团队精神。利用团队竞技项目的特性,阿诺德对拉格比公学进行改革,创立了竞技运动自治制度,充分发挥了竞技运动项目的教育价值。

(三)身体运动教育观与完备赛事文化的构建

西方身体观认为,身体运动是人格塑造的重要方式,体育赛事是个体素质全面发展的有效载体,因此,西方体育文化构建了完备的赛事文化体系。西方体育文化是在工业生产、市场竞争的社会条件下,以城市为中心发展起来的,以竞技运动项目的竞赛为特征的一种体育文化。西方体育文化是源于古希腊、古罗马的西欧文化。它到了近现代,由于资本主义的扩张和殖民主义的侵略,这种体育文

---

① 田麦久.运动训练学[M].北京:人民体育出版社,2000.

化逐渐传播到世界各地，成为当代世界体育文化的主干。[①] 概括地说，西方体育文化以竞技运动项目的竞赛为特征，源于古希腊、古罗马的西欧文化。我们可以将竞技运动项目的竞赛理解为体育赛事。古代体育赛事以古希腊竞技赛会和古罗马竞技活动为代表，形成了体育赛事的雏形。在文艺复兴、宗教改革、启蒙运动三大思想文化运动之后，逐渐出现了职业联赛、锦标赛等现代体育赛事形式。二战后，体育赛事又迎来了高速发展，特别是在1984年奥运会之后，体育赛事开启了繁荣的商业时代。在几千年的发展过程中逐渐形成的系统规范的体育赛事文化，是西方体育文化的重要形态。

[①] 卢元镇.体育社会学［M］.北京：高等教育出版社，2001.

第五章　中西方体育礼仪文化比较

体育礼仪是体育活动中塑造个人形象、民族形象、国家形象等的载体，折射着一个民族、国家的价值观念、心理结构和思维方式，是体育文化的重要组成部分。通过中西方体育礼仪文化内涵解读与对比分析，为现代体育礼仪文化建设提供借鉴。

第一节　中西方礼仪文化的内涵

礼仪是人际交往的产物，在人类社会中具有存在的必然性；同时，礼仪又是人类文明的一种体现，因此，阐释礼仪文化的具体内涵进而提高人们的礼仪修养，既是人们社会交际的需要，也是社会发展的需要。随着现代体育的迅速发展，国际间大型体育赛事以及其他体育交流日益频繁，体育礼仪作为一种文化现象逐渐得到体育界的关注。但目前对于礼仪的认识主要来自西方文化，而对于中国传统礼仪文化则缺乏深入的认识。本节旨在通过对中西方礼仪内涵的解析，为中西方体育礼仪文化内涵的阐释以及二者的比较奠定基础。

一、中国礼仪文化内涵

礼仪是指人们在社会交往中表示尊重对方的方式、手段，不同时代、地域、民族的礼仪体现了不同的价值观念、道德观念、情感趋向。因此，不能单纯地将礼仪理解为社会交往活动中形成并共同遵守的行为规范和准则，还需要深入分析其发展的历史渊源和文化背景。"礼仪"这一概念在中西方有着不同的渊源和发展历程，其内涵也有很大的差异。中国传统礼仪是礼文化的一个重要的组成部分，对礼仪概念的梳理则需以礼文化为背景。

"礼"是中国传统文化的核心概念之一，与社会主流思想——儒家思想相互融合渗透，形成了与西方迥异的礼文化。中国传统礼文化起源于远古先民的文明意识，在西周得到了制度化发展，在后世的沿革过程中不断得到深化，渗透到道德、政治、教育等领域，成为中国传统文化的主要内容。

中国传统礼文化萌芽于远古先民的交往，并与在古代居于重要地位的祭祀活动有着密切的关系，在家国一体观念的影响下，祭祀活动中的"礼"被提升为一种制度与观念。远古时期人类为了更好地交际而逐渐形成的习惯性动作、语言，成为礼仪最早的源头。伴随着文明程度的提高，礼仪成为一种文化现象逐渐丰富起来。礼仪不仅表达人们交往中尊重对方的情感，而且渗入了社会的道德观念，具有一定的意识形态性。从语言文字的角度分析，"礼"源于祭祀活动，《说文解字》释义为：礼（禮），履也。所以事神致福也，从示从丰（豊）。礼有五经，莫重于祭。故礼字从示，丰（豊）者行礼之器。祭祀活动由祭神到祭祖，在中国传统文化中具有举足轻重的地位，祭祀活动中的"礼"也渗透到古代社会生活的各个层面，并经过西周的制度化发展，成为古代治国理家、稳定社会秩序、提高个人修养的基本原则和方式。周礼经过历代的传承与革新，发展成蔚为大观的礼文化。

礼文化占据中国古代社会的统治地位长达两千余年，古人从哲学、政治、道德、教育、风俗等领域对"礼"进行了阐释，从不同的角度丰富了礼文化的内涵。首先，从哲学层面，古人将"礼"与"理"有机地融为一体，为"礼"寻求哲学依据，为礼治提供理论支撑。《礼记》曰，"礼者理也。""理"，即天理，非人力所为，是先验存在的，"礼"与"理"的结合则树立了"礼"至高无上的地位。"礼"的哲学依据的确立主要包括两个方面，一是古人把"礼"的起源与天地观结合起来，认为"礼"在天地未分化之前就已经存在了，《礼运》篇："夫礼，必本于大一。"从先验的角度奠定了"礼"的终极依据；二是结合天理阐释"礼"的具体内涵。"礼"起源于混沌未分的"大一"，"礼"是"大一"中无形无状而条理有序的"天理"，是"大一"本质的存在，从而确定了"礼"在混沌未分的"大一"中的特质。中国古代宇宙万物生成论认为，"大一"由混沌未分的状态分化而成天地万物，遵循了"大一—阴阳—四时—万物"的"天理"，源于"大一"的"礼"制定具体规则、规范亦是遵循了这一模式，即"礼法乎天地"。从"天理"的角度解释"礼"的起源和存在的合理性，将"礼"与"理"有机地融合在一起，为后世礼文化的发展提供了哲学依据，也为人们所向往的"礼治"提供了理论基础。①

从政治功能层面分析，"礼"是治理国家、稳定社会秩序的主要工具，"礼治"成为中国古代统治者治理国家的最高理想，也是礼文化中的重要范畴。从社会学的角度分析，中国传统礼文化中的"礼"是一个涵盖社会生活各个方面、内涵丰富的综合概念，它包括规章制度、礼节仪式、道德规范，涉及道德、法律、社会风俗等领域，形成了一套完整的维护社会秩序的制度规则。在家国一体观念的影响下，维持稳定统一、井然有序的社会秩序是中国的治世原则，"礼"具有"别异立序"之功能，为个人在社会中的定位和整饬秩序的建立提供了具体现实的方式与原则。在"礼"与"理"相结合的基础上，古代统治阶层将"礼治"作为治理国家的主要方式，并将西周的礼治盛世作为治理国家的理想状态，将成功实行礼治的周公作为自己效仿的榜样。"治国不以礼，犹无耜而耕也。"（《礼记·礼运》）孔子的政治思想亦将"礼"作为主要的治世之本，"礼之所兴，众之所治也；礼之所废，众之所乱也。"（《礼记·仲尼燕居》）与主张"仁""礼"并重的孔子、孟子不同，荀子提出了"隆礼说"，进一步突出了"礼"的政治功能。儒家思想对"礼"的政治功能的推崇为后世"礼治"思想提供了强有力的支撑。历代统治阶层将"礼治"的观念灌注到社会生活的方方面面，不仅从实践的层面推动了礼文化的发展，而且发挥了"礼"维持社会秩序、巩固政权的功能。比如，在礼治制度中起源较早的"礼射"，突出了这种具有强身健体、保卫国家功能的运动项目政治教化的作用，即"观德行""正诸侯"。射箭不仅仅锻炼、比试身体素质和技能的高低，而且明确规定不同官职、级别的人所采用的射箭方式、工具、场地都不相同，其目的在于通过礼射表明"君臣之义""长幼之序"，从而渗透了这样的礼治思想：不同的人有着不同的社会地位和权力职责，每个人都应该做好分内的事，不应该超出礼治所限定的框架。由此看来，"礼治"思想极大地推动了礼文化的渗透与发展。

"礼"不仅拥有强大的政治功能，同时也是道德教育的主要内容。"礼教"即以"礼"为教育内容，"礼教"亦是礼文化的主要内容之一。古代统治者不仅将"礼"作为治世原则加以推行，而且通过教育的方式普及"礼"文化。古人云，不学"礼"无以立，在礼文化逐渐成熟的西周时期，"礼"就已成为教育的主要内容之一。《周礼·保氏》云："养国子以道，乃教之以六艺：一曰五礼，二曰六乐，三曰五射，四曰五驭，五曰六书，六曰九数。"古人将"礼"放在了教育的首位，

---

① 贺更粹.《礼记》"礼者理也"说初探[J].理论月刊，2009（04）：69-71.

"五礼"是指吉礼、凶礼、军礼、宾礼、嘉礼。虽然"五礼"教育侧重于"礼"外在的仪式、礼节方面，但将其置于首位，也体现了"五礼"教育浓厚的道德教化色彩。孔子对西周的礼乐制度推崇备至，"周监于二代，郁郁乎文哉，吾从周。"（《论语·八佾》）孔子进一步发展了西周的礼教思想，由偏重于外在形式的礼仪教育转向内外兼顾、内在修养重于外在形式的礼教观念。孔子曰："人而不仁，如礼何？人而不仁，如乐何？"（《论语·八佾》）孔子以"仁"释"礼"，认为"仁"是"礼"的精神内核，"礼"是"仁"的具体显现。"礼"不仅是学校教育的内容，更是个人修身的主要方式，孔子的礼教思想将"礼"引向观念层面，挖掘出仪式礼节背后蕴含的道德内容、宗法思想和等级观念。"礼"经过历代的发展，摆脱了具有宗教色彩的祭祀活动的局限，在"礼治"与"礼教"的双重引导下，延伸并渗透到社会生活的各个领域，逐渐成为一种社会意识，成为人们修身齐家治国平天下的主要方式，从而"礼教"也蒙上了一层宗教色彩。

"礼仪"处于礼文化的最表层，是礼文化的直接呈现，其变迁也直接体现了礼文化的传承与变革。中国传统礼仪在家国一体观念的影响下，由"家礼"到"国礼"，对不同场合、不同等级、不同身份的人的行为规范进行了全面、细致的规定。儒家思想明确了"礼仪"在社会中的重要地位，认为真正的君子离开了"礼"就不能立足于社会，君子不仅要遵循礼仪规范，而且"非礼勿视，非礼勿听，非礼勿言，非礼勿动"（《论语·颜渊》）。由于其深厚的文化内涵和鲜明的宗教化倾向，中国传统礼仪渗透到社会生活的每个领域，形成了一系列繁多复杂的礼仪规范和制度。中国古代典籍中不仅对"礼"论述颇多，而且有关"礼仪"的记载也非常丰富，其中有礼仪准则300条，行为准则3000条。概括起来，中国传统礼仪主要包括以下几个方面的内容：一是个人礼仪。中国传统礼仪规范以个人内心修养为基础，个人内在修养通过其礼仪得以具体呈现，因此传统礼仪对个人礼仪进行了详细规定。个人礼仪的内容包括容貌、颜色、视听、坐卧、衣冠、饮食、行止、揖让等方面。二是交际礼仪。礼仪的产生不仅仅是呈现个人的内在修养，更重要的是为了满足交际的需要。中国传统礼仪规范以等级观念为基础，规定了待人接物的交际礼节，主要包括见面问候、致意、行礼、称谓、邀请与拜访礼仪，以及公共场所礼仪等。三是不同场合所需的礼仪，如在朝廷之上君臣之间的礼仪等。四是个人一生中经历的重要礼仪。礼仪渗透到个人生活的不同场所，而且贯穿着个人的一生，主要体现在一生中的几个重要环节上，如成年时的冠礼、结婚成家时的婚礼、老年时的寿礼、去世时的葬礼等。

中国传统礼仪以礼文化为背景，形成了一系列具体、繁多的行为准则，透过其种种不同的行为准则，概括出传统礼仪内外兼顾、以节制为原则、等级观念严格等特征。首先，中国传统礼仪注重内外兼修，提倡以内养外，认为内在道德观念比外在行为准则更为重要。传统礼仪注重的内在修养主要包括两个方面的内容：一方面，传统礼仪以"仁"为其精神内核，体现了"仁"的思想的礼仪规范方才称得上是真正的礼仪，而违背了"仁"，即使再规范的礼仪也难以取得良好的交际效果。真正的礼仪修养的培养则来自内心的"仁"，以"仁"为礼仪表现的出发点和目的。另一方面，传统礼仪是道德教育的起点。中国传统道德教育不仅仅体现在道德说教方面，更主要的是通过传统礼仪的培养树立道德观念，因此，从这个角度来看，传统礼仪教育既是道德教育的内容，又是道德教育的主要方式。传统礼仪所承载的道德思想因其实践性得到了广泛的推广普及。传统礼仪对内在修养的注重体现了礼文化合理性的一面，在历史发展过程中出现的偏离内外统一而单纯注重外在表现形式的礼仪，则背离了传统礼文化精神，表现出其不合理的一面。其次，传统礼仪以"礼"为基础、以节制为礼仪实践原则、以和谐为交往效果，具有节制文化的特征。礼仪在实践的过程中以节制欲望、规范行为、维护和谐稳定的社会秩序为其基本功能。荀子在"性恶论"的基础上提出了以"礼"节制、改造、教育人性的观点，"礼起于何也？曰：人生而有欲，欲而不得，则不能无求，求而无度量分界，则不能不争。争则乱，乱则穷。先王恶其乱也，故制礼、义以分之，以养人之欲，给人之求。使欲必不穷乎物，物必不屈于欲，两者相持而长，是礼之所起也。"（《荀子·礼论》）荀子从人性培养和社会秩序建立的角度阐明了"礼"的必要性。对于"礼"的具体实践，先哲们提出了"克己复礼"的原则。"克己"即约束、克制、修养自己，"复礼"即合于礼。只有约束、克制自己才能合于礼。古人通过"执礼"来节制人们的行为、情感甚至思想，从而调和各种冲突，协调人际关系。基于节制的原则，传统礼仪形成了谦让、自制的特点。在人际交往中，从仪容仪表到言谈举止都切忌张扬自大，而是充分考虑交往对方的情感与愿望。其三，传统礼仪的形成以严格的等级观念为基础，形成了尊卑贵贱、长幼有序、夫妇有别的礼仪规范。中国传统礼仪以宗法制为基础，对于不同身份地位的礼仪实践者在不同场合的礼节进行了细致烦琐的规定。《礼记·礼器》曰："礼，时为大，顺次之，体次之，宜次之，称次之。""顺"即顺应人伦，"体"即适合于对象，"称"即必须相称。传统礼仪需要顺应君君臣臣、父父子子的人伦关系，须与礼仪实践者的身份地位相称相宜。因此，礼仪作为礼文化最直接的呈现方式之一，成为区别人伦关系的标志，并在一定程度上保障了传统宗法观念的传承与发展。

综上所述，中国传统礼仪是礼文化的组成部分之一，是礼治、礼教得以传承的重要保障。与传统宗法制度相一致，中国传统礼仪呈现出内外兼顾、以节制为原则、等级观念严格等特征。

二、西方礼仪文化内涵

中国传统礼仪由于与其所在时代的哲学思想、道德意识、政治理念等相互影响、渗透，从而拥有广泛的影响力和丰富的文化内涵。西方礼仪与中国传统礼仪在历史形成过程及社会影响等方面有着明显的差异。西方礼仪在西欧、美洲等国家形成并得到了广泛流传，其内容主要包括个人礼仪、交际礼仪、公务礼仪、餐饮礼仪、节庆与仪式庆典等。西方礼仪以张扬个性、追求自由平等的西方文化为理念，具有较强的普适性。由西欧、美洲等国家较高的国际地位所决定，西方礼仪成为国际礼仪的主要组成部分。西方礼仪文化以培养个体整体素质和完善交际功能为主要内容，蕴含着丰富的道德教育内容。由于西方国家法律至上观念的影响，西方礼仪政治功能较为薄弱，从而形成了与中国传统礼仪不同的特征。

较为系统的西方礼仪形成于上层社会人际交往活动中，西方历史上的"礼仪"（etiquette）一词是指上流社会中的行为规范或宫廷礼仪。流行于上层社会的礼仪主要包括仪容仪表、言谈举止、服饰礼节、仪式庆典等，成为上层社会区别于其他阶层的标志。由于上层社会追求奢华的物质享受和骄横的贵族特权，礼仪所蕴含的文化内涵也被削弱。上层社会刻意地追求礼仪外在形式，而忽视了对自身内在素质的培养。礼仪逐渐被形式化，繁文缛节严重削弱了礼仪的交际功能。在启蒙主义思潮的影响下，上层社会的樊篱被打破，礼仪也由上层社会逐渐推广到社会大众，礼仪的形式化倾向得到了遏制，其交际功能得到了进一步的发展。

与产生于农耕文化、以宗法制为基础的中国传统礼仪不同，西方礼仪产生于工商业文化，工商业文化所特有的冒险精神、功利主义思想为西方礼仪自由平等、崇尚个性的观念奠定了基础。中国传统礼仪以宗法制为背景，人们在交际过程中鲜明地体现了家国一体的观念。例如对人的称谓可以直接表明交际双方在宗族中的地位和关系，同时将宗族内部的称谓用于亲密的、熟知的甚至是陌生的交际对象，表现了中国传统礼仪重人伦、重情感的特征。西方的工商业文明形成了与中国宗法制度截然不同的家国观念。从词源学的角度分析，西方文明中的"家"（family）的本源意义是"从事劳动的奴隶"，延伸为私有财产的含义，这一内涵体现了工商业文明追求功利特别是经济利益的特征。而"国家"（country）的含义主要从地域性或民族性方面进行阐释。与中国家国一体观念不同，西方文化中的

"家""国"二者之间并没有体现观念上、伦理上、情感上的联系。礼仪主要是指生活于"家""国"中的个体之间的交往规范,家国观念的不同直接导致了礼仪规范的不同。在西方工商业文明追求实用、功利的家国观念的直接影响下,西方礼仪形成了追求实效、自由平等、张扬个性的特征。

首先,西方礼仪受西欧启蒙主义思潮和美国实用主义思想的影响,形成了追求适宜、讲求实效的特征。欧洲文艺复兴运动改变了西方上层社会烦琐的、例行公事般的种种礼仪规范,打破了礼仪仅限于上层社会的界限,从而促使礼仪由宗教化走向世俗化。以启蒙主义思潮为思想基础的西方礼仪倡导符合人性、回归理性的观念,并以珍惜时间、讲求实效为实践的基本原则,为西方现代礼仪的形成奠定了基础。影响广泛的美国实用主义思想渗入到西方礼仪文化中,则进一步突出了西方礼仪追求适宜、讲求实效的特征。实用主义是一种强调行动和效用的哲学,主张"以行动求生存""以效果定优劣""以进取求发展"。礼仪作为人际交往的行为规范,其社会功能是促进交流沟通,西方礼仪在实用主义哲学思想的影响下,伴随社会的发展而不断进行调整以适应社会的需求,并逐渐将适宜得体作为礼仪实践的基本原则。在倡导积极进取、实现自我价值的观念影响下,人们认识到良好和谐的人际交往环境是实现自我价值的重要保障,而和谐的交际环境的形成则有赖于个体礼仪实践得体规范、彬彬有礼。同时,良好的礼仪修养是个体整体素质的重要组成部分,是个体通过交际向他人展示其良好品行的重要途径,是获得他人好感和尊重的主要方式之一,从一定程度上可以将得体的礼仪展示看作个体获得成功、实现其自我价值的一种体现。适宜得体是中西方礼仪实践的基本原则之一,但从思想渊源和价值观念角度分析,中西方礼仪的适宜原则有着不同的思想基础和内涵。中国传统礼仪以维护社会秩序为主要功能,与中国传统文化的中庸思想一脉相承,传统礼仪实践注重"度"的把握,礼仪实践的适宜得体的内涵是指仪表端庄、举止稳重、态度谦虚等。以启蒙主义和实用主义思想为基础的西方礼仪,在社会的发展变革中不断地发展变化,其社会功能是建立和谐的交际环境,其适宜得体的交际原则以讲求实效为内在依据,从而形成了与中国传统礼仪迥异的礼仪文化。

其次,西方礼仪作为社会中人际交往共同遵守的规范,将交际双方置于平等的地位上,形成了自由平等的礼仪特征。西方礼仪如日常交往礼仪、餐饮礼仪、商务礼仪等给予交往双方共同的权利,以尊重对方为交往的基本原则。西方礼仪自由平等特征的形成与西方社会的法制观念有着密切的关系。与中国古代礼治观念不同,西方社会崇尚法治。法治思想与中国古代的以宗法制为基础的礼治对于人的地位与社会秩序等方面的认识有着鲜明的差异。古希腊时期，亚里士多德就明确指出法治较人治有着公正无私、明确稳定的优势，是较为适宜的治世方式，法治经过历代各国的实施，逐渐形成了较为统一的认识。一方面，法治传统的形成以自由平等的个体地位为思想基础。以农业文明为主体的中国古代社会形成了家国一体的家国观念，而以工商业文明为主体的西方社会形成了民主共和的国家观念。国家中公民拥有共同的权利和义务，法律是保障公民权益的主要工具，从而形成了法治传统。另一方面，西方法治传统成为社会个体自由平等地位的有力保障。西方法治社会认为"天赋人权"，主张法律是人类与生俱来的自由、平等、公正等权利的理性体现，法律是有效维护公民权利的工具，从而形成了"法律至上"的观念。法治思想及"法律面前人人平等"的观念不仅影响着西方社会的政治、经济、文化，而且也渗透到西方礼仪文化中，形成了自由平等的礼仪特征。如对于人际交往中的称谓，中国传统礼仪的原则是根据交往对方年龄、社会地位以及职务的不同确定不同的称谓，以表示施礼方的礼貌和对受礼方的尊重，而西方礼仪中对尊卑界限并无明确的区分，对于受礼方的称谓也较为简单、随意。又如在餐饮礼仪中，中国传统礼仪以彰显人伦为目的，在区分参与者之间不同关系的同时，通过各种方式将宴客厅营造为一个大家庭，而西方礼仪则体现了对参与者个性的维护，饮食中的分餐制、结账时的AA制等方式鲜明地体现了交际双方自由平等的关系。

再次，与自由平等观念相呼应，西方礼仪形成了以个人本位为主导、张扬个性的文化特征。与中国传统礼仪中以群体为本位的宗法观念不同，西方礼仪以传统的个人本位观念为基础。西方个人本位观念是指突出个人在社会中的独立地位，强调人作为社会中的独立个体所拥有的尊严、自由意志。西方个人本位观念有着悠久的历史渊源和深厚的哲学基础，并在广泛的社会实践中得到充分的体现。古希腊时期亚里士多德指出，一个人最高的善在于自我实现。古希腊时期将个人表现出的勇敢、力量、智慧为最高的人格体现。文艺复兴时期通过个性解放和重构人的主体性的人文主义思想打破了神权的禁锢，西方文明中的个人本位观念得到了进一步发展，其对社会的影响也有了进一步加强。在个人本位观念影响下，西方礼仪形成了张扬个性的特征，这一特征主要表现在以下两个方面：一方面，西方礼仪对于交往者的情感未加限制和约束，交往者在不影响对方尊严与隐私的前提下，充分展现了自我的情感与个性。交际过程中西方人不仅毫不控制自己的情感倾向，而且坦然接受对方的赞扬，并通过礼仪形式如拥抱礼、亲吻礼等直接表现出来。个人本位的西方礼仪呈现出热情奔放、坦诚直率的礼仪风格。另一方面，西方礼仪充分尊重交往对方的个人隐私。中国传统礼仪在家国一体观念影响下，在交往过程中通过不同的方式、途径与交往对方营造亲密、融洽的关系，体现浓厚的人情味。而西方礼仪以完成其所担负的责任为最终的目的，不注重交往双方之间内在情感的沟通，对于交往对方的个人事务绝少涉及，特别是有关对方年龄、婚姻、家庭、收入、宗教等问题，交往过程中需避讳提及，与注重情感沟通的中国传统礼仪不同，西方礼仪形成了注重理性、追求实效的文化特征。

综上所述，以宗法制度为基础的中国传统礼仪文化形成了等级观念鲜明、节制个体欲望以规范行为的特征。而产生于工商业文明的西方礼仪文化崇尚自由平等、讲求实效等观念，形成了个人本位、张扬个性、情感外露等特征。中西方礼仪文化的差异源于社会生产方式以及价值观念等社会文化背景的不同，从文化的角度解读中西方礼仪的内涵与特征，为中西方体育礼仪的研究提供了一定的理论基础和文化学研究视角。

第二节　体育礼仪文化内涵及特征

体育礼仪文化既是礼仪文化的一个组成部分，也是体育文化的组成部分之一，是礼仪文化在体育文化中的具体体现。体育是通过自身运动改造自我身心的行为活动过程，体育礼仪是运动行为过程中表示敬重、友善、友好的行为规范。与其他领域的礼仪相比，体育礼仪偏重于仪态的表现，即主要通过行为举止来展现内在的文化素养。通过对中西方传统体育礼仪文化的梳理，可以发现体育礼仪具有鲜明的民族性、地域性、时代性等特征。随着现代体育国际化进程的发展，体育礼仪在保持其民族、地域特征的前提下，呈现出开放、融合的发展趋势，从而进一步丰富了体育礼仪的内容和文化底蕴。

一、体育礼仪文化内涵

从礼仪文化的角度来看，体育礼仪文化是礼仪文化在体育领域中的具体呈现，是礼仪文化系统下属的一个子系统；从体育文化的角度来看，体育礼仪文化是体育文化的有机组成部分，是通过礼仪规范对体育文化的呈现。因此，体育礼仪文化内涵及特征的分析须结合礼仪文化、体育文化进行。

对于体育礼仪概念，学术界从不同的角度做出了解释。黄寿军[1]借鉴了现代礼仪文化研究的成果，认为体育礼仪是礼仪文化在体育方面的具体体现，体育礼仪的要素与礼仪的内容大致相同，同时提出体育礼仪在很大程度上是与运动规则相同。马良[2]认为体育礼仪是体育文化产生之后的下位概念，在借鉴黄寿军观点的基础上，侧重从体育历史文化的角度对体育礼仪的时代性、民族性特征进行了阐发。随着体育现代化进程的发展以及北京奥运会的举办，体育文化交流中日益凸显的礼仪文化受到了学术界的关注，相关研究也日益增多。刘新平[3]在《当代中国体育文化与体育公关礼仪》一文中，未涉及体育礼仪概念，将研究主题定位在体育公关礼仪方面，从当代体育文化角度对体育公关礼仪的价值目标、实践主体等方面进行了简要分析。同时，有关奥运礼仪的研究也备受关注。范冬云[4]结合奥运会发展的历史对现代奥运礼仪的定义与特征进行了深入分析，认为"现代奥运礼仪是人们在参与现代奥运会活动的过程中所遵循的一整套表现尊敬、教育和审美意义的行为准则和规范。现代奥运礼仪具有规范性和可操作性、时间周期性和空间流动性、参与主体的普遍性和实施环境的限定性、包容八方的开放性和精彩纷呈的民族性以及传承性和变异性等特征。"凌辉、王志坚[5]分析了现代奥运礼仪体系的四个组成部分，即人物体系、象征形象体系、特殊实物体系、仪式体系，并提出现代奥运礼仪不同于奥运会比赛中的比赛规则。骆慧菊[6]则从礼仪文化的角度对奥运火炬接力的文化内涵、历史演变、影响因素、功能定位等方面进行了详细的阐释。对于体育礼仪文化的研究不仅仅局限在以奥运礼仪为主体的西方体育礼仪方面，有关中国传统体育礼仪文化的研究也已开始起步。张杰[7]基于儒学视域下分析了传统体育礼仪文化的内在含义和外在表现，弥补了学术界对中国传统体育礼仪文化研究的欠缺。

综上所述，体育礼仪研究已经成为体育文化研究中一个重要的组成部分，而且尝试了不同的研究角度。一是从礼仪文化的角度研究体育礼仪的内涵及实践意

---

[1] 黄寿军.体育礼仪教育及其实施的途径与方法[J].安徽体育科技，2003（4）：14-15.

[2] 马良.从体育礼仪看中国体育文化的演变[J].体育文化导刊，2008（2）：41-42.

[3] 刘新平.当代中国体育文化与体育公关礼仪[J].西安体育学院学报，2006（5）：35-36.

[4] 范冬云.现代奥运礼仪的定义和特征分析[J].成都体育学院学报，2005（1）：22-25.

[5] 凌辉，王志坚.现代奥运礼仪的涵义、功能和特征以及与"人文奥运"的关系探析[J].首都体育学院学报，2006（6）：34-37.

[6] 骆慧菊.奥运火炬接力的礼仪文化研究[D].湖南师范大学，2009硕士论文.

[7] 张杰.儒学与中国传统体育礼仪文化研究[D].曲阜师范大学，2009硕士论文.

义。体育礼仪文化研究作为一个新的研究领域，有着鲜明的时代性和重大的现实意义。北京奥运会申办成功，为中西体育文化交流提供了一个平台，为了提升日益频繁的现代体育文化交流水平，作为直接呈现文化的载体——礼仪必然需要从理论的高度为实践提供基础。借鉴礼仪文化研究成果研究体育礼仪不仅是学理使然，而且是该方面研究取得成效的较为便捷的研究路径。二是从体育文化的角度研究体育礼仪。这一研究角度立足于体育礼仪是体育文化一部分的理论前提，试图结合体育文化的发展史分析体育礼仪的特性。这一类研究试图摆脱体育礼仪研究对礼仪文化研究的依附，将其放置在体育文化的领域，显示了体育礼仪研究的深入。三是从主流文化的角度研究体育礼仪。对于中国传统体育礼仪的研究，以主流思想——儒家思想为理论背景，试图挖掘体育礼仪所蕴含的深厚文化底蕴。对于奥运礼仪研究，则回溯到古希腊文明，力图从古希腊文明中发现现代奥运礼仪的根源。同时，部分成果还具体分析了不同体育项目不同的礼仪规范，以个案研究的方式进一步丰富了体育礼仪研究。

虽然有关体育礼仪的研究成果日渐增多，但对于体育礼仪概念仍缺乏统一的界定。对于体育礼仪概念的界定，需要厘清体育礼仪与礼仪、运动规则之间的关系。一方面，体育礼仪具有礼仪文化的基本特征，但与其他领域的礼仪有着显著的差异。随着现代体育国际化水平的提高，体育礼仪所涉及的范围越来越广，体育礼仪的内容也越来越丰富。对于体育礼仪的界定也出现了泛化的倾向，如《奥运礼仪》一书认为奥运礼仪包括机场接待礼仪、酒店住宿接待礼仪、工作场所接待礼仪、搭乘交通工具的礼仪、餐桌礼仪、社交活动礼仪、运动观赛礼仪以及具体的肢体语言、着装礼仪等内容，对奥运礼仪的外延进行了拓展，大部分内容与一般礼仪基本一致。对体育礼仪泛化的理解，虽然在一定程度上丰富了体育礼仪的内涵，但是易忽略体育礼仪独有的特征，而将体育礼仪与一般礼仪完全等同起来，从而形成体育礼仪对一般礼仪理论的彻底依附，难以将研究深入下去。本文对体育礼仪内涵的界定力避这种宽泛的理解，而是从狭义的角度进行阐释。另一方面，体育礼仪与运动规则有交叉融合的一面，但并不能将二者等同起来。为了进一步提高体育礼仪的规范性，部分运动项目礼仪如跆拳道礼仪、武术礼仪和赛事礼仪规范被定型化，成为比赛规则和赛事规程，这一现象反映了体育礼仪与运动规则融合的一面。但与严谨、缜密的运动规则不同的是，体育礼仪的实践并没有依赖于相关规则的硬性约束，而是体育礼仪实践者内在素养的体现。体育礼仪一方面是对实践主体内在素养的外化，另一方面则以特定民族地域的文化为背景，展现着相应的文化内涵。

笔者认为，对于体育礼仪内涵的把握宜从狭义的角度分析，其具体内涵须从不同的角度进行综合理解。从文化的角度审视体育，体育不仅仅是增进人类身心健康的方式，而且是人类文化重要的内容，在一定程度上可以理解为是对人类文化的礼仪性展现。体育礼仪是体育文化的有机组成部分，是以一种感性、直观的实践方式对体育文化的呈现。体育礼仪的实践主体不同于一般礼仪，主要包括运动员、教练员、裁判员、观众以及赛事中其他各类人员。体育礼仪实践宗旨是促进体育文化的积极发展和提高实践主体的人文素养。从体育运动过程分析，体育礼仪是实践主体表示尊重他人、与对方和谐沟通的行为准则和规范；从实践主体分析，体育礼仪指在特定礼节、仪式中实践主体展现的仪容、仪表、仪态；从体育礼仪所展示的场合分析，体育礼仪主要包括运动项目礼仪和以点燃圣火、火炬接力、开幕式、具体项目礼仪、颁奖仪式、闭幕式为主体的赛事礼仪。赛事是体育运动礼仪性展示的重要平台，因此，赛事礼仪是体育礼仪的典范。综上所述，狭义的体育礼仪是指在运动项目和赛事中实践主体为表示尊重他人、展现自身素养、进行和谐沟通，通过仪容、仪表、仪态及相关仪式等具体实践方式表现的规范、准则。体育礼仪的阐释须侧重其操作性、实践性，而体育礼仪文化则侧重解读其文化内涵。体育礼仪文化以体育礼仪为核心，其内涵包括体育礼仪中具体的规范、准则形成的文化渊源、文化特征与体育礼仪的实践、发展、融合的价值取向等内容。

二、体育礼仪文化的特征

体育礼仪文化随着体育文化、礼仪文化的传承与发展，其存在形态呈现出典型的民族性、地域性与时代性，并逐渐形成了较为系统、稳定、成熟的文化形态。与其他领域的礼仪文化相比较，体育礼仪文化呈现出动态性、开放性、融合性特征和自然朴实的风貌。

首先，从实践主体分析，体育礼仪具有以仪态为主、以语言为辅的动态性特征。体育礼仪的实践主体主要是指运动员、教练员、裁判员、观众等。体育礼仪实践的环境以运动、比赛为主，其实践目的是促进运动、比赛积极有序地进行。体育礼仪特定的实践环境、实践目的决定了实践主体在礼仪实践过程中尽可能地以仪态为主，通过其手势、动作等方式展示自己的素养、表示对他人的尊重。过多的语言难以确保运动、比赛环境的安静以及人员心态的稳定，而宽阔的运动场地难以让交际对方注意到实践主体眼神、表情等细微的变化。同时，体育礼仪动态性特征的形成与体育以身体运动为主的特征有着密切的关系。体育以身体运动为主在一定程度上导致了实践者擅长肢体运动而较少注重语言的表达与修饰。运动赛场上运动员与运动员之间、运动员与裁判员之间、运动员与观众之间主要通过握手、挥动双手、鞠躬等方式进行沟通交流。比如乒乓球比赛结束后，运动员需要与裁判员握手致意，获胜者则挥动双臂、鞠躬向观众致谢。在高尔夫、网球等比赛现场，比赛的顺利进行需要安静的环境，裁判员、观众及赛场其他人员皆举止安静，禁止大声喧哗，交流的方式也以肢体动作为主，以语言交流为辅。

其次，与优雅的商务礼仪、外交礼仪等相比，体育礼仪呈现出自然朴实的风格，更为直观地展现了体育礼仪实践者的内在修养。体育礼仪自然朴实风格的形成主要源于实践主体的内在素养。相对于一般礼仪实践，体育礼仪实践主体特别是运动员经常在户外进行运动，肢体的舒展和户外环境的开阔形成了体育礼仪实践者豁达、开朗、粗犷的性格特征。体育的主要功能是释放自我、锻炼身心，体育礼仪实践主体根据相应的规范规则全身心地投入到运动或竞赛活动中，参与过程中内心真实的情感得到了尽情的表达。虽然，随着大型赛事礼仪规范化程度的提高，专业的礼仪人员如礼仪小姐等在赛事礼仪中扮演着越来越重要的角色，但体育礼仪实践主体总体上较为鲜明地呈现出自然朴实的风格。

再次，随着现代体育国际化水平的提高，体育礼仪逐渐摆脱了传统礼仪的约束和限制，呈现出开放融合的特征。通过对中西方传统体育礼仪文化的梳理，可以看出体育礼仪有着鲜明的民族性。中西方传统体育礼仪由于所处的地理环境、经济背景、政治制度、社会结构等不同，形成了截然不同的特征。但是，随着体坛上国界被打破，不同国家、地域间的体育交流越来越频繁，体育礼仪也相应地呈现出融合的趋势。这一趋势以现代奥林匹克运动会的形成为典范。古代奥运会是古希腊各城邦停息战火、享受运动乐趣的重要赛事，古代奥运会的这一特征为打破国界、共享体育盛事的现代奥运会奠定了基础。古代奥运会由于战火和侵略而消亡，而现代奥运会的形成则进一步彰显了古代奥运会跨越国界齐聚一起的传统，并进一步发扬光大，形成了现在举世瞩目、连接整个世界的无与伦比的盛大赛事。西方体育礼仪在奥运会发展历程中经历了与不同民族、地域礼仪相碰撞、相融合的过程，在确保奥运精神得以传承、赛事得以顺利进行的前提下，体育礼仪逐渐融合了不同民族、地域的礼仪文化，形成了开放、融合的特征。

综上所述，与一般礼仪相比，体育礼仪由于实践主体与实践环境的特殊性，形成了独特的文化特征。体育礼仪及体育礼仪文化内涵及特征的解析，为体育礼仪研究的深入提供了文化学视野和相应的理论基础。

第三节　中西方体育礼仪文化比较

中西方体育礼仪文化比较研究不仅需要厘清体育礼仪及体育礼仪文化概念的内涵，而且需要以中西方传统体育礼仪文化现象为分析依据，梳理中西方传统体育礼仪的发展历程。本文对中西方传统体育礼仪的发展历程进行了较为系统的梳理，并在此基础上，从三个方面分析了中西方体育礼仪存在的文化差异，即宗法文化特征与宗教文化特征、重人伦亲情与重功利效用、内敛与张扬，从而为全球文化视野下现代体育礼仪文化的建构提供一定的理论资源。

一、中西方传统体育礼仪的历史沿革

（一）中国传统体育礼仪的发展历程

中国传统体育礼仪传承了礼文化的基本特征和功能，是礼文化具体展现方式之一。在礼文化较为完善的西周时期，体育教育作为贵族子弟的教育内容之一，相应的传统体育礼仪就已经完善起来。西周时期学校教育内容主要是"六艺"，即"礼、乐、射、御、书、数"，其中"射"与"御"则以强身健体、提高武艺为目的，属于传统体育健身项目。"射""御"教学在教授相关技能的同时，建立了一套系统完善的礼仪规范，体现了西周礼文化的政治教化功能，其中最具有代表性的是礼射。礼射又称射礼，根据不同等级或不同场合主要分为大射、宾射、燕射、乡射四种类型。礼射不仅积累了一套完善的射箭技艺，更主要的是通过射箭比赛形成了一套完善的礼射制度，从射箭的场地到射箭的用具，从参加的射箭人员到评判人员、服务人员，从射箭的规则到相关仪式的安排，都有着严格、细致的规定，从而成为传统体育礼仪的典范。礼射制度为中国传统体育礼仪文化的形成奠定了基础，历代体育礼仪文化的发展是对礼射制度的演化与发展，共同成为中国传统礼文化的有机组成部分。

体育礼仪文化发展到汉代经历了式微和重建的过程。周代的礼文化经过秦代焚书坑儒的扫荡，至西汉初面临重建的局面。汉代统治者通过对黄老思想和儒家思想治世功能的比较，推崇儒家礼治思想，礼制得以建立，礼学也逐渐得以复兴。西汉初期鲁人叔孙通根据儒家礼学思想，删繁就简，编撰了《仪品》十六篇与《汉礼器制度》，为汉代礼制的建立奠定了基础。两汉时期不仅对礼制进行了具体的规定，而且注重礼仪的实践性，将礼仪由西周时期的王公贵族推行到民间百姓，通过礼仪实践将礼文化进一步发扬光大。史学家司马迁曾言："适鲁，观仲尼庙堂，车服礼器，诸生以时习礼其家。"（《史记·孔子世家》）汉代不仅从实践的角度注重礼文化的传承，而且重要的传统节日如夏历元旦、元宵节、清明节、重阳节、春秋社日、冬祭腊日以及相关的节日礼仪大多在汉代得以定型。随着礼文化的广泛渗透，汉代体育礼仪在继承西周体育礼仪的基础上，也呈现出简化的趋势，西周礼仪烦琐的规范和森严的等级等特征有所削弱。汉代时期不仅射箭等体育健身项目得到了进一步的发展，而且众多的健身娱乐项目如蹴鞠、投壶、百戏等在民间广泛流行开来，体育健身项目健身、娱乐的功能得到了重视，体育礼仪的道德教育功能较西周时期也大为减弱。

从魏晋南北朝至唐宋时期，体育礼仪在受到一定的冲击之后又得到了进一步发展。魏晋南北朝时期是一个战争频繁而思想相对活跃的时期，以儒家思想为内核的礼文化受到了冲击和挑战，礼文化因其等级观念及对人性的束缚等负面影响被世人所排斥。张扬个性的行为举止与直接实践礼文化的礼仪形成了尖锐的对抗，体育礼仪的实践也相应地受到影响。社会的动荡促使军事体育得到了长足的发展，射箭、击剑、武术、角抵等项目成为男子防身御敌的主要方式，传统体育项目的道德功能明显削弱，而竞技性得到了进一步发扬。隋唐时期国家的统一和盛世的出现，体育健身项目逐渐增多，出现了空前繁荣的局面。唐朝时期思想的开放活跃、民族间的交流融合以及与周边国家的频繁往来，都为体育健身项目的丰富与发展奠定了基础。体育健身项目不仅成为世人健身娱乐的重要方式，而且成为军事操练的主要方式。唐代开始了武举考试，建立了武举制度，"有马枪、翘关（举重）、负重、身材之选"。唐代体育健身项目的繁荣和广泛普及进一步丰富了其社会功能，对个人而言，其功能主要为健身、娱乐、防身；对国家而言，团结、御敌则是其主要功能；对社会而言，其功能则是伦理、道德教育，使其成为维护社会主流意识形态的工具。传统体育的社会功能则主要通过体育礼仪的实践来实现。唐代继承了前代礼学的成果，编纂了《大唐开元礼》，因其较高的系统性和完整性，被称为封建礼制的最高典范。唐代礼制中的大射、讲武等内容进一步丰富了传统体育礼仪的内容。

宋代重文轻武观念和理学思想的建立则进一步增强了传统体育的教化功能，体育礼仪受到了重视，对于相关仪式进行了细致全面的规定。《宋史·礼志》对于军训项目马球详细规定了入场、打球、进球等礼节；对于蹴鞠艺人组织的圆社规定了拜师、会友、上场、散场等各种礼节。同时，对于体育场上的着装、音乐等都有较高的要求。尤其是较为正式的场合，对队员的服装颜色都要求明确，即使是民间的踢球游戏，也规定"鞋袜须要整齐，更要衣冠济楚，容仪温雅"。由于礼乐并用的历史传统，宋代对于体育场上的音乐都有相对统一的规定，蹴鞠表演是"乐部哨笛杖鼓断送"，马球竞赛时是"教坊设龟兹部鼓乐于两廊，大合凉州曲。球度，击鼓三通"，龙舟竞渡则是击鼓发令，通过鼓声指挥划桨。体育场上细致的礼仪规范和适宜的音乐共同体现了体育礼仪道德教化的特征。

传统体育礼仪的功能在元明清时期呈现出多元化发展的态势。明朝后期中国传统礼文化经历了人文主义思潮的冲击，出现了一股越礼逾制的浪潮，传统的礼制摇摇欲坠。清王朝的建立，则将传统礼制奉为金科玉律，其社会地位重新得到稳固。乾嘉年间，礼仪研究趋于昌盛，出现了大量的礼学名著。传统体育礼仪受到礼制与体育文化的影响，其社会影响呈多元化发展的态势。一方面，传统体育礼仪作为礼仪文化的一部分，从一定程度上体现着传统礼制思想。传统体育健身项目传承了前代的健身、娱乐、防身、御敌的功能，相应的体育礼仪也成为传播统治者所倡导的礼制思想的工具。另一方面，由于政治黑暗、思想钳制以及民族矛盾等多方面的社会问题，下层人民承受着经济、思想、政治、民族等多重压迫。伴随着人文思想的冲击，清代出现了众多的秘密会社，会社以帮会的形式组织群众，以练习武术等传统体育健身项目武装群众。会社练习武术不仅仅是健身、防身、御敌，更重要的是通过会社的宗旨、口号、组织方式及相关的规范规则宣扬反抗思想、团结民众，从而达到一定的政治目的。会社所宣扬的相关礼仪在遵从等级观念的同时，突出了"义"的重要性。武术礼仪中最具有代表性的抱拳礼中左掌四指并拢寓意武林四海团结一心，两臂屈圆寓意天下武林和谐统一于一家，抱拳礼对会社中人乃至每个习武之人的言行举止形成了种种内在的约束。[①]

通过对中国传统体育及体育礼仪的梳理，本文证实了中国传统体育礼仪文化以礼文化为基础，具有鲜明的等级观念等特征，在体育礼仪实践过程中，注重礼仪实践者的内在修养，侧重通过礼仪实践呈现礼仪实践者的道德素养。中国传统体育礼仪道德化的倾向在一定程度上削弱了传统体育的竞技性。

---

① 唐韶军，周琪.诠释武术"抱拳礼"的精神内涵[M].山东师范大学学报，2005，9（9）：115–116.

（二）西方传统体育礼仪的发展历程

西方体育礼仪是西方礼仪文化与体育文化相结合的产物。礼仪是人类文明的直接体现，个体礼仪素养反映了社会文明程度的高低。西方古代体育以古希腊、罗马体育为代表，形成了较为成熟的体育文化思想，其中古希腊竞技赛会代表着西方古代体育的最高成就，并建立了较为系统的体育礼仪规范。

古希腊是西方礼仪的发源地，古希腊文明不仅在哲学思想、历史、建筑、文学、戏剧、雕塑等诸多方面取得了很高的成就，而且创立了最早的竞技运动会，形成了较为系统的体育礼仪。古希腊奥林匹克竞技赛会起源于古希腊的宗教祭祀活动，传说是献给天神宙斯的祭祀性宗教礼仪。古希腊奥林匹克竞技赛会由具有象征性的宗教礼仪演化为影响整个希腊的规模宏大的奥林匹克运动会，古希腊竞技赛会礼仪依然保留着宗教礼仪的形式与特征。其一，在古希腊竞技赛会的开幕式和闭幕式上，人们都要唱起《奥林匹克圣歌》，以表达人们对奥林匹斯诸神的赞美。这首歌已成为现代奥运会的会歌，成为古希腊奥林匹克精神传承的标志。其二，古希腊各城邦的参加者缔结了《奥林匹克休战》盟约，即"神圣休战"，并形成了点燃圣火、火炬接力、运动员和裁判员宣誓及授奖等宗教仪式，通过种种仪式使古希腊奥林匹克竞技赛会有效地缓解了战争，高扬起了和平的旗帜。仪式庄重、严肃，表达了古希腊人们对竞技赛会的神圣情感。其中点火仪式是希腊少女用凹凸镜点燃太阳火炬；火炬接力的仪式是在竞技赛会举行之前，由三名纯希腊血统的运动员，在宙斯神殿的"圣火坛"前，接过希腊少女点燃的太阳火炬跑向希腊各城邦传递；运动员和裁判员宣誓仪式则进一步凸显了古希腊人们对竞技赛会的推崇和敬重。古希腊竞技赛会的仪式因其庄严、神圣、富有丰富的人文内涵而被传承至今。其三，古希腊竞技赛会规定，各个城邦希腊血统的男性公民都有权利参加比赛，而且只有赤身裸体、浑身上下都要涂满橄榄油后才能参加比赛。这一参赛规则不仅体现了古希腊奥运会公平竞争原则，而且体现了其庄严神圣的一面，具有明显的宗教色彩。其四，古希腊竞技赛会的授奖仪式及对获胜者的种种高规格礼遇具有鲜明的宗教特征。比赛结束后在宙斯神庙附近举行的授奖仪式极为隆重，仪式中司仪庄严地宣读优胜者的名字、父亲的名字、所属的城邦和出生地，冠军们在沐浴、整装之后站在宙斯神像前，戴上象征着崇高荣誉的橄榄花环。据记载，橄榄树是古希腊的圣树，橄榄花环的取得充满了宗教礼仪成分：须有双亲健在的童男子用纯金打造的镰刀从橄榄树上采下，通过复杂的仪式采集的橄榄桂冠，成为古希腊人心目中的至高荣誉。同时，冠军们在颁奖仪式之后，人们为他们准备盛大的晚宴,有的冠军还有权在奥林匹亚地方留下一尊雕像,受世人历代崇拜。古希腊竞技赛会的礼仪文化为其增添了神圣的光环,也丰富了其人文内涵。

西方中世纪时期的体育礼仪文化与骑士制度有着密切的关系。古希腊由于经受连绵的战争,竞技赛会遭到了毁灭性的打击。公元2世纪基督教统治欧洲,其倡导的禁欲主义与古希腊竞技赛会所倡导的快乐、健康、享受等理念背道而驰。基督教反对体育运动,顺延了1000余年的古希腊竞技赛会在多重重压下逐渐消亡。中世纪基督教的禁欲主义禁锢了古希腊自由民主思想,束缚了个性的发展,其中发展较为成熟的文化内容之一是被称为"中世纪之花"的骑士制度。"所谓骑士其标准为剽悍勇猛,虔敬上帝,忠君爱国,宠媚贵妇。骑士在中世纪曾是全欧世俗男性第一审美和伦理尺度,成为倍受崇拜和尊敬的阶层"。[1]骑士教育的主要内容是体育教育,即骑术、剑术、游泳、狩猎、棋艺等,以培养骑士彪悍的体格和高超的武艺,从而成为英勇善战的勇士。由此可见,在长达十个世纪的中世纪时期,骑士体育成为体育文化的主要组成部分。一个合格的骑士,不仅具备高超的武艺,还需要有优雅的礼仪修养,骑士比武赛会对相关礼仪规范做了全面、具体的规定,因此骑士体育礼仪成为中世纪体育礼仪文化的典范。中世纪后期的骑士比武赛会建立了一套严格的比赛规则和章程,注重礼仪和形式,具有很强的庆典性、娱乐性。骑士比武赛会主要在基督教的宗教节日、著名骑士和圣徒的诞辰和忌日举行,比武大赛的过程包括"赛场的设定,挑战、通知和邀请的传达,比赛内容和过程,胜负的裁决和奖品的颁发等"。[2]骑士和战马装扮着华丽而沉重的盔甲,比赛场地的周围是装饰漂亮的看台包厢,通常还有乐队演奏。比赛的规则也逐渐规范化、具体化,根据刺中对方部位的不同、长矛折断的数量、比赛道德等方面实行打分制。比赛获胜的一方"可以亲吻自己心中爱慕的一位女子,并且得到游吟诗人的赞颂,他的勇敢精神和英雄形象也会得到传扬,在一些著名骑士大会的遗址上,人们还会建立纪念碑来歌颂他"。[3]中世纪骑士体育礼仪呈现了仪式性、规范性、秩序性的文化特征,为近现代体育礼仪的形成提供了借鉴。

西方近代体育经历了文艺复兴、宗教改革、启蒙运动、工业革命的冲击与洗礼,呈现为运动项目多样、开展范围广泛、运动竞赛规范的面貌,体育礼仪规范

---

[1] 杨弢.论中世纪基督教对竞技体育的影响[J].南京体育学院学报,2003(2):5-8.
[2] 倪世光.从比武大赛看骑士与教会的冲突[J].南开学报:哲学社会科学版,2003(3):53-59.
[3] 来晓雷.论西欧中世纪时期的骑士体育[D].北京体育大学,2005硕士论文.

相应地由中世纪时期贵族化、仪式化转变为大众化、简约化、实用性。西方近代体育以古希腊运动精神为复兴的重任，以个人健康为根本目的，打破了中世纪对体育的约束与禁锢，逐渐形成了科学健身的体育理念。在西方近代形成的诸多身体运动体系中，有着广泛影响力的身体运动体系是瑞典体操、德国体操和英国现代竞技。体操的创立和发展始终定位在个人健康方面。德国博爱派教育家古茨姆兹在博爱主义思想的影响下，将以人为本的理念贯穿到体操的创制和发展过程中，其创制的体操的主要特征是："身体练习的系统化"；"练习从易到难；没有过高要求；（适合儿童的）适当的负荷量；用表扬代替强迫；强调练习组织者的榜样作用。"在古氏体操的基础上，瑞典林氏体操创始人林提出，"体操理论应该是符合人体生理规律的身体运动的科学；身体运动的目的是使身体各部分得到均衡、协调的发展。"从而"开始了身体运动体系对自身身体的改造向科学定量的方向发展，开辟了体育科学化的新阶段"。[1]英国户外运动项目逐渐增多，除了传统的赛马、狩猎外，帆船比赛、槌球、网球、高尔夫、板球、游泳、橄榄球以及自行车远足等项目也逐渐得到了普及，并逐渐形成了竞赛平等、规则统一的现代竞技。

体育运动大众化和体育理念的革新势必影响着体育礼仪规范的改变。西方近代体育礼仪从服装、竞赛规则等方面不断地进行改革、创新，逐渐形成了易于身体运动、具有现代竞技特征的规范。首先，具体运动项目规则形成了相对统一的规范，对于参加人数、运动器械、运动场地、运动规则、运动着装、体育管理等方面，都有具体的规定和要求。其次，运动服装逐渐摆脱了表现身份地位、讲究繁文缛节、装饰过剩的沉重装束，向解放身体、适宜身体运动的方向发展。19世纪各项体育运动逐渐形成了各自简约、规范的运动服装，运动场上运动员富有活力的表现将运动服装的优势与特色展现出来，进一步推动了运动服装款式设计的革新，运动服装也逐渐成为大众化、简约化、实用化的现代衣装体系的代表。

西方体育礼仪文化经历了古希腊奥运礼仪、中世纪骑士体育礼仪、近代体育礼仪三个发展阶段，形成了较为稳定、成熟的礼仪文化形态。古希腊奥运会起源于古希腊宗教祭祀活动，古希腊奥运礼仪保留着宗教礼仪的特征。中世纪体育礼仪深受骑士制度的影响，并形成了具有仪式性、规范性、秩序性等特征的骑士体育礼仪，成为中世纪体育礼仪文化的典范。西方近代体育礼仪由中世纪体育礼仪的贵族化、仪式化转向大众化、简约化、实用化，在礼节、仪式以及运动着装等方面都呈现出解放身体、适宜身体运动的发展趋势，为现代奥运礼仪的形成奠定

---

[1] 花勇民.欧洲体育文化研究［D］.北京体育大学，2006年博士论文.

了基础。

二、中西方体育礼仪文化的差异

由于所处民族、地域的礼仪文化、体育文化的差异，中西方体育礼仪文化形成了不同的特质。只有深入分析中西方体育礼仪以及所依托的体育礼仪文化的特征和差异，才能为中西方体育礼仪的可融合性以及融合的方式、程度等提供理性的认识，并为现代体育礼仪文化的建构提供一定的理论资源。中国传统体育礼仪文化以伦理道德为主要内容，强调培养实践主体的内在素养，形成了感性、内敛的特色，具有鲜明的宗法文化的特征。西方体育礼仪文化以公平竞争为主要原则，以维护竞赛秩序为主要目的，杂糅了宗教文化和实用主义思想，形成了理性、张扬的特色，具有实用与神圣相融合的特征。

（一）宗法文化特征与宗教文化特征

中国传统体育礼仪文化具有鲜明的宗法文化特征，西方体育礼仪文化则宗教文化色彩较为鲜明。中国传统体育礼仪文化植根于中国延续了两千余年的宗法制文化之中，具有鲜明的宗法文化特征。射礼是中国古代体育中的主要内容之一，其竞赛的内容、程序、规则相当丰富、成熟。有人认为射礼与古希腊奥运会是中西方古代体育的重要代表，并通过二者的比较分析中西方体育文化的特质。射礼所展现的成熟的礼文化与古希腊奥运礼仪也鲜明地展现了中西方体育礼仪文化的差异。中国古代的礼射根据礼射者社会地位的高低和活动性质的不同分为四个等级，即"大射""宾射""燕射""乡射"，其中"大射"是指天子祭祖、祭神等大典前在"射宫"举行的礼射；"宾射"是指诸侯朝拜天子时的礼射；"燕射"是指天子宴会、娱乐时举行的礼射；"乡射"是指乡大夫在乡里饮酒时举行的礼射。不论哪一个层次的礼射，举办的主人都是这一层次拥有最高权力的人。至于礼射举行的场合、所使用的器具等，不同地位的人都有着严格的差异。裁判员以及其他组织、服务的人员也都有着严格的地位差异。礼射不仅有着森严的等级制度，而且制定了一套严格的程序、复杂的步骤和完备的规则。对于礼射者的礼仪也做了多方面的规定。一方面，礼射者在礼射前、礼射中、礼射毕的过程中需遵循规定的礼节仪式，"古者诸侯之射也，必先行燕礼；卿大夫之射也，必先行乡饮酒之礼"（《礼记·射义第四十六》）。另一方面，对于礼射者的仪态也有着细致的规定，并根据礼射者的仪态判定其道德修养水平，"故射者，进退周还必中礼，内志正，外体直，然后持弓矢审固，持弓矢审故，然后可以言中，此可以观德行矣"（《礼记·射义第四十六》）。

由此可见，礼射通过严格、烦琐的礼仪将强身健体的射箭活动转化为宗法社会等级观念的教育活动，在一定程度上弱化了礼射强身健体的功能，也导致了礼射活动的衰微。礼射衰微之后兴起的投壶等活动以不同的方式传承着宗法文化精神。时至今日，体育礼仪文化中仍然遗留着宗法文化的痕迹，武术礼仪中弟子拜师亦有着鲜明的宗法文化特征。礼射等传统体育运动项目礼仪中所传承的宗法文化形成了礼仪实践者注重自身责任与义务的群体认同观念。比如运动竞赛中获胜者获奖感言中对其所依存的集团成员如领导、教练、父母、朋友等逐一致谢，就表明了宗法文化对体育礼仪的影响与渗透。

西方传统体育礼仪受西方宗教观念的影响，礼仪实践注重仪式的神圣性，具有鲜明的宗教色彩。一方面，古希腊竞赛运动是为了表示对神的崇拜而举行的，其礼仪自身具有鲜明的宗教色彩。古希腊人信奉多神教，在希腊诗人荷马的引导下，确立了古希腊人主要崇拜对象即奥林匹斯天神。传说古代奥林匹克运动是为祭祀奥林匹斯众神之父宙斯而定期举行的体育竞技活动，最初的奥运会比赛就是在奥林匹亚村的阿尔齐斯神域内进行。古奥运会圣火的采集与传递极尽宗教的神圣性，古代奥运会召开前，依照宗教规定人们聚集在奥林匹亚宙斯神庙前，举行庄严肃穆的仪式，从祭坛点燃火炬，然后奔赴希腊各个城邦。火炬手高举火炬，一边奔跑，一边呼喊：停止一切战争，参加运动会！火炬像一道严格的命令，有至高无上的权力，火炬到哪里，哪里的战火就熄灭了。即使是在激烈厮杀的城邦也都纷纷放下武器，神圣休战开始了。希腊又恢复了和平的生活，人们忘记了仇恨，忘记了战争，都奔向奥林匹亚参加奥林匹克运动会。在开幕日，"要在宙斯大祭坛举行庄严而隆重的祭祀活动。在熊熊的圣火前，希腊人以百头公牛作为牺牲，献祭给神灵。随后运动员、裁判员在宙斯像前举行庄严的宣誓，保证遵守规则，进行公平的竞争。"[1]同时，竞技赛会的仲裁委员会也由宙斯神殿中的专职祭司和经过选举产生的裁判人员共同担任。古代奥运会的授奖仪式也非常庄严隆重。授奖台设在宙斯像前，橄榄冠放在一个特制的三脚台上。授奖时，先由报导官宣布运动员的姓名、比赛成绩、所属的城邦及运动员父母的名字。然后由司仪把优胜者领到主持人面前，主持人起身，将橄榄冠从三脚台上取下来，给优胜者戴上。这时，观众唱歌、颂诗、奏乐、欢呼，并向运动员投掷鲜花。以祭祀宙斯而举办的古代奥运会作为宗教祭祀的一种方式，其礼仪具有鲜明的宗教祭祀的痕迹，成为与中国传统体育礼仪相区别的主要特征。另一方面，西方体育礼仪文化特别是奥

---

[1] 潘华，宋丽.古射礼与古奥运会比较研究.体育文化导刊，2008（4）：121-123.

运礼仪传承了古希腊竞赛运动的神圣特征。虽然现代奥运礼仪已经改变了古代奥运礼仪崇敬神灵的特征，但传承了古代奥运礼仪的凝聚性、神圣性以及对荣誉的追求，从圣火的采集、火炬的传递到开幕式、闭幕式、颁奖仪式以及对获胜者的礼遇等礼仪都依然保持着神圣的一面。现代西方体育已摆脱了古代奥运会作为一种祭祀所具有的束缚，但被赋予了更为深刻的人文内涵，即追求更高更快更强的竞争精神、身心和谐发展的健康意识、促进不同民族文化的交流与发展等。西方体育礼仪伴随着西方体育文化的丰富与发展，也被注入了丰富的文化内涵。西方体育礼仪传承了古代奥运礼仪的神圣特征，借此宣扬西方体育文化的人文内涵。

（二）重人伦亲情与重功利实用

受传统宗法文化的影响，中国传统体育礼仪重人伦亲情；而西方体育礼仪受实用主义思想的影响，更注重人际交往的实用功效。中国传统体育礼仪历来注重人伦亲情，这一特征在武术礼仪中得到了集中鲜明的展现。传统武术教育将武德置于首位，认为习武者的道德修养既是提高武术技艺和素养的重要保障，又是习武的目的所在。传统武德的内容主要包括尊师重道、孝悌正义、扶危济贫、除暴安良等内容。武术礼仪是武德得以传承与发扬的重要方式之一。习武者不仅注重武术比赛、训练中抱拳礼、鞠躬礼、抱刀礼、持剑礼、持棍礼等武术礼仪规范，而且将拜师、尊师的礼节置于武术礼仪的首位。《少林戒约》曰："尊师重道，孝悌为先。平日对待师长，宜敬谨将事，勿得有违抗傲慢之行为。"传统武术拜师礼有着一整套复杂的礼节，而且武术中的师徒关系被血缘化、理论化，"一日为师，终身为父"，"师徒如父子"。武术拜师、尊师礼等体现了武术礼仪注重人伦亲情的特征，体现了中国传统宗法文化对传统体育礼仪的渗透。

与中国传统体育礼仪重人伦亲情不同，西方体育礼仪受实用主义思想的影响，体育礼仪实践的目的是为了维护运动、训练、竞赛的顺利进行，逐渐形成了重功利实用的特征。足球运动是一项对抗激烈、易于造成身体伤害的项目，比赛中经常出现运动员辱骂甚至攻击裁判、球迷扰乱球赛正常进行的举动。为了确保足球运动的顺利进行，人们借助礼仪教育控制此类现象的发生，并逐渐形成了一系列限制、约束运动员、教练员、观众行为的礼仪规范。高尔夫是一项高雅的户外运动，被称为"绅士运动"，对运动员、观众都有着极高的礼仪要求。高尔夫礼仪要求球员按照俱乐部规定着装、预定发球时间并准时到达、关闭移动电话、使用更衣室、保持安静、控制打球速度、保持球场清洁、与球友友好相处、正确处理削起的草皮断片和打痕等。高尔夫礼仪集中体现了严于律己、尊重他人的道德标准,并将自觉传承高尔夫文化传统作为衡量高尔夫球手的重要内容。不管你如何标榜自己的球技、球龄,或者展示自己昂贵的球具和一身名牌行头,只要看看你在球场上的举止是否遵守高尔夫礼仪,就能区分出你是一个名副其实的高尔夫球手,还是一个只会拿着球杆在场上比画的玩球人。高尔夫礼仪实践的直接目的在于确保高尔夫运动在安静祥和的环境中顺利地进行,让球手在这项运动中得到身心的放松和健身的快乐。透过高尔夫高雅运动的表面,可以看到高尔夫运动不仅可以强身健体、陶冶性情,而且是球员结交名士、进入高层次社交圈子的平台,因此,高尔夫礼仪是实践者展现自身文化素养、提升自身文化品位的重要渠道之一。由此可见,西方礼仪规则的形成一方面源于人们对高度文明的追求,另一方面则体现了实用主义思想的影响与渗透。

（三）内敛与张扬

中西方文化由于其赖以生存的地理环境、原初生产方式、经济社会结构模式不同,形成了不同的文化精神,内敛与张扬是对中西方文化特质的概括与总结,这一差异在中西方体育礼仪文化中得到了集中展现。中国古代文明诞生于以黄河流域为主体的平原地区,在此基础上形成了自给自足的农耕生产方式,在宗法制度和农耕生产方式的影响下逐渐形成了追求群体认同、崇尚中和的价值观念。在追求群体认同的价值观念影响下,中国传统体育礼仪形成了尚传承、重内省的内敛特征。中国传统体育虽然将强身健体作为其基本功能,但更注重其礼教作用。在礼射活动中,个人的实战技能和成绩名次并不被看重,所看重的则是射手的德行和修养。为了更好地发挥礼射的礼教功能,在礼射过程中,不仅进行了相当烦琐的礼仪规定,而且将射与乐结合起来,以乐引导射手心志的中正,以礼规范射手形体的正直。礼射的最高境界并非指射技的高超,而是射、礼、乐合为一体,心、志、形合于"德",即射手的一举一动要合乎礼,射手射的动作要合乎乐的节拍,通过射手射与礼、乐的融合来观赏其道德境界。射手在礼射过程中培养了以淡泊名利、平心静气对待竞争的心态,礼射也成为射手提高内心修养、提升精神境界的重要方式。礼仪实践主体对自身道德修养和精神境界的侧重,势必导致对其个性的压抑、对情感的约束,呈现出内敛的礼仪特征。

古希腊文明的形成有赖于地中海地区特殊的地理和周边环境,在此地理环境上形成了需要不断开拓进取的工商业生产方式,从而形成了个人本位、崇尚竞争的价值观念。在个人本位价值观念影响下,西方体育礼仪形成了情感热烈、张扬外向的特征。古代奥运会作为古希腊人祭祀众神之王宙斯的一种方式,有着鲜明的宗教色彩，古希腊宗教所信奉的神具有人神同形、同性的特征，古奥运礼仪形成了宗教祭祀的神圣性与情感流露的世俗化相交融的特征，古希腊人通过在古奥运礼仪中体现了对熄灭战火的和平团结的向往、对健美人体和崇高荣誉以及公平竞争不断进取的体育精神的追求，从而形成了西方体育礼仪情感外露、个性张扬的特征。西方体育礼仪随着西方文明程度的提高，逐渐走向规范化，但体育礼仪实践者仍然有着广阔的表现空间，通过其仪容、仪表、仪态展现出与中国体育礼仪截然不同的风格，直接地体现了中西方体育文化差异。

综上所述，体育礼仪是在运动项目和赛事中实践主体为表示尊重他人、展现自身素养、进行和谐沟通，通过仪容、仪表、仪态等具体实践方式表现的规范、准则。体育礼仪文化以体育礼仪为核心，是对体育礼仪中具体的规范、准则形成的文化渊源、文化特征以及社会价值等方面的探讨，并为体育礼仪的实践、发展与融合提供合理的价值取向。体育礼仪文化以礼仪文化、体育文化为基础，形成了动态性、开放性、融合性等特征和自然朴实的风格。中西方体育礼仪文化由于受不同的社会经济、文化背景的影响，形成了宗法文化特征与宗教文化特征、重人伦亲情与重功利实效、内敛与张扬等文化差异。对体育礼仪文化的内涵与特征以及中西方体育礼仪文化差异的分析，为全球文化视野下现代体育礼仪文化的建构提供了理论基础。

第六章　中国传统体育文化的传承与创新

中国传统体育文化历史悠久，丰富多样，是传统文化影响下人们生存生产、健身防身、修身养性的重要实践方式之一。传统体育文化渗透着人民大众追求身心和谐的身体观念和健身意识，较为直观地展现了温柔敦厚、健康向上的传统文化精神，并成为传统文化最重要、最直观的内容之一，是当今体育文化建设的基础。二十世纪以来，由于现代化、城镇化进程带来的传统体育文化生存土壤的改变以及现代体育文化的冲击，传统体育文化面临着新的抉择。应对时代的变化，进行现代性转换，融入人们的社会生活中，传统体育文化的存在价值才能得以体现。

第一节　中国传统体育文化的特征

一、传统体育文化生态环境的改变

传统体育经过千百年的积淀逐渐成为神州大地重要的文化内容之一，成为生长在黄河下游平原的农民的精神财富。新中国成立之后，特别是改革开放四十年，传统体育的生存土壤也发生了巨大的改变。

首先，城镇化的加速发展淡化了传统体育的乡土气息。城镇化水平的提高致使城乡差距缩小，乡村安宁田园的一面被遮蔽，乡村社会出现了日趋解体的迹象。同时，城镇化改变了农村年轻人的生活观念，大量农民涌入城市，传统体育参与者的队伍出现了断层，农闲时节大家积极踊跃参与的场面再难以出现。传统体育生长在相对封闭、安静的乡村社会，自发自愿、休闲娱乐的传统健身活动与日出而作、日落而息的乡村生活相映成趣，寄托了农民对生活的热爱与理想。乡土氛围被淡化，势必要求传统体育文化既要保持民俗韵味，又要融合时代文化，吸引更多的年轻人参加到传统体育活动中，以适应现代化发展的需要。

其次，现代化进程中个体得到了前所未有的独立与自由，个体化机制与注重群体性、民俗文化性的传统体育形成了内在的冲突。比如齐鲁秧歌有固定的角色、场阵、着装及表演的程序与模式，是历代人们共同的生活观念和思想情感表达的载体。现代化进程中个体从传统的社会秩序、思想框架中解放出来，并对传统的思想意识和行为方式形成了怀疑与批判的态度。在个体化的思想观念影响下，年轻人对于经历了千百年的传统体育产生隔阂甚至排斥、否定的看法。在传统与现代的较量中，传统体育被划入了传统阵营。对其进行全面认识，寻找其在现代化进程中新的定位，才能有利于其传承发展下去。

最后，西方现代体育对传统体育的冲击，在一定程度上抑制了传统体育的传承与发展。一个世纪以来，西方现代体育的竞技观念逐渐深入人心，不同类型的体育赛事也基本成为奥运会的缩影，在现代体育文化观念中居于主导地位。传统体育种类繁多，功能多样，且缺乏系统的规则和大型的赛事，面对强势涌入的西方体育文化逐渐失去了话语权。随着西方竞技体育所倡导的"公平、公正、平等"等人文精神的传入，体育人向往着雅典少女点燃火炬、放飞和平鸽的和平、肃穆、庄严，追求着竞技体育"更高、更快、更强"的境界，而传统体育文化所追求的礼让、超然则被束之高阁。

传统体育文化生存土壤的改变，为传统体育文化的传承与发展带来了挑战，也带来了新的契机。

二、传统体育文化的特征分析

（一）项目种类繁多，文化形态多样

传统体育项目历史悠久，丰富多样，是传统文化影响下人们生存生产、健身防身、修身养性的重要实践方式之一，渗透着人们追求身心和谐的身体观念和健身意识，较为直观地展现了温柔敦厚、健康向上的传统文化精神，成为传统文化最重要、最直观的内容之一。通过对历史资料以及相关研究成果的搜集、整理，本文对传统体育项目进行了较为概括的梳理、综合，根据其功能的不同将传统体育项目主要分为以下四类：一是以健身、防身为主要功能的技击类项目，主要包

括射箭、剑术、角抵以及在明清时期发展极为兴盛的武术等。二是以健身、养生为主要功能的养生类项目，主要包括行气术、导引术等。三是以健身、娱乐为主要功能的民间休闲类项目，主要包括蹴鞠、放风筝、踢毽子、跳绳、抽陀螺、游泳、弄潮、民间舞蹈以及斗鸡、走狗等。四是以益智、娱乐为主要功能的棋类项目，主要包括象棋、围棋以及六博等。

健身防身的技击类项目。从远古时期的射箭到融合了各种技艺、各种器械的武术，可以看出，尚武之风源远流长，用于健身、防身的技击类运动项目种类繁多，从而形成了项目多样化且自成体系、各具特色的格局。以健身、防身为主要功能的技击类项目，主要包括射箭、剑术、举鼎、角力等武艺，诸多武艺在明清时期发展为极为兴盛的武术。射箭的诞生源于远古人民生存防身、获取食物的需要，西周时期在礼治观念的影响下，形成了组织完整规范、规则严密细致的竞技运动，即礼射。礼射根据参与者社会地位与场合的不同分为四种，即天子在祭祖、祭神等大典之前在"射宫"举行的"大射"、诸侯朝拜天子在王庙中举行的"宾射"、天子与群臣宴会娱乐时举行的"燕射"、乡大夫在乡里饮酒时举行的"乡射"。礼射一方面促进了以宗法制为核心的礼治的教化作用，另一方面为天子及诸侯王提供了选拔将才、勇士的机会。"国之大事，在祀与戎"（《左传·成公十三年》），在战争频繁的古代，射箭也成为古代男子必备的技能之一，西周时期贵族子弟的教育内容六艺之一即"射"，意在将其培养为技艺高、宗法观念强的人才。随着周礼的衰微，传承周礼的礼射的宗法观念逐渐被削弱，其健身防身的技击功用进一步凸显，从而射箭由展示周礼的礼仪形式逐渐成为展现力量、协调性、精准度等武艺水平的主要方式之一，步射、骑射也成为民间健身和军事训练的重要方式。

投壶是春秋战国时期士大夫宴会中进行的一种礼仪性娱乐活动。投壶中奉矢中（盛筹码器）之法，辞让之节，壶位之度，奏乐之制，计算胜负，胜者饮不胜者以酒，以及获胜之奖励等规定，与射礼的烦琐、形式化几乎完全一致[①]，在礼治教化上与射礼有异曲同工之功效。随着礼治的衰微，投壶的礼仪色彩逐渐淡薄，娱乐性增强，而且与射箭相比，投壶对于参与者的力量要求不高，致使其技巧性增强，同时女性也可以参与，从而演化为社会上普遍开展的健身娱乐活动。

剑是古代出现较早且使用广泛的兵器，剑术成为世人防身的重要技能，同时，

---

① 国家体委体育文史工作委员会，中国体育史学会.中国古代体育史[M].北京：北京体育学院出版社，1989.

佩带宝剑也成为男子身份和地位的标志。举鼎是指古人通过举鼎训练和比试力量，由举鼎到抓举生活中的重物，形成了简便易行的训练力量的方式。角力，又名角抵，即摔跤，不仅用于增强身体力量、提高格斗技术，而且成为民间娱乐方式之一。

武术则融合各种武艺，并运用各种器械，形成了拳种、器械套路繁多、对练实战经验丰富、分布范围广泛等特征，成为传统体育的优势项目。

以健身、养生为主要功能的养生类项目。在道家、道教思想影响下形成的养生类项目，以中国传统文化中的阴阳、五行等核心观念为理论基础，融合了传统医学之道，以气息调理、疏筋健骨、强身怡心、修身养性为宗旨，追求身心和谐、天人合一的境界，具有延年益寿之功效，富有浓郁的传统文化色彩。古代养生术从古代先民对健康、长寿的追求，到方士、道士对养生方式的探索、尝试、传播，形成了服食、行气、导引等多种方式相融合的养生体育。

从远古时期精于养生的彭祖家族，到秦始皇找寻长生不老之方；从曹参在齐地宣扬黄老思想、推行休养生息政策得到汉帝认可，到东汉末年道教的创建与传播；从高平人张湛对养生术的总结概括到琅琊人颜之推的养德与养生相结合的观念的形成；从高平人王弼阐明的"静以养生""返璞归真"的养生理论到栖霞人丘处机内丹养生理论的形成与实践，养生体育逐渐形成了行气、导引、内丹以及饮食、医药等多样化养生方式，以及较为成熟的理论体系。

以健身、娱乐为主要功能的民间休闲类项目。传统体育中以健身、娱乐为主要功能的民间休闲类项目种类繁多，根据项目的运动特征、参与群体及存在状态的不同，大体分为六类，即蹴鞠、捶丸、马球等球类项目，放风筝、登高、郊游、踏青等节日民俗健身项目，跳绳、踢毽子、荡秋千、跳房、拾子等女性、少儿健身项目，乐舞、踩高跷、舞龙舞狮、跑旱船等表演性项目，田猎、走犬、斗鸡、斗蛐蛐等趣味性项目，游泳、荡舟、竞渡等水上健身项目。其中除蹴鞠等球类项目需要特定的场地和相对固定的人数，大部分项目对场地没有特别的要求，与日常生活及节日民俗紧密融合在一起，相对花费较低，且技术难度不大，易于操作，老少皆宜，因此拥有广泛的群众基础。大众以此作为游戏娱乐的主要方式，在休闲娱乐中提高了参与者的身体素质。其中一部分项目和民俗节令紧密结合在一起，从而在一定程度上促进了此类项目的推广普及。

以益智、娱乐为主要功能的棋类项目。主要包括六博、象棋、围棋等。不同于以上三类健身类运动项目，此类项目以智力训练为主，同时融入了传统文化的基本理念，成为文化底蕴深厚的竞技类项目。

（二）价值取向多元

传统文化是在融合了儒家、道家、兵家、阴阳家、道教、佛教等诸家思想的基础上形成发展起来的，从而呈现为多种价值观念兼容并蓄的格局。传统体育项目是展现、传承传统文化较为直观的方式之一。通过对其运动的规律、技巧、规则以及竞赛组织、具体功能等的分析，可以发现传统文化的影响与渗透，传统体育文化在此基础上形成了价值取向多元并存的特征。

首先，以健身、防身为主要功能的技击类项目，特别是技术、战术的集大成者——武术，集中体现了儒家自强不息的进取精神。武术较为集中地体现了这一文化特征。为了维护国家的安定、百姓的安危，好男儿苦练武艺，积极参加到战斗中，被后人传为佳话。明清时期，生活在尖锐的民族矛盾、社会矛盾之中的人们将武艺作为强身防身、化解危难的主要方式，因而武术在明清时期得到了广泛的传播与发展，武术的技艺进一步丰富，形成了武术门派众多、高手林立的局面。武术等传统体育项目的演练与传承不仅仅是强健体魄，锻炼品质，更重要的是将自强不息的进取精神与社会责任感紧密结合在一起，将"自强"发展为"民族强""国家强"。

其次，以健身、养生为主要功能的养生类项目，如行气术、导引术等，以身心兼修为导向、以天人合一为最高境界，较为鲜明地体现了道家、道教重修身、轻竞技的思想。《庄子·齐物论》云："天地与我并生，而万物与我唯一。"一方面，导引、行气等养生类项目对于锻炼的环境有着特别的要求，需要选择清静幽雅之地，以利于养生者摆脱社会生活对人的身心的干扰，从而进入虚静的状态，感受自我身心，达到物我合一的境界。另一方面，此类项目注重"气"的运行与贯通。身心兼修、天人合一的思想不仅在养生健身中得到集中体现，同时也渗透到武术、棋类以及蹴鞠等娱乐类多种健身项目中，成为传统体育文化主要价值取向之一，传统健身项目形成了轻竞技、重修身的文化特征。

最后，以健身、娱乐为主要功能的民间休闲类项目主要集中体现了"重生"的思想。民间休闲类健身项目的价值取向既不同于武术所追求的积极进取、自强不息的刚健风格，也不同于养生所追求的身心兼修、天人合一的境界，而是以娱乐为主，因而拥有广泛的群众基础，经久不衰。由于此类项目的价值取向与社会的主流思想相左，因此不受重视，缺乏相应的文字记载，大部分健身项目甚至没有统一的名称和规范化的说法，只是在民间口传身授。正是由于此类项目彰显了人们内心对自由、快乐的向往与追求，因此经常遭受道德伦理观念的约束和抑制，人们因迷恋此类项目而被斥为"玩物丧志",这种观念在一定程度上限制了此类健身项目的传承与发展,致使一部分项目逐渐没落、消失。民间休闲类健身项目虽然被当时的主流思想所排斥,但是仍然在民间广为流传,而且种类繁多,各具特色,究其原因,则是体现了人们在娱乐的过程中对"重生"思想的诉求。

(三)对主流思想——儒家思想的依附性

传统体育在古代虽然没有发展为大规模的竞技活动,但也深受历代民众的喜爱,并充分发挥了娱乐健身、道德教育、保家卫国等功能。儒家思想作为中国古代文化的主流思潮,对历代政治、经济、文学艺术的发展等方面都产生了深远的影响,传统体育也不可避免地打上了儒家思想的烙印,其传承也不可避免地受到儒家思想的影响,形成一定的依附性。

首先,传统体育项目种类繁多,功能多样,广泛流传于各个阶层、各个领域,这一格局的形成源于儒家"兼收并蓄、和而不同"的思想。纵观儒家思想发展的历史,可以看到居于主流地位的儒家思想具有较强的包容性。在不同时代思潮影响下,儒家思想对其他思想观念进行融合转换,使其成为儒家体系的一个组成部分,譬如宋明理学即是儒家融合了道、佛思想而形成的儒学新形态。儒家的包容性则源于"和而不同"观念。孔子曰:"君子和而不同,小人同而不和。"(《论语·子路》)"和而不同"简言之是和谐的共生关系。儒家认为良好社会秩序的保持需要以"和而不同"的共生观为基础,建立"贵贱有等,长幼有差,贫富轻重皆有称者也"(《荀子·礼论》)的伦理秩序。传统体育在"和而不同"思想的影响下,一方面,体育项目广泛交流传播,吸收借鉴其他地域、民族的健身方式;另一方面,体育项目流传于不同阶层,不同阶层根据自身的需求进行适当调整,从而使该项目奠定了广泛的群众基础。

其次,得以长期传承的健身项目大多遵循了以"德"为首的礼治传统。"礼"是中国传统文化的核心概念之一,与儒家思想相互融合渗透,形成了延续两千余年的礼治传统,成为维护社会秩序的基本原则。礼治传统与道德教育相结合,以伦理道德为内核,以礼仪规范为外在表现形式,形成了以"德"为首的礼治观念。射箭是传统体育中较为有代表性的项目之一。射箭由狩猎中产生,随着生产力水平的提高,逐渐从生产活动中独立出来,成为人们健身防身的重要方式之一。由于礼治观念的影响,射箭的功能逐渐多样化,不仅用于防身健身,而且成为伦理道德教育的方式,发展为"礼射"。礼射活动中,根据礼射者社会地位的高低和活动性质的不同对于使用的器具、相关人员的组织等制定了森严的等级制度,而且制定了一套严格的程序、复杂的步骤和完备的规则，意在通过礼射宣传伦理道德思想。射箭活动发展至今虽然已经摈弃了封建社会的等级观念，但作为一项非对抗性运动项目，始终关注射箭者身心兼修，注重射箭者的内在品质、精神、心理素质的培养。

以"德"为首的礼治传统，不仅体现在礼射活动中，对其他各种传统体育项目均有不同程度的影响，其中武术最具有代表性。武术虽然技艺复杂、门派众多，但各门各派均注重习武者"武德"的培养。各门各派各自的"门规""戒律"基本围绕着"尊师重道、孝悌正义、扶危济贫、除暴安良"等武德内容进行发挥。武术中的门户宗派之争也体现了伦理道德观念对武术界的深远影响。

其他用来健身、娱乐的传统体育项目，作为一种社会文化现象，在一定程度上也受到了伦理道德思想和礼治观念的影响。此类体育项目的衍变、传承、传播等方面都打上了鲜明的时代烙印，而对于项目参与者本身，其道德修养和意志锻炼也留下了伦理道德观念的痕迹。

再次，以娱乐为主要价值取向而与儒家思想相左的健身项目大多难逃衰落的命运。

由于不同的传统健身项目存在不同的价值取向，其发展的态势也存在很多的差异。武术在汇集了各种健身技艺之后于明清时期形成了门派众多、风格各异、流传广泛的格局，而蹴鞠等娱乐性项目则呈现出衰落的迹象，这一现象的出现则是与其价值取向和儒家思想的关系疏密有关。武术不仅具有健身强体、锻炼意志的功能，而且遵循儒家伦理道德思想，始终将"德"置于首位，这一价值取向是武术发展的内在原因。武术在明清时期的蓬勃发展与当时尖锐的民族、阶级矛盾有着直接关系。明朝时期连绵的战争和朝廷对武举武学的重视促进了武术的传播，特别是军事家戚继光带领戚家军抗击倭寇并总结经验著成《纪效新书》一书，极大地推动了传统武术的发展。让戚继光名垂千古的不仅是其武学新著，更重要的是其英勇抗倭的民族精神。清朝时期民族、阶级矛盾加剧，为了反抗压迫，人们通过练武组织起来，武术社团林立，形成了众多拳种门派，武术也被赋予了更为广泛的人文内涵。民间武术团体通过练武保家卫国，传承着修身齐家治国平天下的神圣使命。武术承载着社会主流思想，将武术技艺的传承与伦理道德思想的传播融为一体，丰富了武术的文化内涵，也扩大了武术的社会影响。

源于古齐国都城临淄的蹴鞠，具有很强的娱乐性，在战国时期、汉朝备受达官贵人、下层民众的喜爱。蹴鞠历经唐、宋发展到了顶峰，至元、明时期却逐渐没落。究其原因，则与价值取向有着直接的关系。蹴鞠在宋朝时期，不仅在技战术上达到了很高的水平,"球终日不坠",制球的原料、工艺等都有了改进,而且成立了专门的蹴鞠组织——"齐云社",出现了专门靠踢球技艺维持生活的足球艺人。但由于宋明理学的逐渐形成,并被统治阶层利用,成为约束甚至钳制民众思想的工具,而以娱乐为主要价值取向的蹴鞠与社会主导思想相悖而行,势必走向没落。到了元代,蹴鞠参与者越来越少,社会性大大缩小,不再是节日的活动内容,而成为和歌舞一样在宴会上表演的技艺。随着参与者群体的转变,蹴鞠成了和放荡行为相联系的一种娱乐,而为世人所不齿。目前,蹴鞠作为非物质文化遗产经国务院批准列入第一批国家级非物质文化遗产名录,但蹴鞠的文化内涵仍然因历史的局限、观念的约束而变得单薄。

综上所述,作为社会主流思想的儒家在两千年的发展历程中,逐渐渗入到传统体育文化之中,直接影响着其发展的方向。传统体育项目运动规则的形成及演变过程彰显了儒家生生不息的自然观,其功能的多元化也体现了儒家伦理道德思想的渗透,其运动境界的追求也内蕴了儒家天人合一的思想。

第二节 传统体育文化的传承方式

一、传统体育文化传承现状分析

传统体育文化作为传统文化的组成部分,历史悠久且内容丰富。近代以来,西方体育文化的传入与传播对传统体育文化的生存与传承产生一定的负面影响,虽然"土洋体育之争"展示了传统武术的文化内涵和发展的优势,国术馆的建立也极大地促进了武术的传播,但同时可以看出,传统体育文化发展的传统模式受到了严重冲击,如何解决中西体育文化的对立与冲突一直是体育界的热点问题。

随着社会经济的发展,现代化的生产生活方式使得传统体育文化的生存土壤逐渐遭到破坏,许多根植于乡土民间的传统体育项目因为娱乐手段的丰富、乡村人口的流动、传统节庆的消失而逐渐式微。市场经济环境下对利益的追求,经济价值偏低且难以进行产业运作的民间传统体育,尚需探索长期有效的发展模式。西方体育作为强势文化日益影响着中国人的体育休闲生活。传统体育项目或被边缘化,或向着竞赛、表演方向发展,人群参与度逐渐降低。同时,传承观念陈旧、传播方式单一等也造成了民间传统体育的发展困境。目前，传统体育文化传承中出现了多种困境，急需解决：传统武术拳种的传承后继乏人；民间民俗健身项目逐渐失去生存的土壤；传统养生项目的参与群体主要局限于老年群体；民间体育游戏在青少年中缺乏普及推广；等等。

传统体育文化是体育文化的重要组成部分，也是传统文化的重要内容。传统体育文化的传承需要灌注创意理念，在发掘整理的基础上，与现代各领域相融合，实行具有时代特色的传承方式，以发挥传统体育文化的当代价值，并进而将其传承下去。

二、传统体育文化创意传承模式探析

（一）民间民俗传承方式

民间民俗传承方式是中国传统体育文化传承的主要方式。将来自于生产、生活中的民间、民俗、民族的健身娱乐方式传承下来，通过组织民间不同规模的、不同模式的竞赛营造传承氛围；通过节庆活动的表演吸引更多的群体参加；通过家庭娱乐传承的方式增强健身的乐趣。

1. 千佛山登高节

济南千佛山登高是当地历史悠久的民间习俗之一。"遥望齐州九点烟，一泓海水杯中泻"，每年九月九，百姓登高、赏菊、逛庙会、买柿子，形成一种独特的民俗文化。

济南千佛山景区将民俗文化与登山健身、旅游观光相结合，充分发挥了这一民俗的健身价值。"佛山赏菊"为古时济南八景之一，明朝诗人边贡曾有"背领丹枫直，垂岩紫菊肥"来赞咏佛山菊花盛开之势。山南侧原有古人赏菊的"赏菊崖"，1984年在山顶东侧巨石上建起了"赏菊阁"，每年金秋时节，前来登山赏菊的游人络绎不绝。近年来，千佛山景区为恢复"佛山赏菊"景观，先后对赏菊阁进行了维修改造，并在周边修建鱼鳞坑和树穴，在山势陡峭的区域，通过回填种植土、安装假山石等措施不断改良土壤，便于菊花栽植。同时通过播种繁殖和片植两种方式，在东门至赏菊阁沿线扩大菊花种植面积，打造出一条可供游客观览的赏菊路线。

同时，千佛山景区还注重多元文化和功能的开发，打造了九月九重阳节山会、三月三相亲大会等活动，景区内设置有高尔夫球场、奇能滑道。在2013年的重阳节期间，景区接纳游客5.9万人，邀请了济南著名曲艺表演艺术家张存珠等表演传统曲艺，还设置了非遗大道，集中在万佛洞到腊梅园的道路一侧，有潍坊风筝、潍坊布娃娃、滨州剪纸、济南糖画、泥塑、面塑、木版年画、草编、翻花等喜闻乐见的非遗项目。

此外，千佛山景区积极开展现代登山活动，进一步突出了千佛山登高的健身价值。2004年11月《关于市属公园对市民晨练和晚练活动免费入园的规定》出台，千佛山开始对市民晨练、晚练时间入园免收门票。千佛山景区还作为分会场，举行了全国新年群众登高健身活动，省城各界群众、驻济高校学生、省、市机关干部和部分登山爱好者共计2000余人参加。

2.聊城龙舟运动

1983年，龙舟运动成为正式体育比赛项目，中国龙舟运动协会成立于1985年。当今我国有近30个省、市、自治区等开展了龙舟运动。聊城市东昌湖由10个湖区和20块水面组成，总面积5平方千米，湖岸线长16千米，略小于杭州西湖，以黄河水为源，积水约16万立方米，水深3～5米，常年不竭，是中国长江以北最大的城内人工湖泊，为龙舟运动的发展提供了得天独厚的硬件条件。

聊城市现有两种型号的龙舟：一种是中船（8条），长约20米，20人划船。一种是小船（12条），长约10米，容纳10人划船比赛，船上都配有鼓、锣、舵、桨。为筹备"第一届中国大学生龙舟锦标赛"聊城市购进新型比赛用舟18条，届时该市龙舟将达到38条。2002年五一劳动节，聊城举办了第一届聊城市龙舟比赛，比赛项目有500米直道速滑和3000米拉力赛。参赛的队伍达30多个，这也是山东省内举办的第一次龙舟比赛。从2002年五一劳动节到2005年十一国庆节，聊城已经成功举办了六届龙舟比赛，不包括两次国际龙舟邀请赛。2003年聊城市派出了一支龙舟队代表中国参加了在意大利举行的国际龙舟拉力赛，并且取得了较好的成绩。

2012年至今聊城已经举办三届"水文化"节，"水文化"节期间，开展了一系列综合性的文体商贸活动，包括综艺晚会、龙舟比赛、美食节、县（市）区旅游推介文艺展演、公开水域游泳大赛等十余项活动。经省旅游局报省政府同意，由省政府主办的2012全省好客山东休闲汇暨聊城"水文化"主题休闲周启动仪式于8月10日在聊城举办，聊城成为省会城市以外首个承办全省休闲汇启动仪式的城市。聊城市"水文化"节期间出游人数413.6万人次，旅游综合收入23.9亿元。

（二）学校教育传承方式

学校教育传承是易于组织、易见成效的传承方式，逐渐成为重要的传承方式之一。根据不同地域民间健身的特点，选取娱乐性强、群众基础好的项目进课堂；鼓励大中小学对传统健身项目进行创编；开展丰富多样的趣味运动会。

1. 中小学武术操的开展

武术操概念是以武术基本技能为主要元素，配以音乐节奏而进行徒手或持械的、以锻炼身体为目的的一种锻炼形式，指导思想是弘扬民族精神，传承民族文化。2010年9月在全国进行推广，并整合北京、上海、重庆、河南各地资源编制成《全国中小学生系列武术健身操》。武术操的特点是简单易学，突出攻防格斗，强调发声助威。目前在各地中小学均有开展，山东省内较有特色的有胶州市第四实验小学、日照莒县第一实验小学明德校区、淄博市淄川区实验小学、潍坊滨海实验小学等。胶州市第四实验小学2012年习练武术操，邀请国家武术一级裁判、山东省武术优秀教练员刘正海进行了现场指导。日照莒县第一实验小学明德校区利用每周二、四下午各一个小时左右的校本课程时间，以"一个都不能少"为口号，500多位学生集体参与武术操训练。淄博市淄川区实验小学武术操"精忠报国拳"入选淄博市素质教育特色工作案例。潍坊滨海实验小学将武术操纳入课间体育活动项目，以涵养学生精气神。为了让武术操形质兼美、整体化一，该校在校园内共设置了1500余个站位点。同时，武术操在第二十三届省运会、第四届全民健身运动会等大型运动会进行了表演展示。

自2010年9月1日，教育部、国家体育总局共同创编了《全国中小学系列武术健身操》（四套），并在全国普通中小学校中推广实施以来，各地中小学重复利用课间操、课外体育活动时间，与地方特色武术文化相结合，充分发挥武术文化的健身功能、武德教育功能、传统文化传承功能，成为传统武术文化传承的有效方式之一。

2. 高校梅花桩协会或社团

广饶县燕子杰，梅花拳第十七代传人，在1955—1962年北大学习时师从武术家韩其昌学习梅花拳。1981年燕子杰到山东大学数学系任教，1984年左右由于济南市武术协会的推进和山大学生组织的要求燕子杰先后担任山大武协会长、顾问，并在大学中义务传授梅花桩功夫，并在山大洪家楼小区成立第一个梅花桩协会。此后，梅花桩走进高校校园，并在齐鲁高校具有广泛的影响，时至今日，燕子杰老先生仍然坚持教授梅花桩。

目前，全国各大高校陆续都成立了梅花桩协会或社团，驻济高校中至2010年已经有12个高校的16个校区成立协会或社团。在校大学生参与梅花桩协会或社团，大多没有习武经验，参与协会或社团的缘由则是对于梅花桩功夫以及燕子杰老先生的人格魅力感兴趣。燕老本着只要学习者爱好梅花桩他本人就尽心教授的原则，这样使得很多对传统武术仅仅有兴趣的学生也大胆加入习练行列中来。参与的动机则是强身健体、防身自卫、继承传统文化遗产、开发智力和娱乐身心等，练习时间每次多为一小时到一个半小时。成员定期举办梅花桩的学习、训练和各种活动，成为梅花桩功夫传承的重要力量之一。

大学生通过参与梅花桩的训练及相关活动，大多感受到"以武治心"的魅力：自控力增强了，上网时间减少了，对自身的意志品质、思想观念的培养都产生了意想不到的效果。同时，习练者在练习过程中，对传统文化的态度发生了转变。通过高校梅花桩社团或协会活动的开展，可以看到，以传统武术为代表的传统体育文化走进高校校园，让学生通过自身的体验，不仅可以传承传统体育项目，而且真正感受传统体育所承载的文化。

（三）非物质文化遗产视野下的保护与传承

为了解决在全球化和社会转型进程中非物质文化遗产传承面临的困境，2004年，中国正式加入了《保护非物质文化遗产公约》，并采取了多种具体措施加强了我国非物质文化遗产的保护与传承。体育非物质文化遗产作为一种文化现象，有着特定的生存空间，随着其生存空间的改变，非遗的存在形式及状态都会有所改变。结合时代的变化对体育非物质文化遗产进行现代转型，使其融入民众生活中，才是真正促进其活态传承。

1. 临淄蹴鞠

蹴鞠是一项起源于齐地的古老运动。从战国时期一直到唐宋，蹴鞠发展为不同阶层喜爱热衷的健身娱乐活动。元明清时期，由于多方面的原因，蹴鞠逐渐被边缘化，进而走向沉寂衰落。进入21世纪以来，随着休闲文化的兴起，民间民俗体育得到了广泛的关注，蹴鞠文化再度进入人们的视野。临淄蹴鞠被论证为世界足球的起源，蹴鞠文化也大放异彩，成为淄博城市文化、世界足球文化的一个重要文化事件。

2004年6月10日，"足球起源专家论证会"在临淄成功召开并形成一致性结论：中国古代蹴鞠（足球）起源于春秋战国时期的齐国首都临淄。2004年7月8日，中国国家体育总局正式签署意见，同意将专家论证得出的学术成果"公布介绍和使用"。2004年7月15日，在北京举行的第三届中国国际足球博览会开幕式后的足球起源地新闻发布会上，亚足联秘书长维拉潘代表国际足联和亚洲足联向200多位中外记者正式宣布：足球诞生于2400多年前中国古代的临淄。2007年博物馆捐赠"圣球之源"雕塑予国际足联。2007年梅西访问济南，表演蹴鞠。

临淄蹴鞠充分发挥博物馆的普及教育功能，免费对公众开放，将博物馆作为临淄蹴鞠文化传承的载体。博物馆面积2500平方米，分为古代蹴鞠和现代足球两大部分，共计10个展览单元，陈列了150多件文物和300多幅历史图片，复原场景20多个。同时，组建了表演队伍，在各地和各大活动上争取机会进行表演宣传。中国临淄蹴鞠队是由中国足协在2004年9月首届国际齐文化旅游节期间授旗的一支业余蹴鞠表演队伍，为国家政要和重大赛事庆典进行表演，如2005年4月2日的中超开幕式，全省少数民族运动会，全省职工运动会和全省旅游专列宣传促销，2007年应邀与梅西互动对抗。

为了让蹴鞠走进人们特别是青少年的生活，人们创编了蹴鞠韵律操。全套韵律操《舞动的旋律》以欢快的《大家一起来》为背景音乐，将足球与艺术操、舞蹈等大众体育项目有机结合，以跳跃性步伐为主，共两大段，十六个八拍，每段八个八拍。突出了小学生活泼、好动的特点，充满了现代时尚气息。

此外，临淄蹴鞠创作了雕塑艺术"蹴鞠之光"。2007年9月14日，车秀申的大型青铜群雕作品《蹴鞠之光》在临淄展出，长24米，宽3米，共计400余人物，1000多个作品，分为儿童蹴鞠、白打、对抗赛和女子蹴鞠四部分。

2.青州花毽

青州花毽历史悠久，至今仍为青州人所喜爱。青州花毽踢法上可分单人踢、多人踢，按类别可分一般毽、观赏毽、比赛毽，花样繁多，有连升三级、鸳鸯拐、大蹁马、童子拜佛、转印、凤凰摆尾、垂首龙等108种。青州花毽讲究身形架步优美、心意相随、眼到脚到、反应灵活、人随毽舞、毽随人转，具有极高的健身价值和观赏性。目前，青州花毽入选第三批国家级非物质文化遗产名录，第四代传承人李贤臣为将青州花毽传承下去，在学校、社区举办了多个免费培训班，同时组建了青州花毽协会。青州花毽成为青州人热爱的一项健身娱乐活动。

青州花毽被列入非物质文化遗产名录之后，政府加大了保护的力度。2012年开始潍坊青州市建立宋城非物质文化展演一条街，先后组建了古城艺术团和非物质文化艺术团。当地政府每年拨出经费200万元，组织满族八角鼓、青州花毽、青州挫琴、青州府泥塑等20个非物质文化遗产保护项的传承人在宋城非遗文化展示一条街为游客免费表演，并免费传授各种技艺。同时，在媒体的大力宣传之下，他们多次参与地方重大文艺、庆典和军地联谊，还被邀请到中央电视台、山东电视台表演，进一步提高了青州花毽的知名度和影响力。

（四）赛事传承方式

赛事传承要求传承者具有一定的运动技能、较好的身体素质，是集中体现体育文化特征的传承方式。降低门槛、增强趣味性，则是发挥其传承作用的有效途径。

传统武术将打擂台的传统与现代竞技赛事的模式、规则相结合，通过举办赛事的方式进行有效传承。1993年济南市举办了"国际演武观光大会"，之后于1996年在此基础上举办第二届济南国际武术节。由此开始了山东省举办各级各类武术节庆赛会活动、弘扬传统武术的历史。

近年来主要赛事有2013首届中国（泰山）国际传统武术节、2014 "骐骥杯"首届青岛武术节、2014中国烟台"黄金珠宝城杯"螳螂拳武术节等。

2013首届中国（泰山）国际传统武术节共安排了200多项传统武术比赛，基本涵盖了国际国内开设的各类武术项目，整个赛事的参赛规模达到1500人到2000人。赛事打破传统比赛模式，专门邀请被国家授予"武林百杰"的各派名家、掌门人等大师对参赛选手和武术爱好者进行技术指导培训，还邀请国内知名院校武术博士生导师举办名家讲座辅导活动，对于弘扬武术文化、推广武术运动将起到积极作用。

2014 "骐骥杯"首届青岛武术节。于海等武术名家出席开幕式，设武术套路、散打、跆拳道等竞赛项目，还将举行武术研讨会、群众文体活动等丰富多彩的相关活动。

2014中国烟台"黄金珠宝城杯"螳螂拳武术节。来自俄罗斯、美国、加拿大等十几个国家的61支代表队共1200多名武术爱好者济济一堂，参加为期3天的武术节比赛，比赛分武术锦标赛和跆拳道锦标赛两大赛事活动，有各种拳术、器械、对练、集体项目、《中国武术段位制》考评，还特地开设了讲手堂，由资历较老的习武之人，对武术的攻防意识进行全面讲解。

（五）体育旅游传承方式

体育旅游传承方式是以体育资源为基础，旅游文化与体育文化相结合的传承方式。各地具有悠久历史的民间体育活动是当地民俗文化、特色文化的重要组成部分，体育旅游不仅有助于充分发挥其旅游价值、健身价值，而且是其有效传承的方式之一。

水浒文化是以山东境内的水浒故事为线索，衍生出的一系列与文物遗址遗迹、艺术作品、伦理道德、齐鲁民风民俗、宗教信仰等相关的事物和文化现象。水浒文化作为以武功高强、忠义道德的梁山好汉为核心的文化现象，包含有丰富的武术文化。目前以旅游产业开发为主的水浒文化景点有无锡水浒城与梁山、东平、阳谷的水浒主题公园、郓城的水浒文化城。郓城水浒文化由水浒文化城、宋江武校武术交流、水浒文化街、狗娃艺术团等几个部分组成。其中水浒文化城的一大特色是创意源的素材整合，并将其塑造成为物质的、非物质的旅游资源，水浒文化街则将濒临倒塌的老院落改建，按照小说中的场景修复，如宋江武馆、乌龙院、酒楼茶肆、手工作坊等。

（六）建立传统体育文化博物馆

在现代体育的发展历程中，一方面由于西方体育的引入和奥运文化的广泛传播，传统体育文化逐渐被边缘化；另一方面，随着现代化进程的推进，传统体育文化的生存土壤被破坏，传统体育面临传承与发展的困境。体育文化博物馆通过文物的展示讲述体育文化发展的历史，以具体可感的形式传播传统体育文化，是有效传承传统体育文化的重要方式。

目前，中国体育博物馆、上海体育学院的武术博物馆、成都体育学院博物馆等相继建立。中国体育博物馆位于北京亚运村国家奥林匹克体育中心东南处，1990年9月建成开放。博物馆建筑面积为7100平方米，展出面积为510平方米，藏有古今体育文物逾4700件，珍贵体育文物图片逾5000幅，是宣传和研究中国体育文化的多功能综合性新型社会教育阵地和了解中国体育的一个重要窗口。展览共分为中国古代、中国近代、中华人民共和国体育成就、奥林匹克运动和民族体育5个部分。通过展品，可以比较全面地了解到具有悠久传统的中国体育历史的发展过程。中国武术博物馆于2005年11月20日在上海体育学院落成。中国武术博物馆是世界上第一家全方位展示武术历史与文化的博物馆，总面积约1680平方米，现有藏品2000余件，并采用了多种现代科技手段展现武术文化。成都体育学院博物馆于2008年开始历时近三年时间，于2010年9月基本建成并进入试展阶段。试展期间已接待包括来自国家体育总局、国内各高校以及美国、英国、德国、法国、韩国、爱尔兰等多个参观访问团，接待观众人数达4000人以上，很好地传播了中国体育运动发展的独特历史文化。

体育文化博物馆以文物展示为主，辅以具有历史文化价值的文献资料的展示，展现齐鲁大地几千年来丰富的传统体育文化。博物馆的功能主要包括两个方面，一是承担着挖掘整理、收藏保护、传承传播齐鲁传统体育文化的重要功能；二是担负着体育文化教育研究的重要任务。博物馆依托文化的强大向心力,吸引广大科研人员积极参与进来,加大传统体育文化的传承力度。

综上所述,诸多传承方式需要以传统文化思想为基础,结合时代因素提出合理、积极的文化创意主题,并对文化定位、主要目的、发展方向、操作策略等进行系统设计,层层分解,形成以创意为核心、方式多样化、整体系统化的传承格局。

第三节 传统体育文化的创新

一、传统体育文化的现代转型

"民俗的流程,在任何一段历史时间中,都有过去、现在和未来。任何一种民俗事象,都以其不同的形式,传袭着过去,参与着现在,干预着未来。"[1]传统体育文化是几千年来人民大众在生产、生活、祭祀、战争等不断积累中传承下来的历史资源,面对当今生态环境的改变和西方体育文化的冲击所带来的困境,不停地在可适应与不可适应的条件下、在传统与现代的对话中调节自身,进行现代转型,这既是时代提出的课题,也是传统体育文化自身传承所需要考虑的问题。

首先,增强文化自信,探索创新发展。

全球化是当今体育文化发展的整体趋势,面对西方体育文化的涌入,需要对全球化及西方体育文化形成科学理性的认知,对传统体育文化进行科学定位。体育文化是具有鲜明民族、地域特色的文化现象,不仅是中国传统文化的组成部分,而且在世界体育文化中都具有广泛的影响力。不仅将传统体育文化放置在山东体育文化、中国体育文化的平台上进行发展,还应该有全球的视野。充分利用体育文化全球化提供的广阔平台,探寻适宜的发展路径,是提升传统体育文化自尊与自信的重要途径。淄博蹴鞠、潍坊风筝、泰山登山等通过专家论证或节日赛事等方式走向世界,产生了深远的国际影响,极大地提高了传统体育文化的自信。

文化的发展是一个新陈代谢、不断创新的过程。探寻任何一项传统体育项目

---

[1] 乌丙安.民俗与现代化的思考[J].民俗研究,1987(4):1.

的源流变化，都可以看到体育项目在不同历史阶段在玩法规则、器械场地等方面都有一定的变化，这种变化不仅是时代为其提出的要求所致，更是其自身发展传承的内在需要。理性面对传统体育文化面临发展的困境，从传统体育项目自身入手，探索适宜的规则方式与发展路径，激发其内在的发展动力。传统体育在实践中寻求自身改变与时代要求的契合点，建立传统体育发展的当代形态，实现时代性与历史性的统一。传统武术面对当今传承的困境，适时调整了传承的方式，由传统的师徒传承走向了教育传承、赛事传承，并利用全球化的平台，走出国门，形成了具有新时代特征的发展形态。

其次，树立大体育文化观念，实现跨领域合作。

新时期以来，我国竞技体育和群众体育取得了辉煌的成就，成为体育大国之一。体育事业的蓬勃发展带来了体育观念的改变。一方面，体育运动参与群体不断壮大，体育活动内容呈现多元化发展趋势，体育运动形式不断开拓创新，体育文化的内涵不断丰富。另一方面，体育作为一种社会活动，与社会生活中的政治、经济、文化有着密切的联系，对于体育文化的认识，需要从体育外部进行重新审视定位。因此对于体育文化的认识，不仅是将体育文化的内涵尽可能地丰富到体育的方方面面，更重要的是要有站在人类文化的高度把握体育文化与诸多文化现象的互融互通的内在关系。树立大体育文化观，打破体育专业的壁垒，消除体育行业与其他领域的隔阂，让体育文化重新回归到广阔复杂的社会生活中，通过跨界合作拓宽体育发展的路径。

目前，传统体育文化在跨领域合作中寻求缓解传承困境的突破口。一是与学校教育的结合。传统武术、蹴鞠、风筝等与本地学校联合，把传统体育项目作为学校特色课程，不仅丰富了学校的教学内容和学生的学习生活，而且有效传播、推广了传统体育文化。二是与经济发展相结合。在当今市场经济体制下传统体育的发展势必走向市场化、产业化。保持传统体育的文化根性，将传统文化的传播、传承融入市场经济体制，探索产业化的发展模式。泰山国际登山节作为一个集健身、文化传播、产业合作于一体的盛会，按照文体搭台，旅游、经贸唱戏的原则，带来了相当高的经济效益。

此外，体育与旅游结合，发展体育旅游是开拓体育发展领域的有效途径，也是当今体验文化的发展方向之一。体育与文化艺术结合，不仅为文学艺术提供了一个新的表现领域，而且是丰富体育文化内涵的重要途径。因此，树立大体育文化观念，实现体育的跨领域发展，是新时期对体育提出的新要求，也是体育自身真正得以发展的必要选择。

综上所述，传统体育文化的现代转型既是体育事业发展的需要，也是社会转型环境下的必然选择。传统体育文化的转型必须保留自身的文化根性，保持文化自尊与文化自信，理性辨析西方体育文化的利与弊，扬其利，避其弊，将其融入传统体育文化中。同时，传统体育的发展需要从狭隘的体育观念中走出来，融合古今，构建具有地域、民族特色的体育文化。

二、创意理念与传统体育文化的传承

体育文化的建设是为了人类的健康，传统体育文化传承的目的同样是人类自身的需要，同时也需要由人来完成，因此，创意内容、创意方式等需要体现以人为本的体育文化精神。

首先，创意元素的选择。创意元素的选择一方面需要坚持多样化、开放性的原则，不为某一行业、领域、学科所局限；另一方面需要服从于创意主题，引领积极健康的体育文化精神。其次，创意方式确定的原则。创意方式的确定，既需要把握项目内在的特征，更需要坚持兴趣第一的原则，充分发挥体育的游戏特征，激发参与者的积极主动性和创造性，鼓励参与者改编、创编健身项目。创意方式的确定还需要坚持灵活性原则，因地制宜，因人而异，因时而变。

创意理念不仅坚持以人为本，而且根植于实践与传统。接续传统，立足于社会实践，体现时代性与历史性的融合，是创意理念的基本内容。传统体育是在历史过程中积累的有关健身修身、保健养生、竞技对抗、娱乐休闲活动等与人的身心健康有关的文化现象的总称。新时期随着体育事业的蓬勃发展和大体育文化观念的形成，传统体育文化得到了广泛关注，成为体育文化、传统文化的重要组成部分。在新时期，尤其是 21 世纪以来，传统体育文化重新被认识，并被赋予多样化的功能。灌注创意理念，重新认识传统体育文化在新时代的新变化、新定位，并结合时代新的体制机制、方式方法进行发展与传播是传统体育文化当代传承的重要特色。

在历史发展的过程中，传统体育文化一直与社会思想文化、民风民俗融合在一起，是传统文化思想的重要载体之一。传统体育文化的传承与发展不仅需要注重项目的运动技能、规则、器械等显性文化，还需要透过项目的显性文化透视其内蕴的文化思想内涵。项目显性文化是内隐文化的展现，其发展变化以内隐文化为导向。对内隐文化进行挖掘，结合时代特点做出新的阐释，并以此为思想基础，对外显文化现象进行革新、转化，是传统体育文化得以传承的内在逻辑，这亦是创意传承的基本内涵。正如西方的奥运文化，从古代奥林匹克运动到现代奥运会的复兴，进而在百年的发展历程中成为"迄今为止世界上规模最大、水平最高、影响最广、生命力最强、最吸引人的国际性重大活动之一"，在于"人类的创新精神和与时俱进的社会元素不断注入奥林匹克的肌体，才使他不断进化，顺应了时代发展的潮流，克服了危及奥林匹克运动生存的经济和政治危机"[1]。

在创意传承中，传统体育文化的传承与创新二者相对相生，一方面，创新离不开传统，离开传统的创新只能是空谈；传承离不开创新，创新是体现了时代精神的传承。同时，创意传承要立足于社会实践，这既是文化创新的基本要求，也是文化创新的根本途径。

传统体育文化的创意传承不仅要从历史的角度正确理解传统与创新对立统一的关系，而且要以开放的姿态和跨学科、跨领域的视野进行创新。通过对不同领域资源的整合，建立广阔的平台，通过与不同地域、民族体育文化的对话与交流，博采众长，相互借鉴，并坚持以我为主，为我所用。

传统体育在新时期社会政治、经济、思想、文化等的影响之下，传承方式呈现出与历史上的师徒传承、无意识传承等不同的格局。在大体育文化观念下，传统体育的健身价值及其民俗文化交流、教育、产业等多元价值被发现，也形成了民间民俗传承方式、学校教育传承方式、赛事传承方式、体育旅游传承方式、非遗传承与建立传统体育文化博物馆等多样化传承方式。此外，大众传媒传承与文化产业传承也是具有时代特色的传承方式。大众传媒传承方式因其生动的视听效果逐渐成为重要的传承方式之一。对不同地域、民族的健身项目进行挖掘、整理，并展示参与者的愉悦感受，以音像的形式进行传播，发挥其形象生动、感染力强的特征，营造浓郁的传承氛围，广泛进行传统体育文化的推广普及。体育文化产业需要不断充实新的创意元素，以文化引领经济，以经济促进文化，形成文化与经济的良性关系，因此，文化产业传承方式日益得到关注。

---

[1] 梁强.现代奥林匹克运动会的文化创意：历史演进与价值创新[M].北京：人民邮电出版社，2013.

第七章 传统体育文化的对外传播

在党的十九大报告中明确做出了这样的要求,"推进国际传播能力建设,讲好中国故事,展现真实、立体、全面的中国,提高国家文化软实力",这是党中央在新时期,面临如此复杂的国际关系情势下做出的新要求,可见文化是建设强国梦的重要一环,体育文化自然是其中不可或缺的重要组成部分。尤其是在当前全球化的大背景下,体育更是成为各国、各民族、各种族之间进行文化交流与传播的重要载体。相较于西方体育文化来说,中国传统体育有其独特的运动形式及其价值内涵,其中蕴含的中国传统文化中的天人合一、兼容并包、和谐与共的人文精神更加符合和平与发展的时代主题。在这样的时代背景下,毋庸置疑,传统体育文化对外传播就显得尤为重要,我们在明确其重要性的同时,更应该积极做好准备,以应对体育文化传播这一过程中所遇到的种种困难与挑战。

第一节 传统体育文化对外传播方式

何为"对外传播"?沈苏儒《对外传播学概要》中"对外传播"一词定义为:"跨国的、跨文化的、跨语言的传播,是针对外国人和海外华人的、内外有别的传播,是应当重视传播效果的传播。"[1]既然传播的效果尤其重要,那么以何种方式传播必然成为我们所思考的问题。从传播主体或传播载体来看,传统体育文化对外传播方式主要有个体传播、组织传播、平台传播、艺术传播。

---

[1] 沈苏儒.对外传播的理论与实践[M].北京:五洲传播出版社,2004.

一、个体传播:"引进来""走出去"

从个体传播的角度来看,传统体育文化对外传播方式主要沿着两条思路进行,即"引进来"和"走出去"。

所谓"引进来"就是吸引大批外国学习者来华进行访问学习传统体育文化,主要是学习武术文化。来华留学生学习武术的主要方式有参加学校的武术课程学习、第二课堂活动。参加各级武术协会组织的活动也是留学生学习、体验、交流武术文化的重要渠道。比如中国武术协会举办的2019年厦门国际武术大赛就有160余名留学生参赛,2018年峨眉山国际武术节有120余支外国代表队参赛[1]。同时,借助新媒体参加武术文化活动成为越来越多年轻人的选择。

这种学习模式也包括由中国侨联、国家汉办、孔子学院、高校以及民间机构组织的中短期文化交流和学习活动。

"走出去"则是个体以不同的形式、不同的方式,从不同的层面对外进行体育文化的交流与传播,以海外华人华侨为代表的个体传播最具有代表性。个体传播自明清时期起就已经开始,随着大批中国人移居海外,武术、舞狮、赛龙舟等中国传统体育项目也随之走向世界。其中长期旅居海外并且从事传统体育文化教学或者开设交流机构的华人群体对传统体育文化对外传播发挥了重要作用。海外华人在传统体育文化对外传播上具有地域性、自发性、多元化的特点,在对外传播中也形成了一定的凝聚力和影响力。但就传播效果来说,由于其地域性特征相对明显,且大多集中于某个专业项目,因此受众群体相对固定一些,喜欢参与其中的也多以华人华裔为主,从而与当地文化的交融和嵌入不足,因此在传播深度和广度上稍显欠缺。

二、组织传播:政府组织与非政府体育组织

从组织传播的角度来看,传统体育文化的对外传播主要有政府组织传播和非政府体育组织传播。

政府组织传播主要是指不同层面的政府体育机构组织开展的体育文化交流活动,具体方式有传统体育展演、传统体育文化交流会议等。政府组织的传统体育文化传播活动中,"中外文化年"具有广泛的影响力和传播力。"中外文化年"是一种文化外交方式,其为具有不同文化观念的国家、民族提供了展示、交流、合

---

[1] 翟京云等.中国武术在来华留学生中传播现状与发展对策研究[J].青少年体育,2020(10):131–132.

作的平台。传统体育文化是中国传统文化的重要组成部分,"中外文化年"活动中,中国功夫、健身气功、龙狮运动、五禽戏、八段锦、中国象棋与围棋等广受关注,有效推动了传统体育文化的对外传播。我国已连续举办了中法文化年、中俄文化年、中印文化年、中德文化节、中意文化节、中英文化交流年等多次中外文化交流活动,将中国传统体育文化传到世界各地。

非政府体育组织中以国际联合会为代表的项目协会对传统体育文化的传播发挥了重要作用。管辖源于中国的体育项目的国家单项联合会主要有国际武术联合会(IWUF)、国际健身气功联合会(IHQF)、国际龙狮运动联合会(IDLDF)、国际龙舟联合会(IDBF)等。这类国际单项联合会成员协会分布在世界各地,举办多种锦标赛和比赛大会,在世界范围内影响广泛,是传播传统体育文化的有力支撑。

此外,"孔子学院"在传统体育文化跨文化传播中发挥了重要作用。孔子学院由国家汉语国际推广领导小组办公室设立,以推广汉语和传播中国文化与国学教育为目的的文化交流机构,一般开设于国外的大学和研究院等教育机构中。孔子学院提供的是一种相对动态灵活的传播模式,在实际教学中开设中国传统武术、舞狮等项目,这是为传播中国传统体育文化进行的尝试性探索。但是孔子学院还是以汉语言教学为主要对外传播任务,中国传统体育项目仅仅是作为兴趣课开设在部分学院中,且所涉及的项目十分单一。不仅如此,孔子学院的任课老师也主要集中于对外汉语教学方面,对于传统体育项目的了解不够深刻,这直接影响了体育项目实践工作的进行。此外,孔子学院还要面临相对复杂的环境,在对外传播中国文化的同时也会受到西方媒体的扭曲,从而在实际的工作中也是困难重重,这些都对中国传统体育文化的传播和推广产生不利的影响,这也说明传统体育项目要想依托孔子学院得到更好的发展,必须在系统性、深入性、持续性的纵深等问题上进一步探索。

三、平台传播:国际赛事与"一带一路"

国际赛事为传统体育文化的传播提供了国际化平台,北京作为"双奥之城",充分发挥奥运平台的作用,推动了中国文化、传统体育文化对外传播。"一带一路"作为国家级顶层合作倡议,延续古代丝绸之路文化交流的传统,有效拓展了传统体育文化传播的路径。

现代奥运会秉承了开放、多元的发展策略,奥林匹克文化逐渐发展成为贯通古今、融合中西的全球文化体系。正如前国际奥委会副主席何振梁先生所言:奥林匹克运动成功的原因之一是对多种文化的兼容和尊重，正是奥林匹克运动的多文化性，才使它更有吸引力和凝聚力。北京成功举办了2008年夏季奥运会（奥运会和残奥会）和2022年冬季奥运会（冬奥会和冬残奥会），借助北京举办奥运会的契机，通过传统体育文化活动的开展展示了传统体育项目，传播了传统体育文化的思想与精神，有效地推动了传统体育走向世界，促进了传统体育的现代发展。此外，2010年首届由世界体育总会主办、国家体育总局和北京市人民政府承办的世界武搏运动会在北京举办，传统体育项目在北京武博会这一国际平台参赛并取得了不错的成绩，为传统体育传承创新、进入国际赛事、走向世界提供了借鉴。

"一带一路"即"丝绸之路经济带"和"21世纪海上丝绸之路"，是我国提出的多国共同发展的合作倡议，是接续历史传统构建的区域合作平台。"一带一路"为传统体育文化"走出去"提供了新机遇，发掘、整理区域体育文化，发挥区域体育文化资源优势，通过与沿线国家、民族、地区的文化对话、交流与合作，构建民族传统体育文化传播新格局，丰富传播内容，提升传播质量，增强传播效果。

四、文化传播：影视文化与文艺作品

中国传统体育文化的内容以影视剧、电影、舞台剧的形式进行对外传播，也就是通过艺术化的演绎与包装之后进行对外传播。这种传播虽然并没有实际上与人接触，但是在传播的广度上具有极佳的优势。而就实际效果来看，优秀的影视作品对中国传统体育文化传播的推动有着不可忽视的作用，例如20世纪李小龙就拍摄了一系列的功夫片，再到李连杰拍摄的功夫电影《少林寺》，这些影视作品所引发的中国武术热迅速在世界范围内引发热潮，直至今天，"中国功夫"依然是中国传统体育文化的标签，在海外有着众多的追随者。当然，我们在看到艺术作品在对外传播中的巨大优势的同时，也要关注到其中存在的问题。通过艺术化的演绎，传统体育项目中的某些动作会带有不同程度的夸张成分，这使得影视剧作品在实际的传播过程中就成了一把双刃剑。在扩大影响力、提高关注度的同时也会给观众带来曲解和误导，尤其是对于不了解中国传统体育文化的受众来说，会直接影响他们客观真实的认识和评价影视中的"中国功夫"。因此，如何客观地认识和评价影视剧中的中国传统体育还需要恰当有效的引导途径，尤其是在今天，中国对外交流日益增多，影视剧以及团体演出形式日益频繁的情况下，这一问题亟待思考和解决。

此外，国内高校也成立了很多演出团体，对外演出主要集中在武术、舞龙舞狮、中国气功等项目，多以融合了中国元素的舞台剧形式出现。较为常见的是武

术与中国舞蹈、武术与传统戏曲等融合的"武舞结合"的形式,这种表演形式在长期的对外传播实践中取得了较好的效果。总体上来说,种种文化产品的输出在体育文化的对外传播中取得了一定的影响,也形成了一定的规模,但是从总体上来说仍然有很大的提升空间,毕竟除了影视作品之外的文化产品还未能形成比较成熟的商业化运营模式,因此在传播的深度以及持续性方面有待进一步提高。

第二节 传统体育文化对外传播的困境及反思

传统体育文化的对外传播取得了巨大的成就,但仍然面临着传播的困境。在对外传播过程中,由于传统体育文化与传入方地域文化的显著差异,产生文化冲突和文化误读,势必造成理解、交流、接纳的困难。鉴于此,从深层次反思传播困境,文化自觉意识的缺失、传统体育文化传播不够深入精准、体育国际传播话语权尚未建立,是传统体育文化对外传播面临的深层次问题。

一、文化冲突与文化误读

传统体育文化的对外传播实质是异质文化之间的交流问题。中国传统文化在几千年的发展历史过程中一脉相承,形成了迥异于其他地域的文化特质。在传统文化中孕育的体育文化也有着鲜明的中国文化特色。如前文所述,传统体育文化在身体观、体育观念文化、体育运动形态、体育项目等方面都与西方体育文化不同。从文化传播角度来看,文化差异犹如一把双刃剑,一方面,异质文化是文化的魅力所在,是文化的交流与传播的前提,也是提升传播效果的有效手段;另一方面,异质文化为双方的接受带来了一定的障碍,甚至产生文化冲突、文化误读,在一定程度上影响了传播的效果。

每一种文化都是独立而非普遍适用的存在,文化之间的冲突是持续存在和发展的。跨文化冲突表现为"不同文化当事者因生存、发展、价值观、期待等方面的不和谐而形成的交互式交流方式"[1],同时,"由于人们缺乏对异国文化的了解,

---

[1] 余亮妹等.孔子学院的跨文化冲突及应对策略研究——以南非某孔院为例[J].文化软实力研究,2021(1):95–104.

彼此之间存在语言、思维方式、价值观、传统文化及民族心理差异等，导致文化误读现象频繁发生"[①]。传统体育文化对外传播面临的文化冲突或文化误读主要体现在以下几个方面：首先是体育价值观念方面。中国体育传统文化注重"和谐"，崇尚人与人、人与社会、人与自然、人自身共生的和谐，蕴含着"以人为本""天人合一""身心并举"的价值，通过体育锻炼活动来修身养性，以达到身心和谐的境界。西方体育文化崇尚"竞争"与"主体性"，追求个人自由，注重个人能力的发展，这种价值观念带给西方人的是顽强拼搏和勇于冒险的精神。在西方体育项目竞技中，人们的目标是通过竞争和对抗来击败对方，获得冠军，以追求"更高、更快、更强"为目标导向。其次是思维方式方面。传统体育文化思维注重整体性、一贯性，体育文化与其他文化现象都遵从共同的规律，"道一以贯之"，"道"不可言说，需要通过个人体验进行领悟，注重精神体验的过程。西方体育文化注重科学性，在主客二分的逻辑思维下，注重逻辑与分析。再次是情感方面。传统体育文化受到家国一体观念的影响，具有鲜明的爱国情怀和民族情结，西方体育文化受到契约精神与平等观念的影响，更侧重个体的利益与感受。最后是语言方面。汉语言文字属于表意体系的文字，每一个汉字都蕴含着丰富的文化，而且随着历史的发展字形及其含义会有相应的变化，因此，有"一字一世界，一笔一乾坤"的说法。西方语言文字属于表音体系的文字。文字符号性质不同，在翻译、转换过程中容易造成误读现象。由于传统体育文化对外传播的异质性，在价值观念、思维方式、情感追求、语言文字等方面的不同带来的文化冲突或文化误读，影响了传播的效果。因此，需要加强对文化冲突、文化误读所带来的情感挫折、冲突对抗的有意识的管理，进而探索缓和、化解文化冲突和消除文化误读的有效途径。

二、对传统体育文化对外传播的反思

（一）文化自觉性不足

既然中西体育文化的融合已然成为一种趋势，那么分析和反思中国传统体育文化在对外传播过程中存在的问题就显得尤为重要了。首先，中国传统体育文化的自觉性还不够。"文化自觉"最早是由费孝通先生于1997年提出的，他认为

[①] 王继昂.从文化差异角度谈跨文化交际中出现的文化误读现象[J].太原城市职业技术学院学报，2014（7）：132-133.

"文化自觉"是一个长期且艰巨的过程，文化自觉的前提就是深入地认识并了解自己本民族的文化，同时接触多种外来的文化，只有在此基础上，才能在多元共生的文化世界里确立自己的位置。在多元文化中，本民族文化经过自主适应，与其他文化碰撞融合、取长补短，经历这个过程之后，多元文化共同建立起一个基本秩序，在此秩序之下，多种文化都能和平共处、发挥所长、携手并进。对于国家建设来说，文化是一个国家综合国力的重要标志。近代中国文化在经历了百余年的兴衰变革之后，随着西方文化的强势入侵，国民对于本民族文化的怀疑、对于外来文化的盲目推崇始终伴随着文化走向自觉的这一过程，作为中国文化重要组成部分的中国传统体育文化自然也会受到很大的影响。中国传统体育项目多达977种，其中汉民族的体育项目有300余种，其他民族有六百余种，然而在实际的宣传和组织过程中，面对如此丰富多样的传统体育项目，很明显我们在了解、开发、推广以及深入挖掘和整理方面存在严重的不足，对于我们本民族优秀的传统体育文化在认识上有所欠缺，这更进一步说明我们对自身文化缺乏客观、系统且全面的认识。新时期，从文化自觉走向文化自信，不仅要求在理论层面上实现提升，更要在实践上实现跨越。

（二）传统体育文化的价值内涵挖掘不足

我们对于中国传统体育文化的价值内涵挖掘不足。我们在重视传统体育项目外在表现形式的同时，也要关注其中所包含的价值观念。传统体育文化是融传统体育的技术、思想、礼仪、服饰、器物及相关衍生产品于一体的综合性的文化形式，并非是单一的概念。面对当前的传统体育文化传播，我们有一个认识的误区，即将传统体育项目的技术传播等同于文化传播，实际上这二者有着根本性的不同，仅仅是技术传播在广度与深度上远远不能等同于文化传播。这种模糊的认识在现有传播模式中具体表现在这样两个方面：第一，传统体育项目中所重视的技术没有与其所承载的文化与价值内涵进行较好的融合。以孔子学院为例来看，在孔子学院中所设置的传统体育文化项目，其开设的真正意义不在于教授某个项目的技术，更不是以提升其技术水平为主要目的，而是通过身体语言将传统体育项目中所蕴含着的中国传统文化思想、行为方式、审美风格、礼仪规范等传达出去。相对于传授技术而言，中国传统文化的输出更为重要。如果片面地强调技术，将传统体育项目教学变为单一的技术层面的教学，或者只注重讲述体育项目中的思想内涵而不加强技术实践，都会对传统体育文化在对外传播过程中的实际效果产生影响。第二，对于中国传统体育文化中所蕴含的服饰、器物等审美文化价值认识还不够。在传统体育项目中，服饰、器材往往最能直观地体现出中国传统文化的品格和审美趣味性，这些在对外文化传播中所产生的潜移默化的影响是不能轻视的。第三，对服饰、器物的文化传播价值重视不足。传统体育在对外传播中所涉及的器材、用具、服饰最为直观地体现着中国文化的品格与特色，在对外文化传播中有着不可轻视的作用。然而在实际中，在一些国际比赛、教学交流等活动中，对于服饰器物的文化性、审美性重视不够，忽略了其在传播中国传统文化意义和文化价值方面的作用，中国传统文化价值并没有在其中得到充分的显现。总体来说，就是未能发挥服饰、器物在传统体育文化对外交流与传播中应有的价值。

（三）体育国际话语权的缺失

从国家层面上来说，在全球化的时代背景下，中国传统体育目前面临的形势是传统体育文化在国际舞台上缺乏一定的话语权。这种情况出现的原因可以从内外两个方面进行分析。自内来说，可以看出传统体育文化在发展过程中未能形成较强的规范性和系统性，甚至一些传统的体育项目在技术的传承中出现断层，这些都直接影响了传统体育文化的流通，致使许多传统体育项目在自我的完善和提升层面上努力不足，缺乏可借鉴的经验。以传统武术项目为例，在对外武术教学中，许多来华留学生和海外武术教学学员在经过了一段时间的学习和练习后，都会对所学内容感到些许困惑，甚至会产生一些畏难的情绪，尤其是对武术中相关的概念、动作评定的标准认识模糊不清。出现这种情况的原因大部分是在实际教学中，缺乏对留学生群体需求的研究和定位，没有在行业规范内建立起一套统一的执行标准。由外而言，中国传统体育文化虽然有很多对外传播的渠道，但是这些渠道之间彼此分离、相互独立，缺乏有效的协同与合作，官方与民间自发的对外传播方式在实际的传播工作中各具优势的同时也各自存在不足，但是他们就传播方向以及具体执行等问题上没有建立起良好的沟通与协同合作的机制。这一系列问题影响了各传播渠道优势的发挥以及对外传播资源的最大化利用，在某种程度上制约了中国传统体育文化的对外推广。

第三节 传统体育文化传播困境的突围

对于中国传统体育文化的对外传播中存在的问题及面临的困境,从传播模式本身去反思这一问题是很有必要的。武术入奥是个世纪难题,武术进入青奥会,为传统体育文化对外传播打开了新局面,开启了新征程。

一、基于"5W"传播模式的突围策略

1948年,美国学者哈罗德·拉斯韦尔(Harold Lasswell)在《传播在社会中的结构与功能》这篇论文中首次提出了传播过程构成的五个基本要素,后来被人们称之为"5W模式",即:Who(传播者)、Say What(传播内容)、In Which Channel(传播渠道)、To Whom(传播受众)、With What Effect(传播效果)。接下来主要围绕着传播过程中的这五个要素,对传统体育文化对外传播实践中的问题进行一些反思,并试图寻找一些应对的策略。

(一)传播者

传播者是传播活动的起点,在大众传播中,传播者可以是个人比如编辑、记者、节目制作人等;也可以是媒介组织,如报社、出版社、电台、电影公司等。因此在传播过程中,培养专业性的传播人才就成为传统体育文化对外传播的核心问题。由于传统体育文化在对外传播中,既要注重体育运动的形式,又不能忽略其中所蕴含着的体育文化间的多元性、差异性、包容性与共通性。因此对传统体育文化对外传播人才的培养应从两个方面进行:第一重视体育文化背景教育,体育文化传播者应具有较为广泛的体育知识以及与体育学科有交叉的其他知识;第二重视运动项目的技能教育,要具体根据传统体育文化传播中不同项目的需要,提高传播人才的专业技术能力,有针对性地培养传播人才。当然,从国家制度的层面来说可以发挥教育体制中的优势,在学校体育教育中进行一些专业或者定向的培养。

(二)传播内容

传播内容是传播过程这个完整链条的中心环节,所谓的内容并非单指某种具

体的信息，而是指所有通过大众媒介传播给受众的信息。中国传统体育文化中蕴含着丰富且深厚的中华文化精神，在对外的传播中要尤其突出其兼容并包的特性。而在具体的传播内容的选择上，既要能够向世界展示中华文化精神，也要寻找到中国特色文化与他国文化可契合的点，以便达到文化上的互通有无。达到"兼容并包""兼收并蓄"的前提是充分了解受众方的社会文化与民风民俗。在实际的对外传播过程中，中国传统体育文化应充分考虑到不同国家的历史文化、宗教文化、政治经济文化等因素，从而找准自己的定位，要根据当地的风土人情、受众需求选择恰当合适的传播项目。在兼容并包的同时更要体现中国传统体育文化的独特性，中国传统体育文化中蕴含着独特的审美性、艺术性等人文思想和情怀，在太极功夫、八段锦等运动项目中，均体现出中国传统文化中"天人合一"的价值理念。而从实用性的层面上来看，传统的体育项目的确对目标群体的身心健康以及生活质量有促进作用，这就要求传统体育文化在内容的设计、呈现与输出上既要凸显中国传统体育文化的民族特色，又要结合具体地域的特点和需求进行切实可行的考量。此外，在具体传播时还要充分考虑到受众群体的客观条件，无论采用何种传播方式都需要有精准的受众定位，尽可能地打造符合行业规范、系统且便捷的传播产品，在实际的传播教学中提高学习效率，满足不同受众的需求。不仅如此，还要相应地建立一套包括传播、考核、评价的完整体系，以保证传播内容的切实有效。

（三）传播渠道

从传播渠道来看，现存的主要问题是各个传播渠道之间缺乏有效的互动与整合。许多个体传播者在具体的文化传播工作中有着丰富的传播经验，也取得了一定的成果，但是却缺乏当地主流传播平台的支持，不利于获取传播资源；而某些组织机构传播虽然拥有多个传播渠道和相对稳定的辅助资源，但是具备专业能力与传播经验的优秀人才相对缺乏。这说明各渠道之间在资源上的优势不同，但是彼此之间缺乏通力合作，这种局面将会制约我国传统体育文化的对外传播。针对这一现状，应在各个传播模式之间建立广泛而深入的交流机制，将分散在各个渠道之中的优势资源进行整合与互动，在拓宽对外传播渠道的同时实现整体效益的最大化。比如可以利用大数据技术建立传统体育人才数据库，将优秀教师资源收入其中，内容可涵盖高等学校的优质教学示范课、最新的研究成果、海外教学资源，除此之外，还可以将民族特色鲜明的文化产品进行商业化的运作，以加强民族传统体育文化对外传播的力量与效果。

（四）受众

受众指的是主动的信息接收者，是信息再加工的传播者，同时也是传播活动的反馈源，在实际的传播中，传播者和受众相对存在且在一定条件下可以相互转换，可见受众在传播活动中占有重要的位置。在传统体育文化的对外传播中，其中的"对外"是一个较为宽泛的概念，它泛指中国以外的包括海外华人在内的各个国家的人民，在以此范围内所涉及的人作为传播的受众时，自然要充分意识到存在于不同国家、不同种族、不同年龄段、不同传播环境下各受众群体的特性，并且在现有受众群体的基础上不断扩大潜在受众群体的范围，进而扩大传统体育文化对外传播的受众范围。随着互联网时代的到来，伴随着新媒体成长起来的年青一代思维活跃，在网络和一系列新兴媒体的影响下他们拥有更多的话语权。因此在新时代的传统体育文化传播中，必须将这些年轻人考虑在内，要挖掘适合年青一代开展的传统体育项目，与新兴的、火热的、流行的某些新兴体育项目融合。

（五）传播效果

就传播效果来说，传统体育文化的对外传播主要关注的是传播者传播出的信息经过各种媒介传至受众，进而在思想观念、行为方式等方面对受众产生的影响。关于传播效果的研究一直是传播过程中争议最大、最具有现实意义的环节。2021年5月31日，习近平总书记在主持十九届中央政治局第三十次集体学习时强调，讲好中国故事，传播好中国声音，展示真实、立体、全面的中国，是加强我国国际传播能力建设的重要任务。在此目标指导下，只有建立和完善对外传播的反馈和评价机制，才能对传播的内容、方式进行针对性的调整，进而达到最佳的传播效果。这就要求传统体育文化传播工作者要提高自身的工作站位，对自己从事的工作有更加深刻且全面的认识，明确这项工作的重要意义，即传统体育文化是国家文化软实力的重要体现，做好传统体育文化的传播工作符合构建人类命运共同体的美好愿景；在明确意义的同时，传统体育文化传播工作者无论是在技能方面还是理论方面都要努力提升，增强传统体育项目的吸引力，展现传统体育项目独特的审美趣味性，争取吸纳更多人群参与到传统体育项目之中。从宏观层面上来说，要加快推进传统体育文化对外传播改革创新的步伐，以更新的传播理念作为该项工作的理论支撑，以受众的认同度和喜爱程度作为重要的参照。需要进一步完善评价反馈机制，借鉴传播学等相关领域的理论和实践经验，建立起更加科学、有效的评价标准；对于受众反馈的信息要进行正反两方面的分析，获取其中的成功经验，更要正视其中所存在的问题，在效果反馈的同时改进设计，打破这两者之间的壁垒，不断地以实践中的问题为导向进行后续的设计与完善，以实践中的成功经验为后续设计提供重要参考。

综上所述，提升传播者的传统体育文化素养和传播能力，构建中国体育话语权和中国体育叙事体系，拓展传播渠道，讲好中国体育故事，传播中国体育文化，有效提升中国传统体育文化的对外传播效果。

二、武术入奥历程及启示

2020年1月8日，国际奥委会正式宣布：武术成为第四届青奥会新增正式比赛项目，武术第一次成为奥林匹克系列运动会的正式比赛项目，标志着武术"入奥"进程取得阶段性胜利。

"上武得道，平天下；中武入喆，安身心；下武精技，防侵害。"武术自商周起就融入中华文化发展的大潮之中，迄今为止已有4200年的中华文明史。武术是中国特有的一种传统文化，是一种身体文化与精神文化的共同体。[①]武术作为中国一种具有代表性的文化载体，发展到21世纪借助孔子学院等对外文化传播渠道，成为中国对外形象展示的一张名片。本章节通过对"武术"申奥历程的回顾，展示以武术为代表的东方文化逐步迈向世界体育文化交流的舞台，透过"武术"为代表的民族传统体育文化的突围传播，启示中国民族传统文化的国际化传播，拓宽中华文化传播渠道，提升中国文化软实力，展望东方文明与西方文明在世界体育大家庭中融合并进。

（一）武术"入奥"历程回顾

根据《奥林匹克宪章》规定，成为奥运会的正式比赛项目，首先，需要得到国际奥委会的正式承认；其次，必须在四大洲以上的地区成立有项目联合会；最后，项目必须在至少75个国家和4个大洲的男子以及至少在40个国家和3个大洲的女子中广泛开展。武术被列为2022年第四届青年奥林匹克运动会正式比赛项目，是经过国家多年规划发展以及社会多方努力。武术成为奥林匹克系列运动会正式比赛项目，是武术进入奥运会的战略任务的标志性成就。

以时间为线索，学界学者回顾其入奥历程。第一阶段：竞技武术萌芽成长期

---

① 张开娟，马晟，毛旺."一带一路"背景下武术对外传播途径研究［J］.浙江体育科学，2017，39（01）：86-89.

(1936—1980年)。1936年在德国首都柏林举行的第十一届奥运会上,中国派了一个由9人组成的国术队到场表演。1957年武术被列为国家竞赛项目,至此武术作为体育项目正式出现在人们的视野。1958年中国武术协会的成立、1959年第一本《武术竞赛规则》的问世标志着武术渐渐踏上了竞技体育之路,竞技武术也日渐成形。第二阶段:"武术入奥"准备期(1981—2000年)。1990年10月3日,国际武术联合会在北京宣告成立。1994年,国际武联被国际单项体育联合会接纳为会员。第三阶段:"武术入奥"冲刺期(2001—2020年)。[①]2001年,国际武联第一次提出申请武术成为奥运会比赛项目。2002年,国际武联被国际奥委会正式承认。2008年,国际武联第二次向国际奥委会提交武术入奥申请。北京奥运会期间成功举办"北京2008武术比赛"。2011年,国际武联第三次向国际奥委会提交武术入奥申请,武术被列为2020年奥运会8个备选项目之一。此次,武术最终进入第三轮投票,但仍然被淘汰出局,无缘东京奥运会。2020年1月8日,武术成为达喀尔2020年青奥会新增正式比赛项目。

为使中国武术进入奥运会,中国政府首先通过成立各级武术组织机构,扩展成员规模。在1999年国际武术联合会获得国际奥委会的承认,世界五大洲先后成立了武术联合会会员(国)单位,现已发展到了112个。其次,组织国内外大型武术竞赛活动,扩大影响力。1990年北京借承办第11届亚运会之机,将武术正式列入亚洲运动会的比赛项目。1991年10月第1届世界武术锦标赛在北京成功举办,开辟了武术走向世界的新征途。最后,修改完善武术竞赛规则。21世纪以来,国家体育总局武术管理中心多次组织相关专家对原有的武术竞赛规则进行了较大改动,整个评分过程由电子计分器处理和输出,新规则的实施,增加了评分的准确度,增强了规则的可操作性,体现了武术竞赛的科学性。[②]

(二)武术入奥的启示

在体育全球化的时代背景下,各个国家、民族的体育文化突破桎梏,实现交流互通,东西方文明不断冲突碰撞。武术是璀璨中华文化中的一颗明珠,是中华优秀传统文化的具象呈现。后奥运时代,中华传统文化希冀以武术为切入点,推动武术的国际化发展、提升中华文化软实力。以2008年北京奥运会为分水岭,人

---

① 刘一梦.武术入奥的回眸与反思[J].武术研究,2021,6(09):18-20.
② 栗胜夫,杨丽.关于武术进奥运及办好奥运会武术比赛的若干思考[J].武汉体育学院学报,2007(11):55-60.

们从"武术入奥"的愿景中,逐步认清东西方文化差异等,在长期的探索发展中为传统体育文化传播提供启示。

更新发展理念,契合奥林匹克文化基因。武术申奥是武术国际化进程的必由之路,是传播民族传统体育文化、加快体育强国建设以及世界体育文化多元发展的关键一步。奥林匹克文化源起于西方文明,相较于东方文化中的感性因子,奥林匹克文化中更多地强调"可量化"。以"武术"为代表的中华民族传统体育文化在发展中应对其所处文化的环境有明确了解,要搞清楚这些文化的来历、发展的历程、所拥有的独特魅力以及它发展的趋势。明确了解是为了增强自身在文化转型时期的自主实力,获得在新环境、新背景下文化选择的优势地位。[①]

经过千年发展,武术一直随着社会意识形态的变迁不断演进发展,古代的儒家文化影响、民国时期西方体育文化思想的冲击以及新中国成立后,武术向着高、新、难、美的方向发展并制定出一系列的武术规则。武术从商周走来,在走向奥林匹克大家庭的征途中,以创造性转化和创新性发展的理念,改造项目设计,完善竞赛体系,从精英走向大众,在逐步实现传统体育文化的突围。

创新表现形式,留存民族文化底色。威廉·A.哈维兰认为,文化传播是一个社会向另一个社会借用一种文化元素。借助举办奥运会之机,东道主国家纷纷申办具有民族特色的比赛项目,1964年日本奥运会柔道成为奥运项目,1988年韩国奥运会跆拳道成为奥运项目,日本空手道在2018年进入青奥会之后,在2020年成功入选奥运会。探其入奥历程,柔道和跆拳道通过简化其动作,摒弃传统项目中类似表演以及实战性不强的一些不适应竞技的传统内容,将其最符合现代竞技体育要求的竞技性最强的对抗内容提炼成科学独立的理论和教学体系。[②]为实现入奥目标,武术为适应国际规则,修订自身规则,最终导致武术在技法结构的异化、武术套路技击本质的弱化以及文化价值观念上出现偏轨与缺失的问题。

一项传统体育活动的价值也并不是局限于它是否能够进入奥运会,中国武术应该以自己的方式和自己的文化特色走向世界,在展示中应尽可能多地留存其带有的民族特性,而不是在迎合奥林匹克文化中丧失其民族特征。对于武术的创新不能只追求创造新的东西而忽视其本质的东西,我们要在保留其底色的前提下进行创新。

---

① 张开娟,马晟,毛旺."一带一路"背景下武术对外传播途径研究[J].浙江体育科学,2017,39(01):86-89.

② 周未娟.从跆拳道的入奥历程论竞技武术的改革思路[D].浙江师范大学,2009.

第八章　当代体育文化的现代化发展

现代化是社会发展的方向与追求,社会的现代化发展是全方位的,体育文化的现代化发展是时代的需要,也是体育文化自身发展的需要。随着全民健身与竞技体育飞速发展,当代体育文化的发展呈现出全球化、产业化的发展趋势。同时,跨界与融合也逐渐成为体育文化新亮点。

第一节　体育文化的全球化发展

"全球化"是历史发展的趋势,体育文化的发展顺应历史发展的潮流,呈现全球化发展趋势。体育文化全球化发展格局由单一走向多元,每一个国家、民族的体育文化都是平等的,都是全球化舞台的主角,多元化的格局促进了体育文化的繁荣发展。

一、"全球化"的内涵

"全球化"的思想源头可上溯至轴心时代,东方哲学中即有"天下大同"的观点,阴阳家邹衍认为"儒者所谓中国者,于天下乃八十一分居一分耳",说明当时的人们已对故国之外的外部世界有所体察,先秦儒家学者提出了"四海皆兄弟""协和万邦""圣无外、天亦无外"等观点。古希腊文明自伯罗奔尼撒半岛扩展至爱琴海、黑海沿岸甚至伊比利亚半岛、北非、亚平宁半岛沿地中海沿岸的一些地区,各个城邦之间共享文化信仰,开展各类贸易与文化交流,共同进行神圣的奥林匹克竞技与祭祀活动,苏格拉底、柏拉图、亚里士多德、修昔底德和希罗多德等学者针对政治与国际关系等方面进行了论述。希腊文明衰败后，罗马代之而起，极盛时期成为一个围绕着地中海，横跨欧、亚、非三大洲的广袤帝国，产生了"罗马即世界"的一体化理念。罗马学者斯特拉波在其著作《地理志》中对当时"世界"的疆域进行考证，而且试图将希腊学者对人类所居"世界"的认识融入不断扩张的帝国概念中，表达了对统治者建成"世界国家"的坚定信心。

现代全球化的基本概念是1944年西方学者雷塞尔和戴维斯首先提出的，早期的"全球化"更多的是作为一个人文概念、哲学概念被提出和讨论，此后"全球化"向更宽泛的经济模式、信息技术、社会治理等方面延展。1969年学者布热津斯基在《两代人之间的美国》一书中预言，世界在历史上将变成"一个具有单一的社会与文化背景的世界"，即"地球村（global village）"模式或"全球化社会"。20世纪七八十年代，联合国举行的一系列关于政治、经济、环境等事项的重要国际会议中，也将"全球化思维、地方化行动""只有一个地球"等概念写入会议文件。至20世纪80年代末，诚如学者罗兰·罗伯森（Roland Robertson）指出，"直到20世纪80年代初，或者说直到80年代中期，学术界还不承认全球化是一个重要概念。在20世纪80年代后五年里，它的使用极大地增加了。"随着冷战两极格局的打破，多边外交、跨国组织、全球互联网、全球市场进一步加强了世界各国之间的联系，全球化的发展步伐进一步加快。在20世纪90年代，美国先后设立了"全球学"本科专业和"全球学学会"，中国则将专家学者对于全球化的研究编辑出版于《全球化论丛》一书。中国政法大学还成立了"全球化与全球问题研究所"。中国也是众多积极拥抱全球化进程的国家之一，21世纪以来，中国积极加入世界贸易组织、举办APEC峰会、北京奥运会、上海世博会，不断在地区和世界舞台上发挥更大的作用。

当前，关于全球化的认识，有的侧重经济角度，有的侧重文化角度。从经济角度而言，全球化的表现主要是世界市场的形成、全球经济的相互依赖。资本在全球范围内流动，商品服务、资本、人力资源等生产要素在全球范围内进行配置，超越了传统民族国家的界限，形成了一批跨国企业。从文化角度而言，先进的通信技术使人们克服了自然地理因素的限制，全球文化在当今自由传递、相互联系、彼此交流融通，人类形成了把世界作为一个整体的意识，凝聚了更多普世共识，和平、进步、发展、公平、正义成为人类的共同价值观念。结合相关研究，我们从体育文化的角度，将体育文化的全球化界定为：在现代信息、物流、交通技术快速发展的背景下，各民族体育文化不断突破传统的国家疆域，通过与世界其他优秀体育文化形成交流、融合、互鉴等方式，不断突破自身局限性，构建、传播反映人类共同理想与美好追求的普世性体育文化的过程。

二、体育文化全球化格局由单一走向多元

体育文化的全球化经历了两个阶段：第一个阶段是随着资本由中心地带向边缘地带扩展，强势文化价值观念和内容随着资本的流通而逐步渗透到这些地区，冲击着这些地区的传统文化；第二个阶段是边缘地区的传统文化在全球化的背景下与强势文化的对抗、互动和融合，逐渐走向舞台中央，体育文化全球化由单一走向多元。就第一个阶段而言，西方发达国家自工业革命以来，其体育文化在国际体育文化舞台上占据优势地位，体育文化的规则、价值观念、场地器材、景观遗迹广泛传播于世界各个角落，以强大的文化力发挥着社会影响，令后起的发展中国家、新兴市场国家在一段时期之内效仿学习。美国职业篮球联赛（NBA）、世界杯、欧洲五大联赛带来了全球性篮球、足球热，许多国家引入了现代篮球、足球运动，并参照那些联赛的规则、赛事文化和运营理念发展本国和本地区的联赛。西方发达国家优势运动项目的体育明星在全球受到民众特别是广大青少年的追捧，阿迪达斯、耐克、彪马等欧美国家的体育用品品牌广受欢迎，其背后拼搏、奋进、青春、自由的品牌文化得到广泛传播。希腊的古代奥林匹克遗迹、欧美国家著名俱乐部的荣誉殿堂、百年球场每年接待成千上万的来自世界各地的游客。发端于发达国家的流行的健身和娱乐形式被广泛采用，不一而足。西方竞技体育文化以强势文化的姿态冲击着发展中国家的民族体育文化价值观念，使得处于弱势地位的国家面临着文化认同与文化同一性的危机。强势体育文化的侵蚀和催化，导致全球化背景下民族文化的危机，就民族体育而言，这种危机表现在缺乏理论解释，缺乏竞争力，以及人们对文化发展方向多元化的疑惑和困扰——究竟是发展原生态的民族体育文化，还是走模式化、竞技化、娱乐化的国际体育发展形式？

第二阶段，随着"边缘""弱势"体育文化走向全球化，体育文化全球化发展呈现多元格局。在体育全球化的视域下，"边缘""弱势"体育文化积极利用全球化舞台提升自身地位，以吸收"强势"体育文化的优点，争夺体育文化话语权。一些国家利用全球化的赛规赛制和竞技、健身、娱乐文化，将民族体育文化与更具现代性、全球性的体育文化进行融合再造，使得本民族的体育文化不仅在强势体育文化的冲击下保持了自身的独立性，还反向输出至其他国家，走向了世界舞台。韩国的跆拳道、日本的柔道不仅实现了"入奥"，还获得了广泛的国际影响力，世界跆拳道联盟（WTF）截至2021年已经有了211个会员国，国际柔道联合会（IJF）亦有187个协会会员，不仅在全球各地都有广泛开展，甚至一些国际名

人也是这两种东方武术的习练者、爱好者。另有一些国家,运用全球化的体育赛事平台,借助发达的通信和媒介,传播本民族的文化精神。例如中国在积极融入世界奥运大家庭的同时,派出优秀运动员参加奥运会,在世界舞台上展现"为国争光、无私奉献、科学求实、遵纪守法、团结协作、顽强拼搏"的中华体育精神,在个人主义、自由主义、功利主义的西方价值观面前并不自卑盲从,展现了他们充分的文化自信,凝聚起民众的民族自豪感。中国还积极申办夏季奥运会、冬季奥运会、亚运会、大学生运动会等国际大型体育赛事,在赛事的筹备、举办、开闭幕式、场地装备与吉祥物设计、文化展演、新闻宣传等方面融入中国文化元素,如北京夏季奥运会开幕式上的击缶而歌、金镶玉奖牌、祥云火炬、中国印;北京冬季奥运会的长信灯式火种灯、"冬梦"会徽、"雪如意"跳台滑雪场地等,向世界展现出体育文化不应是单一的、西方主导的,而是民族的、多元的体育文化也可以充满自信、多姿多彩、走向世界。

第二节　体育文化的产业化发展

随着文化产业的发展,我国体育文化逐渐呈现产业化发展趋势,从而在一定程度上满足了人们对体育文化消费的需求。体育文化产业化发展虽然取得了一定的成就,但仍存在发展不均衡、不充分等问题,尚需合理布局,科学发展,有效推动体育文化产业化发展的进程。

一、我国体育文化产业的发展概况

"产业化"一词即是将某种事物转变为商品性质,遵循市场经济规律和现代产业标准,进行生产、流通、交换等。作为满足人类需求而被产生、创造出来的文化,自然也有其独特的产业化价值,文化产品可以满足人类多层次的丰富的精神需求,许多市场主体开始尝试用知识、创意、资本、技术去开发文化资源,面向社会大众提供优质的文化产品与服务。有形的如文创工艺品、玩具模型、书籍与音像制品、文化展览馆与主题公园等,无形的如IP、文化旅游、文化体验等等。体育文化的产业化,是指利用现代科技、知识、创意、资本等要素对体育文化资源进行开发,按照市场经济规律与现代产业标准,进行生产、流通、交换,以满足社会大众的精神文化需求的过程。

　　结合文化产业、体育产业等相关概念的界定思路，可以将体育文化产业界定为：以体育文化资源为依托，以经营体育文化的符号性商品为主体，以满足消费者体育文化需求为目标，借助现代管理手段，为社会提供体育文化产品和文化服务的生产、销售、管理、服务等一系列活动过程的总和。其主要包括企业或组织对体育价值意蕴、体育观念、体育行为、体育符号等内容进行加工、生产和传播，主要业态包括：体育影视演艺业、体育节庆、会展、旅游业等。根据曹莉等人的研究，这些业态的生成经营活动均以体育符号为核心要素，同时表现出体育文化商品和服务的特性。例如在各类商业体育竞赛的运营过程中，运动员的技艺固然是重要的组成部分，这类赛事盈利的关键是观众在观看比赛时所获得的体验和愉悦，这种良好的体验和愉悦感是通过核心层体育文化产业的经营者开发的符号性商品和服务、凝结知识产权、传递象征意义来获得的。

　　体育文化的产业化是时代的产物。就需求面而言，发达国家和新兴市场国家的"恩格尔系数"下降，随着国民富裕程度的提高，其消费需求总量不断扩张，消费结构亦不断升级，在人们的安全、尊重与生理需求满足后，更高层次的自我实现需求成为驱动消费的重要动力，包括体育文化消费在内的文化消费总体上呈上升趋势。《2019上半年全国文化消费数据报告》显示，近九成受访者认为"文化消费能提高人的生活质量和幸福感，比衣食住行更重要"或"文化消费属于生活必需品，跟衣食住行一样重要"。但也有38%的受访者认为"周围缺乏合适的文化设施和场所"，34.8%的受访者认为"文化产品吸引力和创新性较弱"。可以看到供给和需求之间还存在着一定差距。就供给面而言，制度供给方面，各国政府积极出台政策鼓励体育文化的产业化。战后发达国家第一、第二产业等以物质生产为主的产业形态逐渐走向成熟乃至饱和，加之民众基本温饱问题逐渐解决，生活水平提高，更高层次的精神需求亟待满足，政府出台了一系列政策保护知识产权和著作权，鼓励发展体育、文化、知识、传媒、创意等新经济业态。

　　近年来国家出台了一系列措施鼓励体育文化和体育文化产业的发展。国务院办公厅2019年印发的《体育强国建设纲要》提出，"打造体育文化品牌活动，改革、创新中国体育文化博览会和中国体育旅游博览会；丰富全国运动会等综合性赛事和单项体育赛事的体育文化内涵。以各类赛事为平台，举办以运动项目为主要内容的文化活动、文化展示。以2022年北京冬奥会和冬残奥会筹办为契机，弘扬冰雪运动项目文化。"文旅部、发改委、国家体育总局三部门印发的《京张体育文化旅游带建设规划》提出要"坚持创新驱动，融合发展，加快推进体育文化旅游领域深层次改革，形成体育文化旅游融合发展新模式"，要"推进体育文化旅游融合发展，努力建成奥运场馆赛后利用国际典范、国际冰雪运动与休闲旅游胜地、全民健身公共服务体系建设示范区和体育文化旅游融合发展样板"。技术与资本供给方面，现代计算机技术、互联网技术、大数据技术、5G通信技术和智能手机的普及引发了新的技术革命。高速互联网解决了传输距离与传输质量的矛盾，笔记本电脑、平板电脑、智能手机等移动智能终端使得人们能够更方便地随时随地接收信息。技术的飞速发展和资本的涌入极大地促进了体育文化产业的发展。一方面，体育文化产品传播的范围扩大、距离增强、质量提升；另一方面，体育文化产品的接收更为方便，需求更加频繁。看到商机的大量公有资本、私营资本甚至海外资本纷纷投入布局，大量高素质人才也投身体育文化产业的生产、管理与运营之中，丰富了人力资本供给。就内容供给方面，发达国家和新兴市场国家第一、第二产业的成熟使得更多的人才投入到体育文化的发掘、整理、创意融入和产品开发之中。中国近年来积极拥抱以奥林匹克运动为代表的全球体育文化，也在"文化自信"的引领下积极挖掘整理民族体育文化遗产，为体育文化的产业化带来了大量可供开发的内容资源。

二、我国体育文化产业发展的成就与不足

改革开放四十年来，我国体育文化的产业化发展取得了一定的成绩，也存在一定的不足。就发展的成就而言，一方面，理顺了管理体制机制，出台了专门的政策、法规规范体育文化的产业化。党的十八大以来，"放、管、服"改革不断深入，2016年扩展为推动简政放权、放管结合、优化服务改革向纵深发展。2017年进一步提出深入推进简政放权、放管结合、优化服务。全面深化改革，涉及社会经济的各个方面[1]。《体育产业发展"十四五"规划》提出"深入挖掘中国体育文化内涵，推动中华体育精神与社会主义核心价值观深度融合。总结提炼运动项目的文化特征、组织文化和团队精神，形成各具特色的运动项目精神内核和文化标识。加强体育文化创作及平台建设。加强优秀传统体育项目保护利用和传承"。《中华人民共和国电影产业促进法》《互联网直播服务管理规定》《文化企业无形资产评估指导意见》等法律法规也都对体育直播、体育影视和体育文化企业的运营发展进行了规范。另一方面，体育文化资源得到一定的挖掘整理，产业化格局初

---

[1] 黄海燕，张林，陈元欣，等."十三五"我国体育产业战略目标与实施路径[J].上海体育学院学报，2016，40（2）：13—18.

步形成。传统体育文化资源方面,少林禅武文化、太极文化、养生文化、武术侠义文化、秧歌舞蹈文化、登高文化、那达慕大会、摆手舞、锅庄舞、陀螺、赛马、花炮、摔跤等传统体育文化资源都得到了一定程度的传承,实现了产业化运作,在一些地方甚至成了品牌赛事。现代体育文化资源方面,中国积极融入体育现代化进程,举办了网球大师赛、F1大奖赛、奥运会、冬奥会等赛事,还将中国文化元素融入这些现代赛事活动的商业营销、广告宣传、文化展演过程中。中国企业纷纷布局体育直播、体育会展、体育周边、体育影视、电子竞技等体育文化新兴业态,使体育文化的产业化呈现出多层次、宽领域的格局。

在体育文化的产业化发展过程中,也存在一些问题:一方面,体育文化产业化发展不平衡、不充分。体育文化产业化的不平衡主要体现在东部沿海地区与中西部地区的不平衡,也体现在城市体育文化产业化与乡村地区体育文化产业化的不平衡。体育文化资源开发力度大、产业化程度高的区域主要是东部沿海地区,中西部地区因经济和自然条件等原因所限产业化发展相对滞后。就城乡差异而言,体育文化资源开发力度大、产业化程度高的区域相对而言是北、上、广、深、成、渝等一线城市、国家中心城市、省会城市和经济发达省份的经济大市。乡村地区体育文化资源得不到有力开发,体育基础设施建设底子薄,居民消费水平低,体育文化消费意愿低,成了体育文化产业化的洼地。另一方面,体育文化产业化缺乏创新驱动。在体育文化产业化进程中,新思维、新卖点缺失,思路有限,创意理念融入不足,知识产权意识淡薄,一味追求商业性和眼球效应,忽视民族体育文化真正内核,盲目跟风现象时有发生,"同质化"严重,进而导致体育文化产品低端、营销渠道单一,难以形成具有特色和品牌辨识度的文化产品。

未来,体育文化的产业化仍需以市场为中心,以消费者为导向,借助新技术、新创意,适应新环境,深入研究体育文化内核,发挥互联网技术、新媒体技术、人工智能技术的优势,实现布局良好、资源配置合理的体育文化产业形态,为满足群众对美好生活的追求贡献力量。

第三节 体育文化的跨界与融合

随着体育文化社会影响力的增强,体育文化逐渐呈现出跨界融合的发展趋势。

体育文化打破边界，与"娱乐""旅游""新技术"跨界互动，拓宽了体育文化发展的空间。体育文化与民俗文化、影视文化、节庆文化的深度融合，进一步增强了体育文化的影响力。

一、当代体育文化的跨界发展

跨界一词起初应用于科学研究和学科发展领域，最早是指在应对各学科现有发展过程中面临的本专业知识技术无法解决的现实问题时，发挥不同学科知识体系交叉融合的优势，带动各学科融合互补，形成基于共性优势的理论思想碰撞及价值再创造的系统化过程。体育文化的跨界则是随着社会经济文化的进步发展，其原有形态无法满足人们日益多元的各类体育文化需求，因而向娱乐、旅游、休闲、传媒影视、互联网等相关领域延展，完善自身功能的过程。比较常见的有体育文化+娱乐、体育文化+旅游、体育文化+新技术等。

（一）体育文化+娱乐

体育文化+娱乐的主要形式有两种，一种是传统娱乐节目邀请体育人士参加，扩大体育精神、体育理念、健康观念的社会影响力；另一种是娱乐明星参与含有体育元素的节目，与体育人互动。日本体育界为了扩大一些赛事项目的影响力，宣传运动文化、奥运文化，邀请著名音乐人为东京奥运会创作应援曲，一些比赛邀请明星录制加油视频，或去现场助威，也是想要通过其影响力让赛事的热度攀升，触达更多受众。日本职业棒球联赛一直有邀请明星开球的传统，美国的"超级碗"中场秀邀请著名艺人上台表演，当年"超级碗"美国地区有1.03亿人观看，而收视巅峰正是中场秀环节，收视率达到了31.49%。历届"超级碗"中场秀都是星光熠熠。国内明星曾跨界为西甲开赛，为MLB开球，或跨界解说比赛等。2020中国女排超级联赛中颁奖典礼还曾邀请歌手演唱烘托气氛，引发轰动效应。场间节目时，国手张常宁还通过连线方式为歌手隔空颁发"最受排超队员喜爱歌手奖"等。

目前娱乐明星参与体育元素的节目、赛事活动这一形式较多，娱乐节目邀请体育人士参加，而扩大体育文化、运动员精神品格影响这种形式的实践较少，相关从业者还在积极筹备和运作之中。例如，知名歌手、导演计划在其节目《你说我听着呢》与体育人对话，很多运动员的成长经历具有故事性，容易打动观众。尝试跨界娱乐界的体育明星鲍春来表示："对于娱乐来说，体育除了给大家欢乐以外，也需要给大家更多正能量的东西，这种气质是需要长时间积累、磨砺才能出来的，这个就是体育的作用。"

（二）体育文化+旅游

体育文化+旅游并不是简单的拼接，而是深挖赛事项目文化、旅游资源核心内容，让体育与旅游充分融合，充分开发出其内在的潜能。体育旅游产品的设计，往往要在赛程设计、项目设计、路线设计、景观设计等环节体现深度融合，随着北京冬奥会的召开，冰雪旅游、冬季旅游成为弘扬冰雪运动文化，推动三亿人参加冰雪运动的重要助力。以国内知名的吉林万科松花湖度假区、北大湖滑雪度假区为例，2019—2020雪季，虽受疫情影响，但滑雪游客仍然达到1757万人次，冰雪旅游收入达294亿元。当年雪季万科松花湖度假区接待游客总量位居全国第一，北大湖滑雪度假区增速位居全国第一。中国·吉林国际雾凇冰雪节获评"中国十大最具影响力冰雪旅游节庆"之一，"冰雪之都""滑雪天堂"已成为吉林市冬季旅游的品牌。在2020年服贸会期间的国际冬季运动博览会上，俄、挪、芬、奥等国纷纷对自身的体育旅游资源进行了推介。冰雪文化资源丰富、冬季运动项目发达的奥地利在疫情前的2019年就吸引了150万来自中国的滑雪游客前去体验冰雪运动的魅力。国内外体育文化+旅游，特别是冬季项目、冰雪主题项目为宣传冰雪运动文化，增进人们对冬季运动的了解认识，推动实现"三亿人上冰雪"的目标均起到了积极作用。当然，这一领域还有很大的深耕空间，诚如李相如等学者所言，这种融合"是一个系统工程，也是一个长期工程"，"要充分体现人与自然、人与运动的融合"，"还需要一个强大智库的支撑、宣传、培育和指导"。

（三）体育文化+新技术

体育文化+新技术，主要是指体育文化借助新媒体、互联网、大数据、人工智能等技术进行传播运营。早期的体育与传媒的结合，更多的是转播直播，国内外赛事的版权代理和分销等等；现今的短视频、自媒体等新兴传媒则是通过创作者发布健身教程、运动者个人故事等作品，传播健康的生活方式和向上奋斗的体育精神，大数据和人工智能技术则被应用于智慧场馆等场景，许多赛会活动或体育文化会展活动中，都实现了基于大数据和人工智能技术的人脸识别、菜品识别、营养计算、自助取餐等功能，大大提升了参与者的良好体验，传播了健康文化。可重复利用的场馆、设备，还传达了绿色、节能的生态理念。2015年7月，国务院印发《关于积极推进"互联网+"行动的指导意见》，推进互联网对各行业的渗透、融合和改造。体育文化+互联网实现了线上线下互动交流，创造了多种消费应用场景。人们能够通过移动互联网和手机App找到最近的体育文化设施，通过相关软件进行便捷预约与付费，通过移动终端观看各类体育文化内容产品，订购与体育文化相关的图书音像制品、体育文创产品、工艺品、纪念品等。

二、当代体育文化的融合发展

体育文化在外在形式上以"体育+"实现跨界，同时也在内容上与民俗文化、影视文化、节庆文化等实现深度融合。

（一）体育文化与民俗文化融合

体育与民俗文化融合的典型案例即是2022北京冬奥会之际，奥林匹克文化与中国春节民俗文化的融合。北京冬奥会赛期与中国传统佳节——春节重合，东道主利用这一契机将奥林匹克文化和民俗文化进行融合，诠释出在奥林匹克精神的感召下，中国人民与世界人民携手共进、守望相助、共创美好未来的期盼。北京2022年冬奥会和冬残奥会组织委员会副主席于再清提及，在北京冬奥会申办陈述时，着重突出了冬奥与春节的融合，这也吸引了国际奥委会的注意。北京市为迎接北京冬奥会和冬残奥会，在天安门广场、机场专机楼出口、东单、西单路口等地布置了10个冬奥主题花坛，营造了精彩热烈、喜庆祥和的冬奥与春节氛围，展示首都庄重大气的城市形象和中华传统文化，为冬奥盛会提供良好的城市环境。其中位于天安门广场的"精彩冬奥"主题花坛，花坛顶高17米，以中国结为主景，结合冬奥会会徽以及冰雪元素，表达对北京冬奥会的美好祝福。花坛底部直径38.6米，为五环绕在一起并嵌有雪花图案，寓意五洲同庆冬奥会。位于东单东南角的"欢天喜地"主题花坛，花坛顶高9米，以冬奥会吉祥物及2022年春节元素为主景，体现了红红火火过大年、赏冰乐雪冬奥会的激情与魅力，以及中国文化的包容与祥和。位于奥林匹克公园的"一起向未来"花坛，花坛顶高12米，以奥运主题中国结、主题口号为主景，冰墩墩、雪容融为前景形成迎宾画面。同时配以雪花、飘带、冬季绿植等元素，传播中国文化，营造冬奥盛会喜庆氛围。冬奥主媒体中心运行团队还准备了画脸谱、剪窗花、写福字、折老虎等春节民俗活动，与日、美、波等国记者共同庆祝农历虎年的到来。中外人士共同拿起毛笔，写福字、写春联，表达新春祝福，许多奥运场馆、办公场所中布置的红灯笼、布老虎、冰墩墩和雪容融的吉祥物也营造出中国年的喜庆氛围。冬奥会期间按照计划，举办地北京市长安街延长线、三里屯、国贸等重点区域也将结合春节、民俗等传统中国元素打造冬奥特色景观。

（二）体育文化与影视文化的融合

体育文化与影视文化的融合，主要体现在越来越多的体育文化元素走入影视作品当中。早期的一些体育影视作品更多的作为宣传运动员品格和集体荣誉感，随着影视行业的发展和体育的大众化水平不断提高，以及人们体育参与主体意识的觉醒，体育影视作品的创作水平不断提高，二者的融合不再稚嫩生硬，而是更有意涵与深度。2020年上映的电影《夺冠》并未过度煽情，影片传递的体育精神更加与时俱进，更加科学、专业、开明，以尊重个体自由和价值的胸怀去看待体育。随着中国的强大、自信与开放，体育比赛不再是"唯冠军论"。影片通过镜头语言的剪辑，拍出了比赛的激烈和胶着，带给观众饱满的视听享受，也用"我有责任帮助你们好好享受体育的本身，开心地去打球。姑娘们，明天要比赛，过去的包袱由我们这些人来背。你们应该打出你们自己的排球，你们应该振作起来，放心去打，放开打，豁出去打。我和你们在一起。"这样的台词使每一个力图活出自我、追求自我超越、享受成功欢愉的观众都能够获得共鸣，使体育精神、女排精神的影响力走入每个普通人的生活。

（三）体育文化与节庆文化的融合

体育文化与节庆文化的融合，初期主要是"文体搭台，经贸唱戏"式的拼接，虽带来一定的经济社会效益，但发展也受到一定的制约，功利主义的开发观念也容易让体育文化、节庆文化的内核为资本的无序扩张所侵蚀。古时泰山地区即有秋日朝山进香、重阳登高的节庆传统，自1987年至2020年已连续成功举办了34届。曾有一段时间较为突出登山节的经贸色彩，展销活动、会展活动开展较多，近年来随着全民健身热潮的兴起和体育文化的普及，登山节更多地突出体育与传统节庆文化元素，例如第32届泰山国际登山节除登山比赛外，期间还策划安排了9项配套体育赛事活动，有武术、田径、赛车、彩色跑、户外挑战、太极拳展演、全民健身嘉年华等活动。登山节开幕式上还会进行《人间天上》《泰山神韵》《紫气东来》《泰山交响》《泰山潮涌》《潮涌天东》《东岳长风》等反映泰山民俗文化的大型歌舞表演。踩高跷、抬轿子、划旱船等泰山民间传统艺术展演，以及东岳庙武术擂台赛、泰山山会游、老残茶会游、天街古风游等节庆活动也会举行。

第四节　现代化进程中传统体育文化的时代变迁
——以齐鲁秧歌为例

自 19 世纪下半叶开始，中国开始了漫长而曲折的现代化历程，中华人民共和国的成立带来了社会结构和思想意识形态的变化，现代化被融入了新的观念，现代化进程也进入了一个新阶段。这一进程不仅改变了人们的生活环境和生活方式，而且为民俗活动带来了巨大的改变。种类繁多、影响广泛的齐鲁秧歌，是中国北方最有代表性的民俗活动之一。随着中国体育的崛起和群众体育的广泛开展，齐鲁秧歌因其广泛的群众基础和显著的健身价值，成为当今全民健身活动开展项目之一。深入分析齐鲁秧歌在现代化进程中的存在方式与社会功能的变迁，有助于解决当今民俗体育传承、传播中遇到的问题及困境。

一、齐鲁秧歌源流及特征

齐鲁一词集历史与地域概念于一体，文化内涵深厚，地域范围广泛。齐鲁秧歌是指齐鲁大地的秧歌，是侧重从地域角度对秧歌分类而形成的概念，地域范围大致与现代山东省辖区一致，可与陕北秧歌、东北秧歌等相并列使用。齐鲁秧歌不仅历史悠久，其中商河鼓子秧歌已有 2000 多年的历史，而且种类繁多，据不完全统计，不同种类的秧歌约有 30 多种，在中国民间舞蹈中占有重要的地位。

（一）齐鲁秧歌的源与流

齐鲁秧歌诞生在肥沃的黄河下游平原一带，起源于历代齐鲁民众的农耕生活。根据记载，齐鲁秧歌源于人们的劳作、祭祀、抗灾、节庆等活动，具有多源性特征。为了庆祝与黄河泛滥斗争的胜利，为了表达风调雨顺、五谷丰登的喜悦之情，为了祈求丰收，人们在特定的日子举行盛大的活动，载歌载舞，场面壮阔，热闹非凡，经过历代的传沿，形成了特色鲜明的齐鲁秧歌。鼓子秧歌中磅礴恢宏的场阵和锣鼓喧天的气势保留了古代人们战胜黄河灾害的场景，如有的场阵被命名为"漩海眼""大八叉""大乱场"。在民间庙会、社火都有秧歌的表演。每到正月十五，秧歌给齐鲁大地带来了节日的喜庆和新春的希望。

齐鲁秧歌集歌、乐、舞于一体，在传承的过程中，不断地吸收多方面的文化滋养，由简而繁，形成了具有固定角色、多样化场阵、独具特色的舞蹈动作，并伴有音乐、歌唱等表现模式。多样化的场阵是对古代仪仗、军事战阵、生产实践、生活用品、生产工具、动植物形象、吉祥图案等的吸收与借鉴，既贴近人们的日常生活，易于理解接受，又丰富了秧歌表现的内容。秧歌中的"伞""鼓""棒""花"等角色及着装则是对古代戏曲的吸收与改良，进一步突出了秧歌的表演性与欣赏性。为了增强表演的吸引力，齐鲁秧歌借鉴了人们熟知的神话传说、民间故事，通过装扮和唱词加以表现，富有极强的生活情趣和乡土气息，成为人们重要的娱乐方式之一。

中华人民共和国成立后，齐鲁秧歌迎来了新的发展时期。在"文艺为工农兵服务"政策方针的领导下，全国各地的文艺工作者深入基层生活。20世纪50年代末，专家对丰富多样的齐鲁秧歌进行了采风、筛选，筛选出舞蹈形式完整、文化内涵丰富的商河、胶县、海阳三县的民间歌舞，分别命名为鼓子秧歌、胶州秧歌、海阳秧歌。三大民间歌舞正式命名后，不断有机会参加不同级别的表演和比赛，在国内外享有盛誉，成为齐鲁秧歌的代表。随着非物质文化遗产的申报、保护、发展等工作的开展，齐鲁秧歌得到了进一步关注，也迎来发展的新契机。

（二）齐鲁秧歌的特征

齐鲁秧歌生存于黄河下游平原，东临大海。开阔的平原、奔腾的黄河、浩瀚的大海为齐鲁秧歌提供了广阔的发展空间和开阔的视野。平原地带地势平坦、土壤松软，为幅度大、变化多样、技术技巧难度大的秧歌动作提供了适宜的地理条件；奔流不息的黄河为齐鲁秧歌增添了昂扬雄壮的精神动力；浩瀚的大海则增添了秧歌的阳刚之气。齐鲁三大秧歌虽然在角色、场阵、动作等方面存在一定的差异，但都形成了粗犷豪放、感情充沛、富有阳刚之气的显性风格。

齐鲁秧歌在源起与传承的过程中，深受以儒家思想为核心的齐鲁文化的影响。透过其粗犷豪放的显性风格，可以看出齐鲁文化对其内在特质及社会功能的渗透。一方面，受儒家伦理道德思想的影响，齐鲁秧歌形成了秩序井然的结构与严谨的场阵。齐鲁秧歌虽然表现形式灵活，参与者可以根据经济条件和喜好的不同对舞者或表演服装进行调整，但都遵照基本固定的流程和模式进行表演。秧歌队伍一般由三部分组成，前面负责队伍的组织与指挥，中间是乐队，最后是舞队，队伍庞大而有序。虽然秧歌在传承过程中，积累了百种不同的场阵，但舞者都按照既定的场阵安排进行表演，场面规模大而不乱。另一方面，由于儒家礼教观念的影响，齐鲁秧歌注重祭神拜祖和礼尚往来，具有鲜明的礼仪性特征。秧歌在演出前，一般要进行祭神拜祖的仪式，祭拜的礼节肃穆且规格很高。虔诚的祭拜之后才能进行表演。有的秧歌在演出时还有颇为讲究的"串村"风俗，通过秧歌表演表达对对方的尊重与友好。

二、现代化进程中齐鲁秧歌的生态环境

（一）中国现代化进程的特点

现代化是一个历史过程，是传统农业社会向现代工业社会、传统文明向现代文明的转变过程。中国现代化的进程自19世纪下半叶开始，伴随历史的变革与社会的转型，至今大致经历了四个阶段。19世纪60年代的洋务运动开启了中国现代化运动，试图通过"师夷长技""变法图强"以实现"富强"的目标，结果却事与愿违。第二阶段是辛亥革命后对西方式体制与文明的学习，突破了传统儒学的束缚，树立了"西化"的价值观念，企图通过全盘西化实现国家的强大。全盘西化未能强国强民，时局的动荡和连年的战争却将中国拖向了贫困的深渊。新中国的成立促使主流价值观念产生了巨大的转变，中华人民共和国成立之初苏式"社会主义"成为核心价值观，但随着中苏关系的恶化，致使新中国步入内外交困的境地。最后一个阶段则是20世纪80年代改革开放之后，通过建立市场经济体制加速了现代化建设的进程，并取得了显著的成效[①]。

由于局势动荡、战事频繁、思想守旧，中国一百多年现代化进程缓慢而曲折，改革开放四十年成为现代化进程中高速发展的时期。"改革开放以来，我国的工业产值和来自工业的财政收入占80%以上，城乡人口各占50%左右"[②]。工业化、城镇化的加速发展虽然带来社会财富的迅速增长，但也出现了人的现代化的缺失，"要实现真正的现代化，不仅仅是要实现社会的全面现代化，而且更重要的是要实现人自身的文化观念、社会心理、行为方式等的现代转型，并且相互支撑，相互推进。"[③]如何传承发展民间民俗文化，为城镇化的农民提供适宜的文化环境，为民俗文化带来新的生机，亦是中国现代化进程中亟待解决的问题之一。

---

① 罗荣渠.传统与中国的现代化［J］.天涯，1997（2）：14-21.
② 徐勇.深化对农村城镇化认识十题［J］.东南学术，2013（3）：4-8.
③ 张红斌.科学发展观与中国现代化［J］.知识经济，2013（8）：58.

(二）当代齐鲁秧歌的生态环境

齐鲁秧歌经过千百年的积淀逐渐成为齐鲁大地重要的文化内容之一，成为生长在黄河下游平原的农民的精神财富。随着工业化和城镇化进程的推进，齐鲁秧歌的生存土壤发生了改变。

一方面，城镇化的加速发展淡化了齐鲁秧歌的乡土气息。山东省是我国经济发达、资源丰富的省份之一，城镇化水平在全国处于中等偏上的位次，2009年达到了48.3%，2015年和2020年分别达到55%和60%[①]。城镇化水平的提高致使城乡差距加大，乡村安宁田园的一面被遮蔽，乡村社会出现了日趋解体的迹象。同时，城镇化改变了农村年轻人的生活观念，大量农民涌入城市，秧歌队伍出现了断层，农闲时节大家踊跃参与、积极欣赏秧歌的场面难再出现。秧歌生长在相对封闭、安静的乡村社会，粗犷豪放、潇洒亮丽的秧歌与日出而作日落而息的乡村生活相映成趣，寄托了农民对生活的热爱与理想。乡土氛围被淡化，势必要求秧歌既要保持民俗韵味，又要融合时代文化，吸引更多的年轻人参加到秧歌队伍中，以适应现代化发展的需要。

另一方面，现代化进程中个体得到了前所未有的独立与自由，个体化机制与注重群体性、礼仪性的齐鲁秧歌形成了内在冲突。齐鲁秧歌有固定的角色、场阵、着装及表演的程序与模式，是历代人们共同的生活观念和思想情感表达的载体。现代化进程中个体从传统的社会秩序、思想框架中解放出来，并对传统的思想意识和行为方式形成了怀疑与批判的态度。在个体化的思想观念影响下，年轻人对于经历了千百年的民俗秧歌产生了隔阂甚至排斥、否定的观念。在传统与现代的较量中，齐鲁秧歌被划入了传统阵营。对秧歌进行全面认识，寻找其在现代化进程中新的定位，才能利于其传承发展下去。

三、现代化进程中齐鲁秧歌的变迁

"民俗的流程，在任何一段历史时间中，都有过去、现在和未来。任何一种民俗事象，都以其不同的形式，传袭着过去，参与着现在，干预着未来"[②]。齐鲁秧歌面对现代化进程带来的困境，不停地在可适应与不可适应的条件下、在传统与现代的对话中调节自身，形成了现代化民俗秧歌。

---

① 刘涛.山东省城镇化进程及其实现途径研究[J].齐鲁师范学院学报，2011（4）：18—22.
② 乌丙安.民俗与现代化的思考[J].民俗研究，1987（4）：1.

(一)从乡村走向城镇，从艺术走向健身

齐鲁秧歌经过历史的积淀，成为集乡土性与艺术性于一体的民间艺术形式。现代化进程改变了其生态环境，面对此种困境，齐鲁秧歌突破了乡土表演空间，满足了多样化的参与诉求，从乡村走向城镇，从艺术走向健身，集民间艺术和民众健身于一体，形成了具有间性特征的秧歌文化。间性理论认为事物与事物之间始终是共在的，并处于对话沟通、相互作用融合并不断生成的动态过程中。秧歌作为一种文化现象，始终与不同的文化现象处于共存、交流互识和意义生成的过程中。面对现代化进程中齐鲁秧歌发展的困境，只有打破历史传承过程中形成的种种局限，以开放的姿态面对新的生态环境，与不同的文化现象接触、交流，寻求适宜的生存模式，方能接续历史，迎接未来。

城镇化的进程改变了齐鲁秧歌的乡土环境，同时也为其提供了广阔的城镇空间。城镇现代的健身场馆为秧歌队提供了全新的表现场所。乡土环境的传统韵味与城镇场馆的现代气息共存方能化解传统与现代的对立。虽然传统秧歌源于乡土民众的生活，但由于对表演技艺与效果的追求，参与者往往限定在一部分群体中。随着中华人民共和国成立，齐鲁秧歌登上不同级别的大舞台，秧歌的艺术性、表演性、学院性得到进一步强化，秧歌的参与者范围也越来越小。改变传统秧歌作为民间舞蹈的单一定位，将秧歌与艺术、健身等各种文化领域相贯通，才能真正实现全民乐于参与、易于掌握、广泛传播的盛况。

(二)健身秧歌的形成

由于现代化进程中对个体生活质量和身心健康的关注，体育事业特别是群众体育得到了迅速发展。对传统健身项目进行挖掘整理并改造推广到全民健身活动中去，成为群众体育工作的重点。秧歌因其广泛的群众基础和显著的健身效果得到了专家学者的青睐，决定突出秧歌的健身功能，将秧歌改良为以健身为核心功能的健身秧歌向全国推广。2000年创编出了第一套健身秧歌，由官方正式启动推广。为了有效地推广健身秧歌，体育相关职能部门采用了多样化的推广方式：一是录制了教学光盘，对动作进行逐一分解讲解，便于学习掌握；二是举办社会体育指导员健身秧歌技术培训班，通过体育指导员队伍进行大面积推广；三是举办了各种各样的健身秧歌大赛，激发群众参与锻炼的热情；四是鼓励秧歌进校园、进课堂，通过学校推广秧歌。健身秧歌自启动至今已推出了五套健身秧歌，其中第四套健身秧歌为鲁南秧歌，是一种独具鲁南地方特色的舞蹈形式，融合了齐鲁

大汉特有的粗犷、威严与齐鲁妇女的泼辣、柔美形成了一种刚柔相济、细腻奔放的艺术风格，广泛流传于鲁南苏北、运河两岸，长盛不衰。齐鲁秧歌与全国健身秧歌共同推进了秧歌文化和群众体育的发展。

齐鲁秧歌自产生至今，始终紧随历史的脚步来调适自身，顽强地传承下来。从娱神到娱人，从为别人表演到积极参与、自我娱乐，从注重表演到商业化运作，秧歌的社会功能呈多元化发展趋势。当今体育的发展为秧歌开辟了一条新的途径，形成了以健身健心为核心的具有时代特色的秧歌文化。

参考文献

[1] 泰纳.艺术哲学[M].北京：人民文学出版社，1963.

[2] 胡小明.民族体育集锦[M].成都：四川民族出版社，1989.

[3] 汤浅泰雄.灵肉探微——神秘的东方身心观[M].马超，译.北京：中国友谊出版社，1990.

[4] 丹纳.艺术哲学[M].合肥：安徽文艺出版社，1991.

[5] Getz，D. Event Management and Event Tourism[M].New York：Cognizant Communication Corporation，1997.

[6] 卢元镇.中国体育社会学[M].北京：北京体育大学出版社，1998.

[7] 田麦久.运动训练学[M].北京：人民体育出版社，2000.

[8] 体育大辞典[M].上海：上海辞书出版社，2000.

[9] Johnny Allen.Festival and special event management[M].New York：John Wily and Sons Ltd，2002.

[10] 柏拉图.柏拉图全集[M].北京：人民出版社，2003.

[11]（美）郝大维、安乐哲.先贤的民主：杜威、孔子与中国民主之希望[M].南京：江苏人民出版社，2004.

[12] 沈苏儒.对外传播的理论与实践[M].北京：五洲传播出版社，2004.

[13] 张孝平.体育竞赛组织编排[M].北京：北京体育大学出版社，2005.

[14] 全国体育学院教材委员会.体育概论[M].北京：人民体育出版社，2005.

[15] 王岗，王铁新.民族传统体育发展的文化审视[M].北京：北京体育大学出版社，2005.

[16] 周与沉.身体：思想与修行——以中国经典为中心的跨文化观照[M].北京：中国社会科学出版社，2005.

[17] 石咏琪.奥运礼仪[M].北京：北京大学出版社，2006.

[18] 李南筑，袁刚.体育赛事经济学[M].上海：复旦大学出版社，2006.

[19] 易剑东.体育文化学[M].北京：北京体育大学出版社，2006.

[20] 郝勤.体育史[M].北京：人民体育出版社，2006.

[21] 周丛改.2008看奥运——奥运知识百科[M].武汉：湖北科学技术出版社，2007.

[22] 蒋璟萍.礼仪的伦理学视角[M].北京：中国社会科学出版社，2007.

［23］张再林.作为身体哲学的中国古代哲学［M］.北京：中国社会科学出版社，2008.

［24］崔乐泉.中国体育通史（1-8卷）［M］.北京：人民体育出版社，2008.

［25］易建东.大型赛事报道与媒体运行［M］.浙江：浙江大学出版社，2008.

［26］谭华.体育史［M］.北京：高等教育出版社，2009.

［27］叶朗.美学原理［M］.北京：北京大学出版社，2009.

［28］程锡森，金海波.运动项目概论［M］.天津：天津大学出版社，2010.

［29］魏伟.国际广播电视体育史［M］.北京：中国广播电视出版社，2012.

［30］江岚.运动项目概论［M］.北京：北京体育大学出版社，2012.

［31］郝勤，张新.体育赛事简史［M］.北京：人民体育出版社，2013.

［32］薛有才.体育文化学［M］.北京：中航出版传媒有限责任公司，2013.

［33］梁强.现代奥林匹克运动会的文化创意：历史演进与价值创新［M］.北京：人民邮电出版社，2013.

［34］孙大光.体育文化概论［M］.北京：高等教育出版社，2013.

［35］[德]沃尔夫冈·贝林格.运动通史：从古希腊罗马到21世纪［M］.丁娜，译，北京：北京大学出版社，2015：7.

［36］李海，姚琴.体育赛事管理［M］.重庆：重庆大学出版社，2018.

［37］周西宽，胡小明.体育文化研究与体育观念的更新［J］.体育与科学，1987（01）：5-7.

［38］周西宽，胡小明.体育文化泛论［J］.成都体院学报，1987（02）：3-6.

［39］程志理.体育文化初探［J］.上海体育学院学报，1987（03）：15-20.

［40］吴情.全国首届体育与文化学术研讨会综述［J］.成都体育学院学报，1987.

［41］程志理.体育文化问题的初步探讨［J］.体育科学，1988（01）：22-24+94.

［42］乌丙安.民俗与现代化的思考［J］.民俗研究，1987（04）：1.

［43］吴庆华.古希腊体育文化起因及其个性初探［J］.武汉体育学院学报，1989（01）：72-75.

［44］黄捷荣.论体育运动的主体和客体［J］.哈尔滨体院学报，1989（04）：5-7.

［45］吕树庭.试论体育文化［J］.体育科学，1989（03）：21.

［46］韩佐生，舒有谟，郭层城.地理环境对体育文化的影响［J］.上海体育学院学报，1990（01）：5-8+30-91.

［47］连庆中，李林.论体育文化发展过程中的两次分离［J］.武汉体育学院学报，1990（03）：12-17.

［48］韩丹.略论西方体育文化［J］.福建体育科技，1990（Z1）：109-112.

［49］陶维旭.浅析体育文化的内涵及形成因素［J］.江汉大学学报，1991（03）：87-90.

［50］史华楠.中国礼仪的起源与鸿蒙之初的礼仪文化［J］.扬州大学学报：人文社会科学版，1999（01）：25-29.

[51]童义来.找准中外体育文化结合点 开创新的体育文化[J].天津体育学院学报，1992（01）：35-39.

[52]魏宁.东西方体育文化交融的彼岸[J].体育科学研究，1992（01）：16-18.

[53]苏肖晴.体育文化交流古今谈[J].浙江体育科学，1992（03）：21-24+67.

[54]林伯原.内功学——东方体育文化中的瑰宝[J].北京体育学院学报，1993（03）：8-12.

[55]姜玉泽.略论体育文化[J].烟台师范学院学报：自然科学版，1993（03）：73-77.

[56]伯特兰·杜林.体育精神、体育文化及教育[J].体育文史，1994（4）.

[57]毛秀珠.论体育文化意识的认同与接轨[J].武汉体育学院学报，1994（04）：16-19.

[58]郑勤.地理环境与体育文化[J].华中师范大学学报：自然科学版，1994（03）：419-423.

[59]贾爱萍，夏祥伟.试论校园文化与体育文化[J].武汉体育学院学报，1996（02）：1-4.

[60]杨海文.文化类型与文化模式简论[J].中州学刊，1996（02）：133-138.

[61]于涛.社会转型与中国体育文化的三次嬗变[J].上海体育学院学报，1997（01）：1-5.

[62]李江.世界体育项目分类与比较研究[J].北京农学院学报，1997（01）：74-77.

[63]罗荣渠.传统与中国的现代化[J].天涯，1997（2）.

[64]韩佐生，杨兰生.人类社会行为理性化程度对体育文化的影响[J].广州体育学院学报，1997（02）：10-15+6.

[65]戴路.浅析体育文化的社会功能[J].安徽农业技术师范学院学报，1998（01）：99-101.

[66]刘玉珍，李迎春.体育文化研究[J].哈尔滨体育学院学报，1998（03）：1-5.

[67]熊玲，王俊奇.简论"体育文化"[J].上饶师专学报，1998（06）：75-77.

[68]陈颖卓，蒙猛，杨春怀.冬季项目器材的研究开发对提高运动成绩的作用[J].冰雪运动，1998（03）：56-58.

[69]韩佐生.略论当代体育文化的四大特征[J].哈尔滨体育学院学报，1999（01）：9-12+16.

[70]黄世钧.论体育文化的教育功能[J].安徽体育科技，1999（02）：37-39.

[71]易剑东.论体育的文化本质与特征[J].南京体育学院学报，1999（03）：3-7.

[72]朱建.传统礼仪文化与现代化[J].殷都学刊，2000（01）：45-49.

[73]丁珊.礼仪文化与人格塑造[J].渭南师范学院学报，2000（06）：45-47+94.

[74]任莲香，范海荣.体育文化刍议[J].体育文史，2001（02）：27.

[75]叶志坚.文化类型探析[J].中共福建省委党校学报，2001（03）：21-26.

[76]王献军.论体育文化产业化[J].湖北体育科技，2001（02）：8-9+11.

[77]余明，王晓玲.试述体育文化[J].辽宁体育科技，2001（03）：66-67.

［78］吕利平，林秋菊.略论体育文化的起源［J］.安庆师范学院学报：社会科学版，2002（01）：109-111.

［79］衣俊卿.论哲学视野中的文化模式［J］.北方论丛，2001（01）：4-10.

［80］徐菁.论体育文化［J］.山西师大体育学院学报，2002（2）.

［81］唐月香.20世纪中国体育文化的价值选择［J］.体育科学研究，2002（03）：27-29.

［82］黄俊杰.中国思想史中"身体观"研究的新视野［J］.现代哲学，2002（03）：55-66.

［83］王茂生.试论体育文化的先进性［J］.甘肃理论学刊，2002（04）：74-76.

［84］余近能.论社会转型期的体育文化建设［J］.解放军体育学院学报，2002（04）：10-12.

［85］田至美.体育文化的地理学解析［J］.人文地理，2002（05）：55-59.

［86］陈美娜，张凯，桂海海，张建萍，陈镪亲，和嘉禾.加强对体育文化的探讨［J］.云南财贸学院学报，2002（S1）：59-62.

［87］常璞.试论社会转型期体育文化的变迁［J］.临沂师范学院学报，2002（06）：63-65.

［88］李万来.论体育文化创新与西部体育发展［J］.成都体育学院学报，2003（01）：9-11.

［89］苏义民，欧阳柳青，谭华，沈建华，付志华，肖平.论中国先进体育文化及其创建［J］.武汉体育学院学报，2003（01）：10-12.

［90］许百川，李军，乔富喜.我国传统体育项目起源与发展新探［J］.聊城大学学报：自然科学版，2003（01）：72-74.

［91］张学忠.试论体育文化在人的全面发展中的价值［J］.西北师范大学学报：自然科学版，2003（02）：87-89.

［92］茹秀英，王揖涛.新中国50年来中西方体育文化冲突与融合的历史透视及原因剖析［J］.天津体育学院学报，2003（03）：1-5+36.

［93］贾爱萍.奥林匹克运动兴起的教育与体育背景［J］.北京体育大学学报，2003（03）：300-301+314.

［94］倪世光.从比武大赛看骑士与教会的冲突［J］.南开学报，2003（03）：53-59.

［95］任莲香.体育文化论纲［J］.体育文化导刊，2003（03）：30-31.

［96］黄寿军.体育礼仪教育及其实施的途径与方法［J］.安徽体育科技，2003（04）：14-15+18.

［97］温佐惠，等.21世纪中华民族传统体育发展方向问题的研究［J］.成都体育学院学报，2003（04）：11-14.

［98］杨弢.影响竞技体育变迁的社会文化因素［J］.体育成人教育学刊，2003（04）：29-30+33.

［99］马淑琴.西部地区体育文化发展的对策选择［J］.兰州商学院学报，2003（05）：

111-113.

[100] 冯胜刚.对"文化"和"体育文化"定义的求索[J].贵州师范大学学报：社会科学版,2003(06):70-74.

[101] 唐永干,王正伦.自由——体育文化之"根"——读黑格尔《历史哲学》有感[J].体育文化导刊,2004(01):78-80.

[102] 唐永干.西周的"射礼"——中国人体运动制度文化通论之二[J].南京体育学院学报：社会科学版,2004(01):1-5.

[103] 孟凡强.在文化的全球化趋势中审视中国传统体育文化的发展[J].武术科学：搏击·学术版,2004(02):33-36.

[104] 牛亚莉.论体育文化的价值观[J].甘肃理论学刊,2004(02):100-102.

[105] 牛亚莉.浅议体育文化概念的内容[J].甘肃高师学报,2004(02):55-56.

[106] 谢惠蓉.东西方体育文化交流的历史阶段和特征[J].山东体育学院学报,2004(03):23-25.

[107] 唐韶军,王黎明.解读武术"抱拳礼"的哲学渊源[J].山东教育学院学报,2004(03):121-122.

[108] 黎冬梅,等.试论体育文化的特征[J].山西师大体育学院学报,2004(3).

[109] 贺泽江.体育专业开设现代礼仪学的必要性及其现实意义[J].山西师大体育学院学报,2004(03):49-50.

[110] 于兴汉.编辑与体育文化传播[J].山西师大学报,2004(3).

[111] 吕韶钧,林小美,陈国荣,彭芳.奥运会项目发展的基本规律及项目改革的研究[J].北京体育大学学报,2004(04):542-544.

[112] 任莲香.体育究竟在何种意义上成为文化[J].甘肃社会科学,2004(04):163-164+136.

[113] 孙威,金承哲.体育文化差异性的哲学探究——追寻不变的体育信念[J].体育文化导刊,2004(05):49-51.

[114] 王光荣.人生礼仪文化透视[J].广西右江民族师专学报,2004(05):7-13.

[115] 王斌.礼文化对中国传统体育发展的影响[J].上海体育学院学报,2004(05):44-46.

[116] 林伟.中国体育文化探略[J].体育文化导刊,2004(06):46-47.

[117] 王健敏.中国传统礼仪文化与道德教育[J].浙江教育学院学报,2004(06):4-8.

[118] 孙燕.对体育文化的认识和思考[J].沈阳体育学院学报,2004(06):819-820.

[119] 孙威,姜荣国.从哲学的角度探讨运用自由建构体育文化[J].体育文化导刊,2004(08):25-27.

[120] 陈青.体育文化的叙述[J].体育文化导刊,2004(09):68-69.

[121] 郭建军.对我国正式开展体育项目设立的现状分析及思考[J].体育文化导刊,

2004（09）：5-7.

［122］蒋世玉，史燕.论体育文化世界的实践基础［J］.北京体育大学学报，2004（12）：1618-1620.

［123］祝莉.领悟篮球、领悟体育、领悟文化——CUBA体育文化新理念析［J］.四川体育科学，2004（04）：18-20.

［124］来晓雷.论西欧中世纪时期的骑士体育［D］.北京体育大学，2005.

［125］周丽君，于可红.从文化的本质论体育文化［J］.中国体育科技，2005（01）：11-13.

［126］范冬云.现代奥运礼仪的定义和特征分析［J］.成都体育学院学报，2005（01）：22-25.

［127］杨建营.武术分类及发展探析［J］.北京体育大学学报，2005（01）：139-141.

［128］王守恒，叶庆晖.体育赛事的界定及分类［J］.首都体育学院学报，2005（02）：1-3+21.

［129］史晓亮.射礼——中国竞技体育"举国体制"的文化源头［J］.体育文化导刊，2005（03）：76-78.

［130］唐韶军，周琪.诠释武术"抱拳礼"的精神内涵［J］.山东师范大学学报：自然科学版，2005（03）：115-116.

［131］卢元镇.中国体育文化忧思录［J］.体育科学研究，2005（04）：1-3.

［132］王子朴，杨铁黎.体育赛事类型的分类及特征［J］.上海体育学院学报，2005（06）：24-28.

［133］闫小平.先秦时期礼射的功能及其演变［J］.体育文化导刊，2005（07）：76-77.

［134］宋旭.论体育文化的多元化生［J］.体育文化导刊，2005（08）：12-14.

［135］曹琼瑜，刘丰.武术礼仪与武术精神［J］.搏击·武术科学，2005（12）：13-14.

［136］雪剑，李俊波.再论体育文化观［J］.浙江科技学院学报，2006（01）：59-62+66.

［137］冯胜刚.对"文化"和"体育文化"定义的求索［J］.贵州师范大学学报：社会科学版，2003（06）：70-74.

［138］林志刚.儒家"仁礼"思想对武术的影响及其现实价值［J］.山东师范大学学报：自然科学版，2006（02）：159-160.

［139］闫旭蕾.析礼：一种体化实践——身体社会学的视角［J］.海南师范学院学报：社会科学版，2006（02）：120-123.

［140］刘韬.从传播学角度解读体育文化［J］.体育科学研究，2006（3）.

［141］毛海涛，黄利华，蔡清顺.浅析中华传统武术的礼仪教育［J］.吉林广播电视大学学报，2006（04）：107-109+112.

［142］刘东，岳庆利，索海洋.武术散打运动员比赛礼仪规范探析［J］.首都体育学院学报，2006（04）：81-82.

［143］李清良.中国身体观与中国问题——兼评周与沉《身体：思想与修行》［J］.哲学动态，2006（05）：21-27.

［144］刘新平.当代中国体育文化与体育公关礼仪［J］.西安体育学院学报，2006（05）：35-36+78.

［145］罗湘林.体育文化中的征服与敬畏［J］.体育科技文献通报，2006（06）：50+4.

［146］凌辉，王志坚.现代奥运礼仪的涵义、功能和特征以及与"人文奥运"的关系探析［J］.首都体育学院学报，2006（06）：34-37.

［147］杨文轩，冯霞.体育文化在人的文化转型中的作用［J］.体育文化导刊，2006（06）：22-24.

［148］杨银田，杨金田，孙斌.当代体育文化发展的主要方向［J］.西安体育学院学报，2006（06）：13-15.

［149］沈晔，王章明.论体育文化在和谐社会中的"本我"与"超我"［J］.体育文化导刊，2006（12）：44-46.

［150］陈立基.当代奥林匹克运动发展观之研究［D］.北京体育大学，2006.

［151］花勇民.欧洲体育文化研究［D］.北京体育大学，2006.

［152］王正伦，唐永干，王爱丰，田标."体育文化"悖论（一）［J］.南京体育学院学报：社会科学版，2007（01）：1-4.

［153］栗胜夫，杨丽.关于武术进奥运及办好奥运会武术比赛的若干思考［J］.武汉体育学院学报，2007（11）：55-60.

［154］张亮竹.浅谈古代奥运会与人文精神的积淀［J］.长春师范学院学报，2007（02）：136-138.

［155］陈志辉，李艳翎.赛场观众礼仪与2008北京奥运会［J］.沈阳体育学院学报，2007（02）：25-27.

［156］李秀霞.论全球化时代体育文化的功能及走向［J］.体育文化导刊，2007（02）：34-37.

［157］张英，王玉珠.体育文化的系统分析［J］.德州学院学报，2007（02）：106-110.

［158］史兵.体育文化空间传播类型研究［J］.成都体育学院学报，2007（02）：5-8.

［159］唐永干，王正伦，王爱丰，田标."体育文化"悖论（二）［J］.南京体育学院学报：社会科学版，2007（02）：1-6.

［160］唐永干，田标，黄瑾."体育文化"悖论（三）——"传统体育文化观"的阐释［J］.南京体育学院学报：社会科学版，2007（03）：1-6.

［161］袁大任.也定义体育文化［J］.体育文化导刊，2007（03）：28.

［162］范冬云，范春金，唐东阳.论现代奥运礼仪的发展趋势［J］.湖南人文科技学院学报，2007（04）：55-57.

［163］李勇勤，刘刚，郑国华.我国近四年体育文化研究进展［J］.北京体育大学学报，2007（09）：1172-1175.

[164] 燕连福.中国哲学身体观研究的三个向度[J].哲学动态,2007(11): 49-55.

[165] 赵苏喆.民族传统体育项目的分类及发展[J].体育学刊,2007(05): 78-81.

[166] 石龙.论西方体育人文价值的演变[D].华南师范大学,2007.

[167] 舒盛芳.体育全球化进程及其特征[J].体育学刊,2007(01): 23-26.

[168] 沈克印,王健.体育文化学视角下的举国体制[J].体育科学研究,2008(02): 28-30.

[169] 春华,王玉梅.中国奥运历程回眸[J].兰台内外,2008(02): 14.

[170] 马良.从体育礼仪看中国体育文化的演变[J].体育文化导刊,2008(02): 41-42.

[171] 蔡艺,吴光远.析体育文化"有古今无中西"论[J].体育文化导刊,2008(11): 33-35.

[172] 陈迎辉.药、酒与魏晋士人的身体观[J].大连民族学院学报,2008(04): 335-338.

[173] 潘华,宋丽.古射礼与古奥运会比较研究[J].体育文化导刊,2008(04): 121-123.

[174] 陈胜.对体育文化中若干概念的辨析与思考[J].湖北体育科技,2008(04): 376-378.

[175] 徐良台.对当代体育文化及其传播模式的认识[J].体育科技文献通报,2008(07): 100-102.

[176] 胡全柱.奥运仪式的结构及其象征[J].山东体育学院学报,2008(11): 14-17.

[177] 唐红明,范冬云.现代奥运礼仪发展研究[J].体育文化导刊,2008(12): 39-41.

[178] 邢尊明.我国大型体育赛事优化管理理论与实证研究[D].福建师范大学,2008.

[179] 刘淑英.运动竞赛规则的本质特征、演变机制与发展趋势[D].苏州大学,2008.

[180] 谢敏.美国职业棒球大联盟(MLB)及其俱乐部的公共关系传播研究[D].北京体育大学,2008.

[181] 张杰,曹莉.中国传统体育礼仪研究[J].体育文化导刊,2009(02): 148-151+158.

[182] 徐长红,任海,吕赟.女性身体观对女性体育的影响[J].体育学刊,2009,16(03): 29-32.

[183] 贺更粹.《礼记》"礼者理也"说初探[J].理论月刊,2009(04): 69-71.

[184] 张杰.儒学与中国传统体育礼仪文化研究[D].曲阜师范大学,2009.

[185] 骆慧菊.奥运火炬接力的礼仪文化研究[D].湖南师范大学,2009.

[186] 朱海云.体育文化的"元"性质的思考方法讨论[J].搏击(体育论坛),2009,1(05): 23-25.

[187] 邓惠.从奥运会看体育观赛礼仪演变[J].成都体育学院学报,2009,35(06):

11-13.

[188] 孙喜莲.民族体育文化与国家软实力［J］.体育文化导刊，2009（06）：123-127.

[189] 李齐.不可忽视的高尔夫礼仪［J］.光彩，2009（07）：64-65.

[190] 陈建敏.古希腊城邦制度孕育下的西方体育与古典史官文化熏陶下的中国武术的对比研究［D］.华东师范大学，2009.

[191] 雷亚军.奥林匹克文化的发展与变迁［D］.重庆大学，2009.

[192] 周未娟.从跆拳道的入奥历程论竞技武术的改革思路［D］.浙江师范大学，2009.

[193] 赵卓.2009年体育文化论文研究综述［J］.体育文化导刊，2010（1）.

[194] 霍子文，何建伟，赵艳，杨榕斌.关于体育与体育文化概念的整体思考［J］.运动，2010（02）：4-7.

[195] 毛运海.体育文化的哲学阐释与中西"和合"趋势［J］.襄樊学院学报，2010，31（02）：20-24.

[196] 于文谦，王乐.我国竞技体育非奥运项目的发展问题［J］.体育学刊，2010，17（02）：23-26.

[197] 胡小明.胡说体育文化［J］.体育学刊，2010，17（03）：1-6.

[198] 黄小波.对现代奥运会（夏季）项目设置的初步研究［J］.安徽体育科技，2010，31（03）：17-19.

[199] 骆秉全，兰馨，古柏.我国体育文化发展现状调查研究［J］.体育文化导刊，2010（05）：11-14.

[200] 徐伟军.中华身体观视角下的武学修为［J］.北京体育大学学报，2010，33（09）：1-3.

[201] 张再林.中国古代身体观的十个面向［J］.哲学动态，2010（11）.

[202] 杨其虎.论奥运圣火的伦理符号价值［J］.体育与科学，2010，31（06）：61-63+57.

[203] 王欢.欧洲三大思想文化运动对古奥运会复兴影响的研究［D］.首都体育学院，2011.

[204] 杨爱华，李良明.我国参赛冬奥会历程分析［J］.体育文化导刊，2011（01）：46-49.

[205] 黄海燕，张林.体育赛事的基本理论研究——论体育赛事的历史沿革、定义、分类及特征［J］.武汉体育学院学报，2011，45（02）：22-27.

[206] 刘涛.山东省城镇化进程及其实现途径研究［J］.齐鲁师范学院学报，2011，26（04）：18-22.

[207] 陈子晨."身"的概念结构与中国传统身体观的联系［J］.中国心理学会成立90周年纪念大会暨第十四届全国心理学学术会议论文摘要集，2011（10）.

[208] 周栋.体育哲学：哲学对体育的反思与批判［J］.河北体育学院学报，2012，26（01）：27-29.

[209] 刘媛媛.先秦身体观语境下的中国古代体育文化研究及其现实意义[J].体育科学,2012,32(01):81-87.

[210] 张鲲,石娟,王栋.体育竞赛与赛事文化的关系研究[J].福建体育科技,2012,31(01):1-3+19.

[211] 易剑东.中国体育文化建设三题[J].上海体育学院学报,2012,36(02):6-12.

[212] 高雯雯.对体育文化研究领域中若干问题的思考[J].体育成人教育学刊,2012,28(02):16-17.

[213] 陈晓峰.多维视角下体育文化的内涵、价值与建设[J].上海体育学院学报,2012,36(02):21-24.

[214] 唐炎.主体性与社会身份:关于体育文化认识取向的探讨[J].上海体育学院学报,2012,36(02):18-20.

[215] 郝勤.论体育与体育文化[J].上海体育学院学报,2012,36(03):3-6.

[216] 董立兵.古希腊体育文化本意初探[J].安徽体育科技,2012(6).

[217] 樊花梅.当代体育文化悖异与价值回归[J].体育科技文献通报,2012,20(07):100-102.

[218] 赵方杜."形神双修":先秦道家身体观及其当代意蕴[J].兰州学刊,2012(07):26-30.

[219] 任励耘.我国体育文化研究30年述评[J].湖南科技学院学报,2012,33(08):188-192.

[220] 李圣鑫.奥林匹克运动会组织全景分析[J].运动,2012(09):1-3.

[221] 王强.我国体育文化发展战略思考[J].体育文化导刊,2012(09):4-7.

[222] 刘振磊.浅谈体育文化的价值及功能[J].大众文艺,2012(10):300.

[223] 郭守靖.文化冲突与中国地域武术文化创新[J].北京体育大学学报,2012,35(10):14-17.

[224] 邓志红,黄晓春.体育文化的多源机制及其意义[J].沈阳体育学院学报,2013,32(02):46-50.

[225] 苗治文,齐凤.体育文化发展的基本问题[J].武汉体育学院学报,2013,47(02):25-29.

[226] 陈璐,张强,陈帅.从身体规训到生存美学:福柯身体观的转变及对体育实践的启示[J].体育与科学,2013,34(02):31-33+56.

[227] 徐勇.深化对农村城镇化认识十题[J].东南学术,2013(03):4-8.

[228] 史友宽.论体育文化多元共享[J].北京体育大学学报,2013,36(04):39-43.

[229] 张大志.近代以来中国体育文化中的身体政治[J].成都体育学院学报,2013,39(04):19-24.

[230] 周德胜,邸枫,张琪.体育文化功能的社会学分析[J].河北体育学院学报,

2013, 27 (04): 20-22.

[231] 刘湘溶, 李培超, 李艳翎, 刘雪丰.体育文化建设论纲 [J].湖南师范大学社会科学学报, 2013, 42 (05): 5-17.

[232] 袁宏.登山文化源流探析 [J].山东体育学院学报, 2013, 29 (05): 27-30.

[233] 李珂.身体的权利——试论笛卡尔机械论身体观的哲学动机 [J].世界哲学, 2013 (06): 44-50.

[234] 张红斌.科学发展观与中国现代化 [J].知识经济, 2013 (08): 58.

[235] 吕小康, 王丽娜.传统身体观：中国人躯体化表达的合法性渊源 [J].南京师大学报 (社会科学版), 2014 (01): 119-125.

[236] 王岗.立足中国的体育文化基础理论建构——评薛有才著《体育文化学》[J].浙江科技学院学报, 2014, 26 (02): 144-149.

[237] 颜天民, 高健, 汪流, 杜向峰, 王荣波.体育文化模式初探 [J].首都体育学院学报, 2014, 26 (02): 101-105+114.

[238] 王涛, 王嵘蓉, 王健.体育文化基本概念分析 [J].体育文化导刊, 2014 (03): 181-184.

[239] 姜劲晖.中国民族传统体育项目分类研究 [J].体育成人教育学刊, 2014, 30 (03): 68-69.

[240] 阎瑞雪.再现与感知：中国传统医学的时间身体观 [J].南京中医药大学学报：社会科学版, 2014, 15 (04): 216-220.

[241] 王继昂.从文化差异角度谈跨文化交际中出现的文化误读现象 [J].太原城市职业技术学院学报, 2014 (07): 132-133.

[242] 李有强.先秦儒家身体观及其体育思想的阐释与反思 [J].体育科学, 2014, 34 (09): 3-10

[243] 王宏江.融合与创新：体育史与体育文化共生发展——第二届海峡两岸体育运动史学术研讨会综述 [J].成都体育学院学报, 2014, 40 (10): 26-31.

[244] 邵安伟.新中国参加夏季奥运会历程回顾 [J].运动, 2014 (16): 13-14.

[245] 盘劲呈.少数民族传统体育项目的文化探究 [J].当代体育科技, 2014, 4 (34): 208+210.

[246] 荆雯.我国乒乓球运动项目文化发展研究 [D].辽宁师范大学, 2014.

[247] 鲁润梅.体育文化的概念、特征及价值研究 [J].体育科技文献通报, 2015, 23 (01): 33-35+42.

[248] 闫民.身体观视域下太极拳的哲学意蕴 [J].体育科学, 2015, 35 (02): 90-95.

[249] 关于加强体育文化工作通知 [EB/OL]. [2012-04-26] http://www.gov.cn/zwgk/2012-05/31/content_2149423.htm.

[250] 刘传海, 李颖川, 王清梅.从构建二元体育文化体系探究体育工作中的实际问题 [J].山东体育学院学报, 2015, 31 (03): 8-11.

[251] 史友宽, 张俊伟. 再论体育文化多元共享 [J]. 南京体育学院学报: 社会科学版, 2015, 29 (03): 38-42+55.

[252] 高永强. 论体育文化需要与人的发展 [J]. 北京体育大学学报, 2015, 38 (03): 40-45.

[253] 刘桂海. "体育是什么": 一个概念史的考察 [J]. 体育与科学, 2015, 36 (04): 32-37+31.

[254] 于文谦, 张廷晓. 基于"木桶理论"视域下的非奥运项目 [J]. 北京体育大学学报, 2015, 38 (04): 1-5.

[255] 张再林. "我有一个身体"与"我是身体"——中西身体观之比较 [J]. 哲学研究, 2015 (06): 120-126.

[256] 李燕燕, 祝杨. 体育赛事的历史起源与演进过程探析 [J]. 当代体育科技, 2015, 5 (06): 15-16.

[257] 马利超, 崔新龙. 文化与体育文化 [J]. 体育研究与教育, 2015, 30 (S1): 5-7.

[258] 孙威. 中国体育文化的哲学追求 [J]. 吉林化工学院学报, 2015, 32 (07): 54-56.

[259] 李康, 刘俊一. 奥运会圣火点燃方式的历史梳理与文化表现 [J]. 体育文化导刊, 2015 (08): 101-105.

[260] 刘宁宁, 杨娜. 我国体育文化研究的审视与前瞻 [J]. 北京体育大学学报, 2015, 38 (10): 7-13.

[261] 甄媛圆, 缪佳. 论英国文化传统对现代竞技体育的影响 [J]. 南京体育学院学报: 社会科学版, 2015, 29 (04): 76-80.

[262] 钟明宝, 张春燕, 王世杰, 王玉珠. 国际竞技体育非均衡发展的要素禀赋研究 [J]. 吉林体育学院学报, 2016, 32 (02): 56-63.

[263] 沈灿. 现代夏季奥运会项目设置的社会文化因素分析 [D]. 上海体育学院, 2016.

[264] 黄海燕, 张林, 陈元欣, 姜同仁, 杨强, 鲍芳, 朱启莹. "十三五"我国体育产业战略目标与实施路径 [J]. 上海体育学院学报, 2016, 40 (02): 13-18.

[265] 高强. 从"身体"到"身体运动"——斯宾格勒理论视域下对体育哲学身体研究的再思考 [J]. 北京体育大学学报, 2016, 39 (07): 37-44.

[266] 年青, 柴娇. 体育文化环境创新研究 [J]. 体育文化导刊, 2016 (11): 202-206.

[267] 王冬慧, 张河水, 刘兵. 中国体育文化演进研究 [J]. 体育文化导刊, 2016 (11): 184-188.

[268] 李采丰, 杨宗友. 体育文化形成与传播的地理学解析 [J]. 西南师范大学学报: 自然科学版, 2016, 41 (12): 146-150.

[269] 王洪珅. 中国体育文化生态的历史演变论绎 [J]. 上海体育学院学报, 2017, 41 (01): 1-6.

[270] 刘书勇, 付春艳, 邓玉明, 高俊. 我国参加冬季残奥会历程研究 [J]. 体育文化

导刊，2017（01）：111-114+153.

[271] 张开娟，马晟，毛旺."一带一路"背景下武术对外传播途径研究［J］.浙江体育科学，2017，39（01）：86-89.

[272] 程雪峰.中国体育文化传播的"主线重构"［J］.体育学刊，2017，24（02）：19-24.

[273] 胡浩.当代中国体育文化价值观的偏离与重塑［J］.西安体育学院学报，2017，34（03）：309-312.

[274] 燕燕.《黄帝内经》"身体观"考述［J］.中国哲学史，2017（04）：15-22.

[275] 唐少莲.道家身体哲学及其政治隐喻［J］.广东石油化工学院学报，2018，28（05）：1-4+17.

[276] 杨春元，赵来安，范佳音，潘凌云.身体运动、身体练习、身体活动——基于精神的身体动作的逻辑演绎［J］.成都体育学院学报，2017，43（06）：45-51.

[277] 赵富学.论身体运动与身体认知的具身性转向［J］.武汉体育学院学报，2018，52（08）：10-19.

[278] 邓立新.基于社会符号学视角的奥运奖牌价值探析［J］.山东体育学院学报，2018，34（01）：61-65.

[279] 陈辉，田庆."体育强国梦"思想下运动项目文化建设路径研究［J］.南京体育学院学报，2018，1（06）：40-44.

[280] 周迎春，张锋，张俊涛.浅析现代竞技体育的分类［J］.当代体育科技，2018，8（01）：196-197.

[281] 张振峰.现代奥林匹克产生和发展的文化动因［J］.管理工程师，2018，23（06）：50-54.

[282] 金文敬，张红霞.2022北京冬残奥会会徽的视觉语法意义解析［J］.宿州学院学报，2019，34（01）：55-58.

[283] 2022年北京冬奥会知识之会徽详解［J］.工会博览，2018（17）：31.

[284] 郑靖潇.汉画实验舞蹈《手袖威仪》儒家身体观的呈现［D］.北京舞蹈学院，2019.

[285] 袁玮蔓.竞技职业化与古代奥运会转型分析［J］.天津体育学院学报，2019，34（06）：547-552.

[286] 马维春.中国武术与西方竞技体育的比较研究［J］.中华武术（研究），2019，8（11）：74-76.

[287] 袁鑫，阎孟伟.文化哲学的本体论诉求——卡西尔文化哲学思想探析［J］.世界哲学，2020（01）：117-125.

[288] 郭远兵.体育文化社会教化功能的类型分析——以体育标语为线索［J］.武汉理工大学学报：社会科学版，2020，33（06）：49-53.

[289] 汪全胜，宋琳璘，张奇.我国高危险性体育项目的立法缺陷及其完善［J］.武

体育学院学报，2020，54（06）：46-53.

[290] 翟京云，周庆杰.中国武术在来华留学生中传播的现状与发展对策研究[J].青少年体育，2020（10）：131-132+113.

[291] 何文义.多维融合背景下的体育文化发展路径与策略探析[J].北京体育大学学报，2020，43（12）：35-45.

[292] 张元梁.我国体育科技进步及其对竞技体育的促进效应研究[D].上海体育学院，2020.

[293] 宋成，沈丽颖.中西方体育精神的差异及其文化根源[J].沈阳工业大学学报：社会科学版，2021，14（01）：92-96.

[294] 余亮妹，赵岚.孔子学院的跨文化冲突及应对策略研究——以南非某孔院为例[J].文化软实力研究，2021，6（01）：95-104.

[295] 王婷.基于知识图谱的体育文化研究[J].体育科技文献通报，2021，29（02）：131-132.

[296] 张震.中国共产党建党百年来竞技体育的发展逻辑与历史经验[J].首都体育学院学报，2021，33（03）：248-256.

[297] 甘苾豪.从狂欢到共情：全球新冠肺炎疫情下东京奥运会开幕式的国家形象修辞——一种体育景观观念史的视角[J].文化艺术研究，2021，14（05）：21-31+112.

[298] 刘一梦.武术入奥的回眸与反思[J].武术研究，2021，6（09）：18-20.

[299] 赵乐发，王正.体育文化多样性的全球进程[J].韶关学院学报，2021，42（12）：57-62.

[300] 田郁川，郜佳琦.基于符号学的冬奥会吉祥物设计解析[J].美术教育研究，2021（20）：80-85.

[301] 叶林.国际体育文化传播中的文化折扣与国家形象塑造——以东京奥运会开幕式为例[J].科技传播，2021，13（24）：116-118+149.

[302] 杨国庆.中国竞技体育的发展困囿与纾解方略[J].上海体育学院学报，2022，46（01）：1-9.

[303] 何志芳，李强，史儒林.影响青海少数民族传统体育文化形成的地理环境因素分析[J].体育科技文献通报，2022，30（02）：227-231.